被授权的对外合作平台：
"一国两制"下的澳门对外关系研究

叶桂平　著

MACAO SAR'S EXTERNAL RELATIONS UNDER
"ONE COUNTRY, TWO SYSTEMS"

中国社会科学出版社

图书在版编目（CIP）数据

被授权的对外合作平台："一国两制"下的澳门对外关系研究/叶桂平著.
—北京：中国社会科学出版社，2019.5
ISBN 978 - 7 - 5203 - 4426 - 5

Ⅰ.①被⋯　Ⅱ.①叶⋯　Ⅲ.①中外关系—研究—澳门　Ⅳ.①D827.659

中国版本图书馆 CIP 数据核字（2019）第 090044 号

出 版 人　赵剑英
责任编辑　喻　苗
特约编辑　范晨星
责任校对　杨　林
责任印制　王　超

出　　　版　中国社会科学出版社
社　　　址　北京鼓楼西大街甲 158 号
邮　　　编　100720
网　　　址　http://www.csspw.cn
发 行 部　010 - 84083685
门 市 部　010 - 84029450
经　　　销　新华书店及其他书店

印　　　刷　北京君升印刷有限公司
装　　　订　廊坊市广阳区广增装订厂
版　　　次　2019 年 5 月第 1 版
印　　　次　2019 年 5 月第 1 次印刷

开　　　本　710×1000　1/16
印　　　张　15.25
插　　　页　2
字　　　数　206 千字
定　　　价　75.00 元

为年青学者茁壮成长点赞

澳门是实行"一国两制"、直属中央人民政府的特别行政区，回归20年来在中央政府强有力的引导和社会各界共同努力下，社会保持高和谐高稳定，经济取得令人惊叹的跨越式发展，民生改善幅度十分显著，"一国两制"成功实践的示范价值与效应得以充分发挥，小城国际知名度、居民的幸福指数和获得感同步大幅提升。今天，说澳门是一个博物馆式社会，是中外文化交流的一座稳固平台，是人文社会科学研究的一座高品味富矿，恐怕有不低的合理性或较高的认受性。

"九九"回归、特别行政区成立、"一国两制"事业得以全面准确地向前推进，这是历史罕见的大天时大地利大人和。进入"一国两制"发展新时代，澳门人不仅同全国人民成为事实上的命运共同体、利益共同体和责任共同体，成为宪法和基本法全面保障下广泛权利和自由的享有者，而且也身体力行、一马当先，成为特别行政区第一代建设者，在维护"一国"之根、"一国"之本的同时充满自信，不失时机地探索开拓，团结奋进，成为参与民族伟大复兴、推动"一国两制"事业前行的一股正能量。

面对全新形势、全新时代，澳门作为"小舞台，大剧目""小城市，大发挥"的有效载体，应该做的事情很多，能够做成的事情不少，在"50年不变"的第一个三分之一时间段，澳门交出了一份不俗的答案，被国家认定为对全面准确理解与贯彻实施"一国两制"和基本法，维护主权安全发展利益与特区繁荣稳定"树立了榜样"。在未来一个相当长的时期内，澳门的发展定位是："推进澳门建设世界旅游休闲中心，打造中国与葡语国家商贸合作服务平台，建设以中华文化为主流、多元文化共存的交流合作基地。"这表明国家对澳门的期望更高，澳门应该并可能发挥的空间更大，确保新时期"一国两制"实践不动摇、不走样、不变形，还要付出更多努力与更高智慧。

中央授权澳门特别行政区依照基本法自行处理有关的对外事务，这是澳门特区的一大优势。澳门有较多的国际联系渠道，特别是拥有近三亿人口的葡语国家和准葡语国家体系，无论对当代中国还是对澳门特区自身都十分重要。扮演好服务平台角色，践行"国家所需、澳门所长"，进一步提升中央授权下的对外活动空间，十分值得澳门珍惜与发挥。及时探索其中的发展规律，提供经得起实践验证的优秀研究成果，是当代澳门学者一项义不容辞的重要使命。即将展现在读者面前的这部《被授权的对外合作平台："一国两制"下的澳门对外关系研究》，是当代澳门茁壮成长中的年青学者队伍的佼佼者叶桂平教授新著。这是一部有"一国两制"视野，熟悉澳门特区政府运作与社情民意，经长期思考并广作调研的创新成果，主题新颖、论证充分、结论客观、体例规范是本书基本特点，针对性强、以理服人、参照值高、启迪性大是其突出标志。说它是一部可读性不低的原创成果，毫不夸大。

我为澳门"一国两制"下学术理论界的活跃发挥，为年青一代优秀学者的快速成长而深感欣慰，为叶桂平教授新作顺利面世至为鼓舞，并热切期盼有更多更佳的成熟学术成果接踵而至。

澳门学者同盟创会会长、澳门"一国两制"研究中心教授

杨允中

2019 年 4 月

从"一国两制"理论着手探讨
澳门特区对外事务颇具新意

　　我和叶桂平先生相识相交,源于 2010 年秋季他来到武汉大学政治学博士后流动站做进站考核。随着交往的增多,我们渐渐自然就形成了既是同事又是朋友的关系。

　　桂平自幼定居澳门,深深热爱这片土地,他把自己的成长和澳门的发展与繁荣紧紧地联系在一起。他从中山大学、北京大学、中国社会科学院研究生院到武汉大学,一路走来,心无旁骛,唯系澳门。坦率地说,回归之前,葡萄牙殖民统治下的澳门在国际上鲜为人知。回归以后,伴随着祖国走向强盛,澳门特区作为"一国两制"成功实践之典范,其国际知名度不断提升,示范效应日益显现。"一国两制"为澳门参与国际交流与合作提供了广阔空间。澳门的发展,为桂平这类有为青年的个人进步提供了前所未有的平台。同样,澳门的繁荣也离不开像桂平这类有为青年所做出的卓越贡献。

　　《被授权的对外合作平台:"一国两制"下的澳门对外关系研究》一书,系作者在博士后出站报告的基础上修改而成。本书首先系统地梳理了次国家行为体对外关系理论,认为现有次国家行为体对外关系理论未能涵盖特别行政区对外关系的内容;继而从"一国两制"理论着手,分析特别行政区对外事务权的独特性质,提出澳门对外关系属于授权的对外交往模式。然后重点探讨了澳门特区在中国对外交往中的作用，澳门对外关系的现状、成效以及未来之展望。作者力图在传统外交学和国际关系理论的基础上有所突破，求真精神难能可贵，其研究成果在本领域颇具新意。

2017 年全国"两会"上，粤港澳大湾区城市群建设正式写入了中央政府工作报告，目前湾区建设正在积极酝酿和启动之中。从国际经验来看，湾区往往是一个具有核心功能的经济发展带，具备聚集功能和辐射功能。作为其中一员，可以说，澳门未来发展前景无限光明。

最近，应张曙光校长之邀，桂平离开特区政府任澳门城市大学教授兼助理校长及葡语国家研究院院长。相信在新的岗位上，桂平必将为特区高等教育做出更多的贡献，其学术研究也一定会取得更丰硕的成果。

是为序。

武汉大学政治与公共管理学院教授、博士生导师
严双伍
2019 年 4 月

摘　　要

自回归以来，在香港和澳门特别行政区基本法的框架下，港澳两地在对外交往方面取得了很大的发展。港澳特区如何充分发挥"一国两制""高度自治"等制度优势，使之能够在服务于港澳繁荣稳定的同时，更好地为中国外交做贡献，已成为港澳和国际问题研究的重要课题。

本书首先系统地梳理了次国家行为体对外关系理论，提出现有次国家行为体对外关系理论未能涵盖特别行政区对外关系的内容；再从"一国两制"理论着手，分析其对外事务权的独特性质，提出澳门对外关系属于授权的对外交往模式，力图在传统外交学和国际关系理论的基础上寻求创新。本书也以这一模式为分析框架，重点探讨澳门特区在中国外交策略上的作用，剖析其在对外交往实践中所遇到的有关特别行政区是否具有"次主权""国际法律人格"的争论，并提出中央政府在港澳特区所实施的授权的对外交往模式是行之有效的，并具有重要的示范意义。

此外，本书还总结了回归以来澳门所取得的对外关系成效，分析了澳门"远交近融"的对外关系战略以及作为"中葡平台"发挥的作用，提出了发挥对外关系优势建设世界旅游休闲中心的构想，还就外部势力介入进行尝试性探讨。最后，本书总结了当前澳门对外关系机制中存在的主要问题，并提出了相应的政策建议。

关键词：一国两制；次国家行为体；澳门特别行政区；对外关系

Abstract

After the return to Chinese sovereignty, Hong Kong and Macao Special Administrative Regionsmade great achievements on their external relationswithin the framework of the Basic Laws. It is worthwhile to explore in more detail the ways to make full use of Hong Kong and Macao's institutional strengths on "One Country, Two Systems" and "High Degree of Autonomy" in order to ensure their prosperity and stability, and contribute to China's diplomacy.

After a thorough review of the literature about the foreign affairs of sub-national government, this study tries to demonstrate that the theory of Sub-national actors could not include the characteristic of the external relations of the Special Administrative Regions. Then, from the perspective of "One Country, Two Systems", the author analyzes the typical nature of Macao SAR's rights of external affairs and concludes that Macao SAR's external affairs are based on the authority of the central government, so that the theoretical innovation is made based on the theories of traditional Diplomacy and International Relations. Furthermore, the author also investigates the Macao SAR's role in China's foreign policies, analyzes the disputes over whether the Special Administrative Region has the Sub-Sovereign or the International Legal Personality, and proposes that the authority of the central governmentis effective and has important significance.

In addition, this study summarizes there sults for Macao SAR's external affairs after its return to Chinese sovereignty, analyzes Macao SAR's "far near-inclusive foreign policy" and its role as the platform between China and Portuguese Speaking Countries, raises the conception for building the World Centre of Tourism and Leisure, and explores the situations of the invasion of external power. Finally, this study concludes some current major problems in Macao SAR's external relations mechanism, and proposes some policy implications.

Keywords：One Country, Two Systems; Sub-national actors; Macao SAR; External relations

目　录

图表目录

绪　　论

　　香港和澳门先后回归祖国已近 20 载，同为中国的特别行政区，自身如何能够充分发挥"一国两制"、"港人治港"、"澳人治澳"、高度自治的制度优势，在服务于港澳繁荣稳定的同时，能更好地为国家整体外交做出新贡献，已成为港澳和国际问题研究的重要课题。

　　随着中国逐步发展成为具有影响力的大国，中国外交将更为注重平衡国内外两个市场的经济外交和整体外交。相对于国家中央的各级地方政府，或称次国家行为体的主动性、积极性和创造性被不断激发，日益活跃于国际舞台，不仅推动了地方经济社会的深刻发展，也极大地丰富了国家外交的内涵。① "一国两制"下的港澳特区作为不同一般的地方政府，所具有的政治制度特点无疑更有利于港澳最大限度地融入中国外交的历史性转型之中。②另外，港澳特区作为自由港、国际金融中心、世界旅游休闲中心、中国与葡语国家商贸合作服务平台的独特地位，也将为中国企业"走出去"，为推进国家塑造良好国际形象和提升中国软实力发挥积极的作用。

---

　　① 杨洁勉：《中国世博外交》，时事出版社 2011 年版，第 244 页。
　　② 上海国际问题研究院：《国家外交政策下香港在邻近地区的角色与作用》，香港特区政府中央政策组，2009 年，第 2 页。

一　研究目的与意义、研究范畴的界定

一直以来，传统的外交学和国际关系理论偏重对国家行为体的分析，对非国家行为体的研究却比较少。如超国家行为体、次国家行为体、类城市行为体或城市行为体等理论，虽在近年来陆续有学者进行著述，但是专门对于基本法下中华人民共和国的特别行政区到底属于哪种非国家行为体的研究，则未引起学者的关注。对此，本书将基于“一国两制”方针，从理论着手，分析澳门特区在国际法中的主体地位及其基本的对外交往模式，力图在传统外交学和国际关系理论的基础上寻求创新。

此外，在应用上，港澳特区作为非主权性的地方行政、经济实体，是否属于理论上的“次国家行为体”概念范畴，既有的论述性文献较为鲜见。本书在系统地梳理次国家行为体对外关系理论的同时，着力将特别行政区从次国家行为体中抽取出来，以澳门特区为例进行深入的探讨。

并且，在分析澳门特区对外事务权独特性质的同时，本书还将总结回归以来澳门特别行政区所取得的对外关系成效，深入分析澳门特区在中国外交策略上的作用，并剖析当前特别行政区对外交往实践中所遇到的两大理论问题，试图为澳门特区在中国总体外交中应有的定位和作用给予一个更为明确的界定，冀望在归纳及研究的同时能得出一些有用的战略建议。分析过程中，本书还将系统分析澳门特区“远交近融”的对外关系战略，并就美资博彩公司进入后是否会有外部势力介入进行尝试性探讨。

二　国内外研究现状

从现时掌握的资料及文献来看，有关系统研究澳门特区的对外关系和交流的文献著述并不多见，国际关系和外交学界对于澳门特区的对外关系到底属于哪一层次的问题，并未有过正式界定，这正好作为本书研究的出发点。有关文献的基本综述如下：

（一）地方行为者国际行为的外交理论

长期以来，外交学和国际关系研究一直受现实主义学派主导，认为拥有主权的国家行为体才是国际政治中最重要的行为体。然而，全球地方化和地方国际化两个并行的趋势，间接地将地方推到了国家外交的前沿地带，地方政府的对外交往日臻成熟，已初步形成对国家总体外交的有益补充。从 20 世纪 80 年代开始，关于地方行为者国际行为的研究在西方得到了初步发展，并出现了几种相互竞争的理论模式。其中主要有美国学者詹姆斯·罗西瑙（James N. Rosenau）、约瑟夫·奈（Joseph Nye）、熊玠（James Hsiung）等主张的"两枝世界理论"；以帕纳耀惕·索尔达托（Panayotis Soldatos）和伊夫·杜恰切克（Ivo D. Duchacek）等来自加拿大和美国的学者提出的"平行外交理论"；英国学者白瑞安·豪京（Brian Hocking）提出的"多层外交理论"；盖里·马克斯（Gary Marks）、里斯贝特·胡格（Liesbet Hooghe）和柯密特·布兰克（Kermit Blank）等研究欧盟的学者提出的"多层治理理论"；以及日本学者大前研一（Ohmae Kenichi）提出的"地区国家理论"等。

一方面，相对来说，"多层外交理论"和"多层治理理论"要比"平行外交理论"和"地区国家理论"在理论色彩上更为浓厚。对于"平行外交理论"认为地方政府的国际行为具备了目标、战略、策略、机制、决策过程、手段和"外交政策"的产出，因而与国家的外交政策没有多少不同的论断；以及"地区国家理论"关于民族国家将被"地区国家"取代的结论，"多层外交理论"的代表人物英国学者白瑞安·豪京则不赞同，他认为地方政府不可能是完全自主的国际行为体，不能等同于跨国公司等其他非国家行为体。①
在国内政治国际化和国际政治国内化的双重趋势作用下，任何一个
行为者要想实现自己的战略目标，都必须在地方、全国和国际的层
面上同时展开活动。可以说，"多层外交理论"对"平行外交理
论"和"地区国家理论"的批评正中要害，其对外交决策过程的
分解颇具说服力，对国内政治和国际政治的相互交织和相互影响的
把握也比较准确。虽然如此，"多层外交理论"也过高地估计了地
方政府的重要性，从而削弱了国家的支配作用，因此仍然存在一定
的理论缺陷。

另一方面，从我国对有关问题的研究情况来看，可以说，目前
学者们给予的关注仍然不多，研究的目标多集中在参与全球治理、
区域经济合作及与周边国家的关系上，对于次国家政府外交的著述
仍显不足。不过，学者陈志敏、苏长和、杨洁勉、高尚涛等作为国
内较早开展相关研究的学者，对西方的理论已经做了很好的梳理，
并且还将当代外交的理论基本类型按层次进行划分。特别是学者高
尚涛在其著作中更具体地将外交理论从宏观到微观做了分层，包
括："超国家主义理论""国家主义理论""次国家行为体理论"
"城市行为体理论"。对于相关理论的文献综述，本书的第一章将做
深入的梳理和比较。

(二) 国际条约在澳门的适用

作为国际法的主要渊源，条约通常是指国际法主体之间根据国
际法确认其相互间权利义务关系的一致的意思表示。多年来，有许
多国际法学者曾就国际条约在澳门的适用做了专门的论述。例如，
学者饶戈平指出，国家才是国际法的基本主体，只有国家才有充分
的履约能力。具体到中国的情况，条约的适用有其特殊之处。作为

---

① B. Hocking, *Localizing Foreign Policy: Noncentral Governments and Multilayered Diploma-cy*, London: The MacMillan Press Limited, 1993, p. 31.

单一制国家，中国内地和特别行政区之间在条约的适用上存在着差异。基本法不但保留而且大大扩展了澳门原有的对外事务的权利能力和行为能力，正式确认了澳门在涉外非政治性事务诸多方面拥有高度自主权和一定单独资格，明确授予澳门在一定范围内的缔约权及参加国际组织和国际会议的资格和能力，从而从国内法层面上赋予澳门得享某些独特的国际地位。①

学者王西安认为，澳门不具有国际法律人格，并不是国际法主体。主要理由是：第一，国际法主体拥有的是"外交权"，澳门拥有的是"对外事务权限"，"外交权"不需要被授予，澳门的"对外事务权限"需要被授权，"外交权"是无限的，而澳门的"对外事务权限"是有其限制和范围的；第二，"缔约能力"是国家主权的属性之一，为独立参加条约法律关系和直接享有条约所引起的权利和负担义务的能力，而澳门有的是"缔约权"，这是国内法的概念，应由一国的内部法律来规定具体由哪个部门或层级行使；第三，国际法主要有独立参加国际关系、直接承受国际权利和义务与独立进行国际求偿的能力。②

澳门学者骆伟建指出在澳门基本法实施过程中，对国际条约如何在澳门适用、适用的方式及国际条约在澳门法律体系中的地位与效力问题，仍有不同见解，尤其是澳门特区中级法院第173/2002号案件裁判书与终审法院第2/2004号案件裁判书对某些问题的解释不同，需要做出更深入的研究。根据研究结果，他认为行政长官可以行使对外事务处理权，签署国际条约。③

香港学者罗德·穆什卡（Roda Mushkat）认为，澳门有常住人

---

① 饶戈平：《从宪政视角看澳门的对外事务交往权》，发表于澳门理工学院"一国两制"研究中心主办"'一国两制'与宪政发展学术研讨会"，2009年。

② 王西安：《国际条约在中国特别行政区的适用》，广东人民出版社2006年版，第157页。

③ 骆伟建：《"一国两制"与澳门特别行政区基本法的实施》，广东人民出版社2009年版，第122页。

口、固定的范围和有效治理的政府，有能力处理国际关系和联系，所以澳门也算拥有一定程度的国际法律人格。[①]

对于澳门特区的对外关系内涵及对外关系权的法理依据的探讨，本书的第二章将重点展开分析和论述。

(三) 澳门特区在中国外交中扮演的角色

从实践的角度来看，澳门特区在回归 20 载之际，其推行的"远交近融"对外合作与交流政策理念到底开展如何，以及取得了哪些成效，虽有许多学者从不同的角度进行探讨，但是对于澳门特区"远交近融"对外事务的系统分析却非常缺乏。

尽管内地学者汪海从研究全球化的角度论证了澳门成为中国跨文化国际交流平台的可能性，并认为郑和开创的"西洋航线"将会由澳门继续延伸，直至广大葡语国家和拉丁语系国家，这不仅有重要的现实价值，更有深远的历史意义。[②] 香港学者丁伟认为，澳门之所以异于珠海或国内其他城市，主要原因在于与葡萄牙及欧共体（现在的欧盟）的特殊关系。[③] 澳门学者余永逸以澳门特区土生葡人社群为个案，探讨了内部和外部因素如何影响种族社群参与中国外交事务及其角色扮演。他们在外交层面的贡献不单是政府与民间的交往，更重要的是，在海外建构民间的葡语文化平台，从民间的层面推动中国外交关系。[④] 澳门学者林瑞光认为，回归以后澳门特区政府可以相对自主地发展与葡萄牙政府的关系、与葡语国家的关系，

---

① R. Mushkat, "Macau's International Legal Personality", *Hong Kong Law Journal*, Vol. 24, pp. 331 – 340.

② 汪海：《澳门：全球化时代中国的跨文化国际交流平台》，《行政》2006 年第 4 期，第 1229—1249 页。

③ 丁伟：《香港和澳门的对外关系与国际地位》，载《双城记——港澳的政治、经济及社会发展》，澳门社会科学学会，1998 年，第 60 页。

④ 余永逸：《种族社群与中国外交：澳门土生葡人族群的角色》，载郑宇硕、沈旭辉主编《非国家个体与大中华地区的整合》，香港城市大学当代中国研究中心，2007 年，第 183 页。

以及与欧盟等的关系。并且，亦尝试从区域公共管理的角度来完善澳门特区政府处理对外事务的政策，认为有必要整合目前分散在众多部门中的区域经济合作职能，统一成立一个规格较高、职能固定的区域合作机构。① 葡萄牙学者葛德婷（Dora Martins）认为，中国与葡语国家之间的经济贸易关系前途无限。通过澳门使中国和葡语国家关系更密切的主要方式是建立双边关系或不同国家的企业和代表团之间的关系。通过它将各方面联系起来，为谈判的成功做出积极的贡献，大家共享巨大的利润。几个世纪之后，澳门再次充当了中国和西方国家之间经济交流桥梁的作用。② 巴西学者Màhrcia Freitas 也认为，中国的发展是可以挽救澳门的葡萄牙语的，对促进澳门特区成为中国与葡语国家商贸服务平台有益。③

对于澳门特区在中国外交中可扮演的角色探讨，本书的第三至第七章将进行深入分析和系统归纳。

（四）综合评述

首先，从上述海内外学者们的相关论述，以及从一些文献的定义来看，所谓的"次国家行为体"通常指国家下辖的省、州一级的地域，而在基本法框架下的澳门特别行政区可以在中央授权下开展对外事务，这种授权有时要比一般的省份要大得多，这是否属于与内地省、自治区和直辖市一级相同的次国家行为体外交的范畴，相关学者并没有提及和阐述，因此这将成为本书的关键议题。

其次，通过国际法视角的综述，可见学者们对于澳门特别行政区是否具有国际法律人格仍然意见不一。无论国际条约在澳门的适

---

① 林瑞光：《澳门特区政府处理对外事务的政策研究》，发表于澳门理工学院"一国两制"研究中心主办"'一国两制'与宪政发展学术研讨会"，2009 年。
② 葛德婷：《中国—葡语国家接触十字路口上的澳门》，《行政》2006 年第 4 期，第1203—1214 页。
③ 转引自葛德婷《中国—葡语国家接触十字路口上的澳门》，《行政》2006 年第 4 期，第 1213 页。

用程度如何，条约在澳门法律上的位阶如何，需要更进一步探讨澳门在国际法上的地位，从而才能比较科学地分析国际条约在澳门实施的效力范围和适用方式，准确把握澳门特区开展对外合作与交流的原则和底线。本书将在这一内容上进行深入探析，归纳和总结出澳门的对外交往模式。

同时，在研阅文献的过程中，不难看出学者们对澳门作为中西文化交流平台，特别是成为中国与葡语国家商贸合作服务平台，以及作为中国与世界其他国家或地区联系的窗口的认同和肯定。但是他们却似乎没有特别就澳门的对外事务范畴做详细的界定，甚至有学者将澳门与广东省的合作也视为澳门的对外事务。因此，本书将在系统分析澳门的对外事务成就的基础上，重新定义澳门的对外关系内容及尝试归纳出体系，将明确论证澳门的对外关系是中国外交的一部分，澳门开展对外关系是在为中国外交做贡献。

三　研究的主要问题、研究思路与方法

（一）研究的关键问题

本书研究的主要目的表现在：第一，从理论上探讨"一国两制"对国际法和国际关系的实践和发展。第二，重点厘清三个重要的理论问题，包括：澳门特区在国际法中的地位，在非国家主权行为理论框架下探讨澳门特区对外关系模式的特点，以及涉及回归以来澳门对外关系的几个历史与结构的层面。事实上，澳门特区至今并无研究本地对外关系的专著，来促进一般民众对澳门特区对外关系以至国家外交关系制度的基本概念的认识，要真正达到"一国两制"、"澳人治澳"、高度自治的方针，需要比较澳门特区过去和现今在中国对外关系中的角色。第三，尽管香港跟澳门都已先后回归祖国，但是在"一国两制"下澳门与香港的关系，以及澳门与台湾地区的特殊关系定位在理论上如何界定等问题仍值得进行深入的

研讨。

本书拟解决的关键问题在于，澳门回归祖国带来了宪制地位的根本转变，也使得澳门对外事务交往权的宪制基础发生根本转变。在国家宪法和基本法体制下的澳门，拥有自行处理有关对外事务的广泛权力更是世所罕见。这种权力到底是澳门本身所固有的，还是国家最高权力机关经由基本法所授予的呢？它所享有的对外事务交往权是否属于一种有条件、有限度的对外权利能力和行为能力，抑或是一种完全不同于国际法主体所拥有的对外交往权？这种对外交往的权利又为何同时得到国际社会认可呢？

回归以来，澳门特区政府不断深化"远交近融"的对外关系基本战略，先后以"互补合作、共同发展"为目标，以"先近后远、以点带面、脚踏实地、开拓创新"为策略，① 积极谋求拓展澳门的发展空间，致力于发展双边和多边的对外合作关系，对澳门构建区域经贸合作服务平台起了积极的作用。对于长远发展各种对外网络关系，尤其是与亚洲地区、葡语系国家及欧洲国家建立根基稳固的联系，将如何有助拓展澳门的对外关系，本书还将深入探讨有利特区政府拓展对外关系及国际网络的内在因素，从而向不同国家宣传和介绍澳门，以及"一国两制"在澳门的落实情况，为国家的公共外交事业做贡献。

（二）研究方法

在研究方法上，任何严谨的社会研究，都必须有研究设计，也就是要有一套研究计划的整体蓝图，透过各种研究方法与程序，才能有效完成研究并获得有价值的结论。

本书首先在国际法和基本法的视野下，深入研究澳门特区在国际法中的地位，以及对外关系权利的构成、性质及内容。同时，选择澳门对外关系作为切入点，运用国际法、外交学和国际关系的相

---

① 何厚铧：《中华人民共和国澳门特别行政区政府二零零四年财政年度施政报告》，2003 年，澳门特别行政区网站（http://bo.io.gov.mo/edicoes/cn/raem/lag2004/#2.3）。

关理论，由具体到抽象，由个案到整体，以及互为对比等方法，比较系统地论述了1999—2016年（回归以来）澳门对外关系的基本内涵、主要特点和发展演变规律。具体包括以下方法：

1. 文献分析法

文献分析法是指事件发生之后才着手收集有关此事件之各项资料，并分析其影响性与因果关系，此方法是引用原始文件，以既有的相关学术著作、学术论文、报纸杂志、政府出版品、法令规章、《澳门年鉴》、《澳门百科全书》等，作为数据的来源与分析的基础。本书在资料的援引上尽量以第一手、原始文件为主，但是由于一手文件可能会在取得上存在困难与不便，因此也会参照第二手、第三手等资料。另外，由于此研究法不能直接观察和测量数据，只能使用现成文件，所以，作为研究者有时还必须根据有效的证据，加以客观的判定和研究，并随时保持价值中立与批判的态度。

笔者曾深入查访澳门中央图书馆及其各分馆，以及利用网络资源及有关政府机关、民间团体、各大学图书馆等网站，收集及下载相关资料；尽可能利用工余时间研读有关国际关系、国际政治、外交学、港澳特区政治与对外关系等专著与书籍；每天坚持阅读报刊，关注刊登于报纸、期刊等报道澳门对外关系的有关活动信息，以作为建构本书之主要参考论据。

2. 历史研究途径

历史研究途径重点在制度的历史发展层面，研究问题的起源与发展。本书论述澳门自回归以来对外关系的演变，探讨其演进的来龙去脉，将澳门对外关系的发展以历史的“纵贯”方式做比较完整的介绍，并对所衍生的问题进行探讨，最后还对未来的展望提出个人的观点。另外，回归以来澳门特区政府所公布的多项政府公报和相关文件，以及港澳地区各种媒体对与本研究密切相关的事件所做的追踪报道与评论，也为本书的对策部分积累有利的佐证。

3. 深度访谈

深度访谈是针对澳门对外关系发展长期以来有相当研究与关注的学者专家、立法会议员、前澳葡当局官员、特区政府官员、各社团的重要人物等进行。访问这些专家学者与政治精英对于澳门对外关系发展有什么样的看法与预测，可以佐证本书结果，并弥补文献分析可能的不足之处。

笔者凭借个人关系或经朋友引荐，邀得澳门特别行政区多位官、产、学界人士交流座谈。包括时任澳门特别行政区经济财政司谭伯源司长、澳门贸易投资促进局张祖荣主席、中葡论坛常设秘书处常和喜秘书长与姍桃丝副秘书长、澳门行政公职局林瑞光主任、澳门建业安燃环保能源研发有限公司罗兆总经理、几内亚比绍派驻中葡论坛常设秘书处代表 Malam Becker Camará 先生和澳门亚太拉美交流促进会魏美昌理事长等接受笔者访谈，并就澳门对外关系的多个方面介绍他们的看法，有些意见和建议已在本书论证过程中被吸收引用。对于一些不愿透露其姓名的社会人士的意见，亦在本书中有所吸纳和反映。

四　研究特色

澳门特别行政区作为中国的一部分，按照澳门基本法具有与其他省或自治区所不同的对外关系授权。作为"一国两制"的创新模式，澳门特区的对外关系是传统国际关系以外的一种独特的事物，也是中国外交的一部分（见图 0 - 1）。过去有关澳门问题的研究多从直接研究澳门基本法中的"一国两制"、"澳人治澳"、高度自治等立法精神和制度层面出发，或者多从澳门开埠四百多年以来的历史演变来进行研究。

然而，系统、综合地从外交学、国际关系及国际法的角度深入探讨澳门特区对外关系的文献并不多见。尤其是澳门在国际法中的法律地位如何，是否具有国际法律人格；按照外交学理论的划分层次，澳门特区在中央政府授权下可开展的对外事务应该属于哪个层次，澳门对外关系的模式到底有何特点；以及澳门特区能够在中国外交中扮演哪些角色和发挥哪些功能等问题更是本书着重需要研究的方面。鉴于现时国内外学术界缺乏专门研究澳门特区对外关系的研究成果，本书正是以这方面为突破点，从而填补学界的空白。

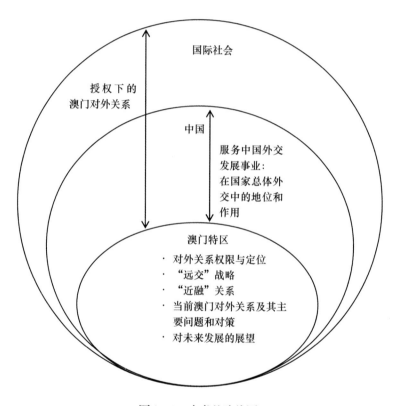

图 0-1　本书的路线图

资料来源：笔者绘制。

第 一 章

次国家行为体的研究综述

一 对次国家行为体的研究梳理

近年来，传统的外交学和国际关系理论偏重对国家行为体的分析，对非国家行为体的研究比较少。自 20 世纪六七十年代以来，非国家行为体的研究随着国际关系理论研究和外交实践的不断深化，开始逐步增多。特别是由约瑟夫·奈和罗伯特·基欧汉（Robert Keohane）合著的《权力与相互依赖》（*Power and Interdependence*）一书的问世，更标志着新自由主义（Neo-liberalism）的迅速崛起。对于新现实主义者所强调的国家才是国际体系中的唯一行为者的论断，新自由主义者并不认同，而是认为除了国家之外，国际关系行为体具有多元化的特点，国际组织、跨国公司、次国家行为体等组织实体也是国际体系中的重要行为者。与此同时，欧盟作为"超国家行为体"的出现，更是新现实主义论断的一种悖论。

与超国家行为体研究受到的重视程度相比，次国家行为体对外关系研究则相对显得薄弱。尽管赫德利·布尔（Hedley Bull）早于 20 世纪 70 年代在其论述新中世纪主义理论（Weo-medievalism）时，就已提出"可以把世界政治体系理解为一个世界性的互动网络，它不仅包括国家，也包括在国家'之上'或在国家'之下'

的政治行为体"①，但是对次国家行为体对外关系的研究则主要始于随后的 80 年代。这一阶段，逐渐有学者进行这方面研究并逐渐扩散到类城市行为体研究或城市行为体研究。②

（一）两枝世界理论

詹姆斯·罗西瑙在其提出的"两枝世界理论"（bifurcated structure of world politics）中总结了当今世界已同时出现分散化和一体化两种趋势。

20 世纪 90 年代初，他第一次以"没有政府的治理"的理论概念，从理论上构建起世界政治的两个层面，即国内政治与全球政治，并把它们看成两个重叠的相互关联系统。从两个体系的行为体看，他对在两个体系中都发挥着越来越重要作用的自下而上的个人、社会运动以及非政府组织给予高度重视，并认为政府并不是适应一切条件的治理形态。无论在国内政治还是在全球政治中，国家主权的行使都是有限的。特别是在全球层面上，与国内政治层面中政府的中心地位不同，政府行为体与非政府行为体是一种不分主次的并列关系。与以军事强制力为依托的政府治理不同，全球治理是一种没有政府强制性统治的有序治理方式，换言之，是一种非国家中心的治理状态。因此，他认为，"以国家为中心的世界中的国家行为体和多中心世界中的次国家行为体是对等的，它们相互竞争、合作、互动或共存，不断挑战和削弱传统的国家行为体的主导作用，推动世界政治的面貌发生改变"。③ 也就是说，他所论证的全球治理并不排除国家行为体发挥重要作用。国内政治与全球政治的差别并不在于政府的存在与否，而在于治理的程度不同。特别是在

---

① ［英］赫德利·布尔：《无政府社会：世界政治秩序研究》，张小明译，世界知识出版社 2003 年版，第 204 页。

② 高尚涛：《国际关系中的城市行为体》，世界知识出版社 2010 年版，第 2 页。

③ J. Rosenau, *Distant Proximities, Dynamics beyond Globalization*, Princeton：Princeton University Press, 2003, p. 78.

2000 年发表的一篇论文中，罗西瑙就全球治理问题提出了"新复合多边主义"观点，主张"以联合国及其相关制度为中心，拓宽多种国际机制与跨国合作政策的网络"。① 罗西瑙的理论观点在如何认识全球政治的本质问题上虽然存在很大局限性，但他毕竟是第一个从理论上探讨全球治理问题的学者，并在理论形态上多少对传统国际关系理论构成了一定程度的挑战。

值得一提的是，罗西瑙还认为，以国家为中心的世界中的国家行为体和多中心的世界中的次国家行为体是"对等的"，它们相互竞争、合作、互动或共存，不断挑战和削弱传统的国家行为体的主导作用，推动世界政治的面貌发生改变。这一理论同时认为，应当彻底改变事事与领土相关的看法，对治理时间向度的重视程度要不亚于空间向度，要把权威向次国家、跨国、非政府的层次转移看作正常变化，而且要在治理的所有层次上突破边界的限制。② 也正因如此，从全球治理的角度来看，在世界各个层面上活跃的国际行为体需要共同合作，才能实现各自的和整体的治理目标。③

美籍华裔学者熊玠在罗西瑙的理论基础上，进一步预言"将来的世界秩序模式可能是由国家、政府间组织、跨国公司和产业协会、国家的和次国家的非政府组织、跨国贸易共同体和其他专业协会组成的网络"。他认为，在冷战后全球化深入进行的背景下，新的世界秩序虽然仍以国家为最重要的行为体，但是，非国家行为体在推动跨国活动、制定国际规范和影响政府行动等方面发挥的作用越来越大。非国家行为体的种类和数量不断增多、作用和影响不断

① J. Rosenau, *Distant Proximities*, *Dynamics beyond Globalization*, Princeton: Princeton University Press, 2003, pp. 1 – 78.

② ［美］詹姆斯·罗西瑙：《面向本体论的全球治理》，载俞可平主编《全球化：全球治理》，社会科学文献出版社 2003 年版，第 56 页。

③ 陈志敏：《全球多层治理中地方政府与国际组织的相互关系研究》，《国际观察》2008 年第 6 期，第 6—15 页。

增强，对现实主义的传统国家中心假定提出了挑战。将来的世界秩序模式可能是由国家、政府间组织、跨国公司和产业协会、国家的和次国家的非政府组织、跨国贸易共同体和其他专业协会组成的网络。①

（二）新中世纪主义

冷战以后，全球化进程的深入发展将包括国家、次国家、超国家等不同的行为体卷入世界政治的发展进程中，于是，一些学者看到了一种发展趋势：冷战后的主权国家体系可能因为众多非国家行为体对民族国家主权的不断侵蚀而变得越来越会像中世纪时期的世界政治那样，呈现出效忠对象多样化的情形。这种强调非国家行为体的观点被称为"新中世纪主义"。②

"新中世纪主义"（Neo-medievalism）理论的代表人物赫德利·布尔认为，当代世界的五大特征，即国家的一体化趋势、国家内部的分离主义趋势、私人和集团逐渐获得使用国际暴力的权力、跨国组织的发展和新技术导致的世界融合等，将使非国家行为体不断侵蚀民族国家对领土和公民的最高管辖权，使得国家主权逐渐"名存实亡"。尽管他并不认为国家体系将被非国家体系所取代，但他也认为，"可以把世界政治体系理解为一个世界性的互动网络，它不仅包括国家，也包括在国家'之上'或在国家'之下'的政治行为体"。这些非国家行为体可能同其他国家的政治集团发生关系，同外国政府发生关系，或可能直接同国际组织发生关系。③ 同样的推论，苏珊·斯特兰奇（Susan Strange）亦曾断言，"后威斯特伐利亚的全球治理架构也将反映出跨国层次、国家层次及次国家层次

---

① ［美］熊玠：《无政府状态与世界秩序》，余逊达、张铁军译，浙江人民出版社2001年版，第252页。

② 高尚涛：《国际关系中的城市行为体》，世界知识出版社2010年版，第9页。

③ ［英］赫德利·布尔：《无政府社会：世界政治秩序研究》，张小明译，世界知识出版社2003年版，第204页。

的权威同时并存"。①

（三）多层治理理论

多层治理理论是在总结欧盟发展经验的基础上提出来的，用以解释欧盟发展的政治生态，在一定程度上也反映了全球治理发展的一般特点。盖里·马克斯和里斯贝特·胡格对于传统的国际关系学者提出的以国家为核心的解释理论进行批判，并提出多层治理理论（multi-level governance）。他们认为，不能仅仅从国家和欧盟两个层面的互动来思考欧盟的政治形态，应该关注在国家之下的次国家行为体在其中的作用。② 国家和次国家两种行为体，国家权力让渡的向上和向下两种趋势，共同决定了欧盟政治发展的形态。在欧盟出现的那套重叠和多层的决策网络，次国家行为体是这一多层网络中的重要行为体，而国家不再是当然的中心，也不再存在一个单一的核心。③ 在政策贯彻落实阶段，次国家行为体的作用尤为显著。④

（四）复合相互依赖理论

对于罗西瑙一直强调次国家行为体的作用，复合相互依赖理论（complex interdependence model）的提出者之一的约瑟夫·奈认为，虽然次国家行为体的作用还不是那么突出，但是，国际体系的经济问题和经济冲突体现了（次国家的）跨国行为体的作用，这些跨越国界互动的非国家行为体"也很重要"，这也是复合相互依赖的一

---

① Susan Strange, *The Retreat of the State: The Diffusion of Power in the World Economy*, Cambridge: Cambridge University Press, 1996, p. 196.

② 高尚涛：《国际关系中的城市行为体》，世界知识出版社 2010 年版，第 7 页。

③ L. Hooghe, "Introduction: Reconciling EU-wide Policy and National Diversity", in Liesbet Hooghe ed., *Cohesion Policy and European Integration: Building multi-level Governance*, Oxford: Oxford University Press, 1996, p. 18.

④ G. Marks, L. Hooghe, K. Blank, "European Integration from the 1980s: State-Centric vs. Multilevel Governance", *Journal of Common Market Studies*, Vol. 9, 1996, pp. 356 – 371.

个重要特征。① 同样,熊玠也认同罗西瑙的观点,认为在冷战后全球化深入进行的背景下,新的世界秩序虽然仍以国家为最重要的行为体,然而,非国家行为体在推动跨国活动、制定国际规范和影响政府行动等方面发挥的作用越来越大。将来的世界秩序模式可能是由国家、政府间组织、跨国公司和产业协会、次国家的非政府组织、跨国贸易共同体和其他专业协会组成的网络。② 当然,学者们也指出了罗西瑙理论上的一些不足,例如,罗西瑙集中论述了次国家行为体如何推动世界发生可能的改变以及次国家行为体发挥作用的机制等问题,然而,对这些"次国家行为体"如何能够成为行为体、在什么程度上和什么限度内充当行为体,罗西瑙并没有给予理论上的深入阐述和系统说明,这导致其理论框架缺乏必要的内在逻辑联系。③

(五) 地区国家理论

结合这一时期西方学者的研究结果,日本学者大前研一也提出了地区国家理论,并认为现代主权国家体系将被汹涌而来的经济全球化浪潮塑造为若干具有各自经济中心的经济单位,即地区国家,传统的政治主权国家的历史使命将会终结。随之而来的是,在新的世界经济体系中,地区国家这种崭新的次国家行为体将发挥主导作用。按照他的观点,在工业、投资、信息和个人因素的作用下,世界正在走向一个无国界的全球经济时代,在这样的经济体系内,传统的民族主义国家将无法胜任。④ 因此,在全球经济体系中,民族

---

① 〔美〕约瑟夫·奈:《理解国际冲突》,张小明译,上海人民出版社 2002 年版,第297—301 页。

② 〔美〕熊玠:《无政府状态与世界秩序》,余逊达、张铁军译,浙江人民出版社 2001年版,第 252 页。

③ 高尚涛:《国际关系中的城市行为体》,世界知识出版社 2010 年版,第 4 页。

④ K. Ohmae, *The End of the Nation State*:*the Rise of Regional Economies*, New York:The Free Press, 1995, p. 5.

国家将被规模更小的"地区国家"所取代，形成崭新的以地区国家为基本组成单位和主要行为体的世界经济体系。

可以说，大前研一的"地区国家理论"是典型的经济中心主义，它假定经济力量将取代传统的军事和政治力量，成为决定世界体系面貌的基本力量，因而更小也更有效的地区经济单位将取代传统的、低效的民族主权国家，成为最好的国家形式。

二　次国家行为体对外关系理论

随着对次国家行为体研究的不断深入，学者们以不同类型次国家行为体的外交作为案例进行总结，并归纳出若干理论，其中较具代表性的有"平行外交"理论和"多层外交"理论。

（一）平行外交理论

虽然次国家行为体涉外的现象确实存在，但是学界对于它的认识与研究起步却是近30年的事。自20世纪80年代以来，方有学者正视此课题，因其所观察到的面向与结果，也据此创造不少专有名词。"平行外交"（paradiplomacy）是其中一个比较重要的用语。首创"平行外交"用词的帕纳耀惕·索尔达托和伊夫·杜恰切克注意到，在种种次国家对外关系中，部分次国家行为体有其自外于中央政府的对外关系政策。地方的对外关系政策与中央的外交政策之间虽然可能合作，但也可能各行其是，如同两条平行的外交轨道。这些次国家行为体的对外政策在量与质的方面都呈现高度自主性，不但自行选定对象，甚至自行筹措资源、自行设计战略与利益目标，其对外活动的次数、参与的国际议题领域与建立联系的外国政府数量都相当可观，就其质量表现而言，与主权国家的外交几乎无异①。

次国家行为体在国际舞台上的存在已是不争的事实，这一现象使民族国家在国际上出现多个政治声音，并使国家政策的决策和实施趋于复杂。② 索尔达托认为次国家行为体外交的现象对于主权国家的政治、国际交往等都带来新的冲击。受影响最显而易见的是，国家作为国际行为者的唯一代表性。当地方政府在国际上独立行动时，主权国家势必无法再维持统一的国家外交政策，从外交目标的认定、外交利益的取舍、外交对象的选择，乃至于外交决策的内容与过程等，都将出现因地制宜的现象，索尔达托称此为"地区分化"（territorial segmentation）。

然而，进一步细究具有平行外交现象的次国家行为体对外关系，既有研究发现，不同的平行外交个案之间，还是有很大的差异。例如，杜恰切克认为平行外交的运作等因其交往对象的选择而异。杜恰切克按次国家行为体的交往对象的地理位置与政治层级，分为跨国界区域间平行外交、次国家行为体间平行外交、全球性平行外交三类。第一类跨国界区域间平行外交意指沿国界线两边，分属不同主权国家的次国家行为体之间的往来关系。例如美加两国边界省、州之间的外交关系。第二类次国家行为体间平行外交则泛指不同主权国家的次国家行为体之间的往来。第三类则是次国家行为体与其他主权国家的中央政府之间的往来关系。③ 杜恰切克指出，

---

① P. Soldatos, "An Explanatory Framework for the Study of Federated States as Foreign-Policy Actors", In H. Michelmann, P. Soldatos, *Federalism and International Relations: the Role of Subnational Units*, Oxford: Clarendon Press, 1990, p. 41.

② I. Duchacek, *The Territorial Dimension of Politics: Within, Among and Across Nations*, Boulder and London: Westview Press, 1986, p. 290.

③ I. Duchacek, "Perforated Sovereignties: Towards a Typology of New Actors in International Relations", in H. Michelmann, P. Soldatos, *Federalism and International Relations: the Role of Subnational Units*, Oxford: Clarendon Press, 1990, pp. 1 – 33.

上述第三类极有可能具有分离主义，反映出发动此类平行外交的次国家行为体目的在于独立建国。

索尔达托和杜恰切克等人开启平行外交的初步研究之后，平行外交的课题随之在以法语学界为主的后继研究中受到重视，其中尤以杜恰切克所指的第三类平行外交为研究重点。事实上，杜恰切克虽然提及第三类平行外交不同内涵性质的次国家外交，但未进一步细究其内涵。帕拉德（Palard）、阿尔德科亚（Aldecoa）与济汀（Keating）等人的研究则认为，第三类平行外交，因其目的导向之不同，彼此之间有很大的差异，且尚可分为功能性平行外交（functional paradiplomacy）与认同平行外交（identity-based paradiplomacy）两种次类别。① 功能性平行外交涉外目的常是为地区经济发展考虑、争取自主的环境议题处理方式、吸取更多的国际资源等。因为功能性平行外交的动机在于为地方政府争取国际资源，举凡资金、合约、人力等，着眼点为经济利益，只要次国家行为体的涉外政策与做法不违反国家整体利益，有的中央政府甚至会不吝襄助，例如权力转让、补助经费、提供人力协助等。虽然实际运作中，中央与次国家行为体之间的搭配，或系于国内政治纷争、或源于制度的生涩，双方互动关系未必始终一帆风顺，但二者的对外行为与政策，多半没有根本上的矛盾，殊途同归，是一种有可能相辅相成、互为助力的关系。相对之下，认同平行外交的属性就截然不同。

（二）多层外交理论

白瑞安·豪京提出的多层外交理论（multi-layered diplomacy），认为次国家行为体作为一国政治体制的一部分，不可能是一个具有完全自主的行为能力的国际行为体，不能将其与跨国公司

---

① J. Palard, "Les Relations Internatiokales des régions en Europe", *Etudes Internationales*, Vol. 4, 1999, pp. 657 – 678.

等非国家行为体混为一谈。全球化进程中国内政治国际化和国际政治国内化的双重趋势作用明显，公民社会、地方政治、国家政治和国际政治日益结合为一个多层政治舞台，任何一个行为体要想实现自己的政策目标，都必须在地方、全国和国际的层面上同时进行"多层博弈"，才能获得成功。世界政治的多层博弈结构，也催生了新的多层外交，不仅行为体之间的互动关系会增加无数新的互动网络，而且这种新的互动网络也会为发展新的外交策略提供许多可能性。①

这段时间，我国国际问题研究学者陈志敏、苏长和、辛翠玲、龚铁鹰、杨洁勉及高尚涛等也曾先后对非中央政府国际行为、平行外交、地方政府国际行为、全球多层治理、地方政府与次区域合作、国际关系视野中的城市等问题进行研究。

对于次国家行为体对外关系理论，学者们的梳理和归纳不尽相同。其中，有学者进行了理论综述，认为自20世纪80年代开始，关于地方行为者国际行为的研究在西方得到了初步发展，并出现了几种相互竞争的理论模式，其中主要有"平行外交论""地区国家论"和"多层外交论"。② 同时，也有学者认为，次国家行为体的理论主要包括：两枝世界理论、平行外交理论、多层外交和治理理论、新中世纪主义理论、地区国家理论、超国家主义理论等。③ 尽管前述理论各具创新并有偏颇，但都不约而同地提到了民族国家的权威多向度分散的现象和趋势，足见分权化和分层化已经成为各国对外关系的普遍现象。然而，笔者认同有些学者的观点，即中央与地方存在主次问题毋庸置疑，地方的国际行为只能是对中央外交的重要配合、补充和支持，两者之间应该是合作共赢关系，而不是竞

---

① B. Hocking, *Localizing Foreign Policy: Noncentral Governments and Multilayered Diplomacy*, London: The MacMillan Press Limited, 1993, pp. 34 – 35.

② 陈志敏：《二元民族联邦制与对外关系：加拿大魁北克省的国际活动研究》，《太平洋学报》2000年第3期，第77—78页。

③ 高尚涛：《国际关系中的城市行为体》，世界知识出版社2010年版，第3—12页。

争和冲突关系，更不是平行关系。①

三　次国家行为体发展对外关系的国内外经验

（一）魁北克

加拿大的魁北克省是法国的前殖民地，居民以法裔为主，这导致魁北克的文化、语言和民族习惯与加拿大的其他英语省份之间隔阂较大。以英语省份为主的加拿大政府曾试图同化魁北克的政策更加导致了魁北克人的不满，造成了魁北克英裔主导政治和商业、法裔主导文化活动的分裂局面。②

法裔居民对加拿大中央政府同化政策的抵抗，促使加拿大政府对魁北克省做出联邦制安排，允许魁北克保持自己的教育体制和宗教信仰。这种安排在英法两个族裔之间保持了暂时的稳定关系，但随即被魁北克的现代化和世俗化进程所打破。1960 年，魁北克自由党入主魁北克政府，开始了一场影响深远的"平静革命"。"平静革命"主要有三个目标，一是通过省政府的力量，将影响魁北克经济发展的关键部门控制在法裔加拿大人手中；二是改革教育体制，使年轻的法裔加拿大人开阔视野，适应现代生活；三是争取更大的省自主权，改变现行的联邦与省的分权体制。③

在魁北克自由党的领导下，魁北克开始系统地培育自己的国际行为能力，并发展出指导魁北克国际活动的理论基础，即"热兰—拉儒尔主义"（Gerin- Lajoie）。其主要思想是，魁北克应在国内争取一个特殊的地位，以便在国际上充分显示其特殊个性和地位。具体而言，就是魁北克要强化与法语国家的文化纽带，以此为基础，

①　苏长和：《中国地方政府与次区域合作：动力、行为及机制》，《世界经济与政治》2010 年第 5 期，第 11 页。

②　诸建国：《当代各国政治体制：加拿大》，兰州大学出版社 1998 年版，第 84 页。

③　腾藤主编：《枫林之国的复兴：加拿大百年强国历程》，黑龙江人民出版社 1998 年版，第 244 页。

提高魁北克的国际外交地位，魁北克的政府首长出访要享有高规格的外交礼遇，能跻身国际外交舞台。此后上台的魁北克党不仅全盘接受了自由党的国际政策，而且还进一步提出魁北克争取在国际上"独立"的政治诉求。由此可见，"热兰—拉儒尔主义"作为折中方案，兼顾了魁北克对国际事务的参与和魁北克的民族个性认同，兼顾了联邦利益与魁北克利益，实现了加拿大联邦政府与魁北克省政府在涉外事务上的职能分工。在国际行动权限分工上，魁北克尊重联邦政府的外交政策，仅在省辖权限内进行国际行动。2006 年，魁北克国际关系部发表《魁北克对外政策》蓝皮书，时任省长的自由党领导人让·沙雷（Jean Charest）在序言中明确指出："魁北克尊重加拿大外交政策。"所以，加拿大在国际上用一个声音说话，魁北克则在涉及省级权限的领域中获得了有利于魁北克社会与经济发展的一定自主权，并形成了魁北克的国际关系网络。

　　加拿大联邦政府与魁北克省政府一般是通过签署具体协议来对涉外事务进行分工，确认和限制魁北克享有的权力。除了签署条约权外，魁北克与联邦政府还共同分享参与国际组织的活动权和设立驻外代表处的权力。[①] 从魁北克省政府的机构设置来看，与对外职能相关的部门主要有国际关系部，经济发展、创新与出口贸易部，移民部和教育部。魁北克国际关系部的前身是魁北克省议会"1967年法案"所创立的政府间事务部，该部管理着魁北克在海外的代表机构。

　　在过去 50 多年里，魁北克追求自主或独立的斗争在国内和国际两个层面同时展开，对加拿大中央政府和魁北克省带来了不同的影响。一方面，魁北克省的"平静革命"深受魁北克小民族主义的影响，它这种次国家外交使魁北克省在西方国家的次国家政府中独树一帜的同时，也改变了加拿大的政治进程，给加拿大外交带来很

----

　　① 李洪峰：《试析加拿大魁北克省国际行动权限》，《国际论坛》2010 年第 3 期，第 74—78 页。

多的不稳定性和棘手的挑战。另一方面，魁北克的"平静革命"在本地推动了本省社会经济的现代化进程，在国外则使魁北克政府逐渐走上世界政治舞台，形成了杜恰切克所谓的"平行外交"的国际交往模式。① 然而，不论魁北克省的要求和方式有何变化，加拿大联邦政府的立场始终未变，即仅仅同意给予魁北克功能性的外交活动空间，② 这对魁北克的国际交往活动产生了较大影响。而从魁北克国际行动的实际结果来考虑，魁北克对外交往的领域一直都停留在省权限范围内，并未跨越到联邦权限范围内，即使在与联邦发生摩擦时，也基本都遵守了联邦政府与省政府之间的协议或联邦政府认可的惯例做法。总的来说，魁北克的国际行动并非纯粹是外交权力的诉求，其主要内容是经济发展和文化推广，具有功能主义与体现魁北克民族特性相结合的特点。

（二）冲绳

日本的冲绳县是在国际交往方面表现比较突出的一个次国家行为体，它的对外交往，是在不同层面因素的推动下发展起来的。

首先，从地理位置上看，冲绳处于经济繁荣的东亚经济带，具有开展国际交流的历史传统。"第二次世界大战"以后，冲绳县的这一地理优势得以发挥。其次，从政治制度上看，日本的地方自治制度赋予了冲绳县政府一定的发展对外交往的自主权，使得冲绳县政府作为一个次国家政府行为体和地方自治单位，可以自主决定和管理一定范围的公共政策，地方公民也有权直接或间接地参与这些政策的形成，这为冲绳县参与国家交往奠定了制度和法律基础。③

---

① I. Duchacek, *The Territorial Dimension of Politics: Within, Among and Across Nations*, Boulder and London: Westview Press, 1986, p. 248.

② 辛翠玲：《从民族主义到认同平行外交：魁北克经验》，《政治科学论丛》（中国台湾）2005 年第 24 期，第 111—135 页。

③ Kodansha, " Japan: An Illustrated Encyclopedia ", *Tokyo: Kodansha Ltd.*, Vol. 1, 1993, p. 900.

最后，从自身利益上看，冲绳县政府具有开展国家交往的内在驱动力。特别是"第二次世界大战"后，美军在冲绳建立了大量的军事基地，使冲绳县存在着地方利益和日本国家利益不一致的地方，如此处境也强化了冲绳民众和冲绳县政府介入国际事务的必要性和紧迫性，使冲绳县政府采取了积极的国际化策略。

由于次国家行为体的非主权特性，以及由此而致的参与国际事务权力的有限，冲绳作为一个地方政府，其对外交往主要局限在与本地经济、社会和文化发展相关的领域，在国际政治和国际安全领域，尤其是在国家外交层面上，冲绳地方政府的作用微乎其微。

（三）荷属阿鲁巴

阿鲁巴（Aruba）是一个位于加勒比海地区的岛屿，位于南美洲国家委内瑞拉北方的委内瑞拉湾外海，距离巴拉瓜纳半岛（Paraguana Peninsula）仅约25公里。它原是荷属安的列斯群岛①一部分，也是诸岛中最富裕的岛屿，在1983年3月一场由荷兰、荷属安的列斯中央政府与包括阿鲁巴在内所有荷属安的列斯岛屿政府代表共同出席的会议中，决议获得升格为荷兰王国内一个独立的自治国（Autonomous country）的资格，并计划于1996年1月1日获得完全的独立。1994年，荷兰、荷属安的列斯、阿鲁巴三方决定，取消后者原定于1996年独立的计划，但不排除日后过渡到完全独立的可能性，届时将需要以公民投票形式取得阿鲁巴人民的同意，并需取得议会中2/3多数的支持。1983年以来，作为荷兰王国内的一个独

---

① 从2010年10月10日开始，荷属安的列斯群岛不复存在。自此，荷兰王国包括荷兰、阿鲁巴、库拉索岛（Curacao）和圣马丁岛（St Maarten）4个独立成员国。原属安的列斯群岛的博内尔岛（Bonaire）、萨巴岛（Saba）和尤斯特歇斯岛（Eustatius）成为荷兰的特别行政区。在这之前，荷兰及其旧殖民地安的列斯群岛，以及毗邻的加勒比海岛阿鲁巴是隶属荷兰王国（the Kingdom of the Netherlands）的3个独立成员国。资料来源：《荷属安的列斯岛解体 库拉索和圣马丁成为自治国》，2010年10月11日，中国新闻网（http://www.chinanews.com/gj/2010/10-11/2578791.shtml）。

立体（Separate entity），阿鲁巴拥有完整的内部事务自治权，只有国防、外交与最高司法权是由荷兰王国中央政府负责。①

尽管未拥有独立国家应有的外交权，但阿鲁巴始终与加勒比国家保持着紧密的联系，并且也与美国保持良好的双边关系。现时，阿鲁巴是加勒比共同体（CARICOM）的观察员、加勒比国家联盟（Association of Caribbean States）的成员、世界贸易组织（WTO）的准会员，以及反洗钱金融行动特别工作组（FATF）、国际劳工组织（ILO）、国际货币基金组织（IMF）、国际刑警组织（Interpol）、国际奥林匹克委员会（IOC）和万国邮政联盟（UPU）等国际组织的成员，主要贸易对象为美国、荷兰、委内瑞拉等。② 近年来，阿鲁巴政府一直积极拓展对外事务，并成立直接向内阁总理负责的涉外事务处（the Aruba Department of Foreign Affairs），负责阿鲁巴与其他国家或地区的双边关系以及与国际组织的关系，以及跟进相关国际条约的签订等对外事务。③

作为以旅游业和金融业为主要经济支柱的次国家行为体，阿鲁巴政府深知积极拓展涉外事务对国家的持续发展至关重要。然而，他们也意识到仅仅依靠荷兰王国的外交部是远远不够的，必须单独设立负责国家涉外事务的政府机构，才能提升其在国际社会的知名度，以及有利宣传和树立积极良好的国际形象。

（四）上海

上海是中国四大直辖市之一，中国经济、金融、贸易、会展和航运中心。位于中国大陆海岸线中部的长江口，隔海与日本九

---

① *Aruba*, The Central Intelligence Agency (CIA) World Factbook Aruba Page, April 29, 2013, https: //www. cia. gov/library/publications/the-world-factbook/geos/aa. html.

② 《阿鲁巴的对外贸易》，2013 年 5 月 23 日，中国社会科学院拉丁美洲研究所网页（http: //ilas. cass. cn/cn/lmgl/gg. asp? infotypeid = 907&contryID = 420）。

③ *About us*, The Department of Foreign Affairs, May 23, 2013, http: //www. arubaforeignaffairs. com/afa/do/home. html.

州岛相望，南濒杭州湾，西部与江苏、浙江两省相接。拥有中国最大的外贸港口、最大的工业基地；又是一座新兴的旅游目的地，具有深厚的近代城市文化底蕴和众多的历史古迹，并成功举办 2010 年世博会。如今上海正致力于打造国际金融中心和航运中心。①

举办世博会，是中国的机遇，也是世界的机遇。上海世博会是我国首次举办的大规模综合性世界博览会，也是继北京奥运会之后我国举办的又一世界性盛会。上海世博会的成功举办，对展示中华民族五千年灿烂文明，展示新中国成立 60 年特别是改革开放 30 多年的辉煌成就，展示我国各族人民为实现全面建设小康社会目标而团结奋斗的精神风貌，对促进我国同世界各国各地区经济文化交流、增进我国人民同各国各地区人民相互了解和友谊、促进世界经济全面复苏，都具有重要意义。世博会首次在发展中国家举办，选择了中国，这对广泛传播和弘扬世博理念、促进世界和平与发展产生了深远影响。② 更有学者称之为"世博外交"③，或"城市外交"④。

另外，在建立国际友好城市联系方面，截至 2016 年 6 月，上海市已与世界上 56 个国家的 82 个市（省、州、大区、道、府、县或区）建立了友好城市关系或友好交流关系⑤。2017 年年初，在上

---

① 《多领域并进发展　打响转型攻坚战》，《香港文汇报》2012 年 3 月 7 日（http：//paper. wenweipo. com/2012/03/07/CS1203070002. htm）。

② 《求是：迎四海宾客　创美好生活》，2010 年 5 月 2 日，中国共产党新闻网（http：//cpc. people. com. cn/GB/64093/64099/11504853. html）。

③ 《吴建民忆申博中方三层面展开游说》，《香港文汇报》2010 年 4 月 29 日（http：//trans. wenweipo. com/gb/paper. wenweipo. com/2010/04/29/CN1004290014. htm）。

④ 《世博应展示大国风采》，《大公报》2010 年 5 月 18 日（http：//hktext. blogspot. com/2010/05/blog-post_ 5684. html）。

⑤ 《上海市国际友好城市及友好交流关系城市总体情况》，2016 年 6 月 30 日，上海市人民政府外事办公室网站（http：//www. shfao. gov. cn/wsb/node466/node548/node549/index. html）。

海设立领事机构的国家已达 75 个。① 截至 2015 年年底,外国驻沪新闻机构共有 83 家,共派有常驻记者 112 人,涉及日本、美国、法国、英国、德国、荷兰、西班牙、俄罗斯、韩国、丹麦、瑞士、挪威、澳大利亚、芬兰、新加坡、土耳其、亚美尼亚、匈牙利,共 18 个国家。② 近年来,到访上海的外国政府代表团日渐增多,仅 2014 年,到访上海重要贵宾中,国家元首或政府首脑代表团 29 批,议长和副总理级代表团 26 批,部长级代表团 236 批,政党代表团 56 批。③ 接待数量仅次于北京,位居国内大城市前列。

当然,上海作为中国的一个直辖市,其对外交往必然不能直接称为"外交"。尽管现时确有许多研究国际问题的学者先后提出,上海可以推动"公共外交""次国家政府外交""城市外交"等思路,更有学者提出:"上海以城市作为公共外交的主体思路已经突破了国际友好城市这一地方政府开展公共外交的最初形式。"④ 但是,上海外事工作必定不能取代和等同于中国外交。对此,上海市的领导也曾多次强调,提高上海外事工作水平旨在服务国家总体外交的能力。⑤

---

① 《各国驻沪领馆》,2017 年 1 月 25 日,上海市人民政府外事办公室网站(http://www.shfao.gov.cn/wsb/node466/node499/node505/node577/u1ai22257.html)。

② 《外国驻沪新闻机构》,2015 年 12 月 31 日,中国上海网站(http://www.shanghai.gov.cn/nw2/nw2314/nw3766/nw3833/nw3839/u1aw67.html)。

③ 《上海年鉴 2015》,2016 年 6 月 24 日,中国上海网站(http://www.shanghai.gov.cn/nw2/nw2314/nw24651/nw39559/nw39599/u21aw1141553.html)。

④ 《上海国际化大都市建设中的公共外交》,2012 年 9 月 12 日,中国网(http://www.china.com.cn/international/txt/2012-09/12/content_26498979.htm)。

⑤ 《2013 年上海市人民政府工作报告》,2013 年 2 月 19 日,中国中央人民政府网站(http://big5.gov.cn/gate/big5/www.gov.cn/test/2013-02/19/content_2335160_3.htm)。

第 二 章

次国家行为体理论分析基础

一 次国家行为体对外关系理论和
特别行政区对外关系概念

多层次的外交行为体的分类应该包括：超国家行为体、国家行为体、次国家行为体、城市行为体。当中，城市行为体可从次国家行为体中抽取出来。[①] 如此可见，所谓次国家行为体的概念应该是相对于中央政府而言，并且应有范围和边界。对此，有学者做了定义，即"次国家行为体"是指单一制国家中的各级地方政府、联邦制国家中的成员政府及其各级地方政府。并认为，相对于主权国家中央政府间的互动关系即等同于国际关系，次国家行为体则是与国际关系无缘的地方行为者，处理纯粹的地方内部事务。这既是各国宪法普遍的规定，是国际法的惯例，也是政治经济的现实。[②]

对于"次国家行为体"，应有广义和狭义之分。上述学者的定义应属于广义的"次国家行为体"概念，其好处是涵盖广泛，容易区分。但是，由于不同国家具有不同的政治体制，因此当地方政府

---

① 高尚涛：《国际关系中的城市行为体》，世界知识出版社 2010 年版，第 1 页。

② 陈志敏：《次国家政府与对外事务》，长征出版社 2001 年版，第 1 页。

层级较多，而且性质和权限以及影响力和重要性存在不同时，在分析及比较上具有一定难度。如果使用狭义的概念，"次国家行为体"应仅指国家的一级地方政府。在联邦制国家中，指州或加盟共和国；在单一制国家中则一般指省、自治区、直辖市、特别行政区等。虽然狭义的概念具有容易比较的优势，但是由于一级地方政府仍有法律和政治性质上的显著差别，要进行具体说明亦显不易。不过，为了更好地进行比较分析，本书论述仅限于狭义上的次国家行为体，并借鉴有关学者的分析方法，尝试将特别行政区从"次国家行为体"中抽取出来，以澳门特别行政区为例，专门对其进行系统的理论研究和实证分析，以进一步丰富次国家行为体的内涵和次国家行为体的研究内容，并对特别行政区的对外交往和对外关系给予理论上的说明和指导。

事实上，1997 年和 1999 年在香港和澳门先后设立直辖于中央人民政府的特别行政区，既标志着"一国两制"这项史无前例的伟大创举获得空前成功，亦开创了我国作为单一制国家地方自治权的新局面。回归后，根据"一国两制"、"澳人治澳"、高度自治方针，在外交权属于中央的原则下，特别行政区拥有更广泛的处理对外事务的权力。① 作为地区性的非主权实体，香港和澳门特别行政区进行对外事务交往可自主的范围、幅度和种类不但远远超过其自身在回归前的权限，而且也远远超过了中国内地的省市自治区，超过一般单一制结构国家内的地方行政区域，甚至还超过了联邦制国家成员邦或州。② 凭借基本法所造就的最大限度的国际活动空间，两个特别行政区在经济、贸易、金融、航运、通信、旅游、文化、科技、体育等适当领域以"中国香港""中国澳门"的名义，单独地与世界各国、各地区及有关国际组织保持和发展关系，签订和履

① 黄惠康：《"一国两制"对国际法发展的贡献》，《光明日报》2012 年 7 月 10 日。
② 饶戈平：《国际条约在香港的适用问题研究》，中国民主法制出版社 2011 年版，第 9 页。

行有关协议。

二　现有次国家行为体理论难以涵盖 特别行政区对外关系的内涵

　　从文献梳理的情况来看,除主权国家之外,作为地方的次国家行为体也可以从事对外事务应是各种理论的普遍共识。然而,相关的理论是否已经涵盖特别行政区这类特殊的次国家行为体的特点?能否解释特别行政区在国家外交事务中的作用? 笔者认为答案应是否定的。

　　首先,对于"平行外交"理论的支持者,大多以加拿大魁北克等已经存在国家和地方治权分离的事实作为分析案例,认同平行外交源自民族主义,以民族建国为目的,并以此推论来理解和认同这一理论。① 他们多从外交事务上中央和地方利益存在对立的角度进行研究,容易形成中央和地方两级政府不出现交叉,必然是平行的悖论。对此,笔者并不认同外交事务上中央和地方利益必然存在对立,两级主体从事对外事务必然要呈现平行状态的观点。中国学者陈志敏和苏长和都认为中国学者不能简单套用平行外交理论来分析单一制国家下的中央外交和地方的国际行为研究,认为中央与地方存在主次问题毋庸置疑,但在治权完整或者无可否认的前提下,地方的国际行为只能是对中央外交的重要配合、补充和支持,两者之间应该是合作共赢关系,而不是竞争和冲突关系,更不是平行关系。② 因此,平行外交理论框架必然不能用于"一国两制"下特别行政区的对外关系研究当中。

---

　　① 辛翠玲:《从民族主义到认同平行外交:魁北克经验》,《政治科学论丛》(中国台湾)2005 年第 24 期,第 136 页。

　　② 苏长和:《中国地方政府与次区域合作:动力、行为及机制》,《世界经济与政治》2010 年第 5 期,第 11 页。

其次，多层外交和多层治理理论都主张外交事务按照国家行为体和次国家行为体可划分不同层次。相对于中央政府而言，次国家行为体应包括有范围和边界的多个不同层次的次国家行为体。[①] 多层次的外交行为体的分类应该包括超国家行为体、国家行为体、次国家行为体；其中，次国家行为体可再进一步细分。尽管如此，在具体分层过程中，次国家行为体具体包含哪些层级，同一层级应具有哪些普遍特点，学者们的论述则显得模糊和抽象。由于不同国家具有不同的政治体制，因此当地方政府层级较多，而且性质、权限以及影响力和重要性存在不同时，在分析及比较上具有一定难度。例如，从学者提出的"次国家行为体"这一概念来看，广义上是指除了中央政府之外的其他各级地方政府；狭义的概念，则应仅指国家的一级地方政府。在联邦制国家中，指州或加盟共和国；在单一制国家中则一般指省、自治区等。[②] 一方面，如果直接用广义的概念来研究中国特别行政区对外关系，则显笼统，而且难以具体区分出特别行政区与其他类型的次国家行为体在对外事务权限、法律人格上的特点异同；另一方面，如果采用狭义的概念，则又将面临由于一级地方政府仍有法律和政治性质上的显著差别，难以进行具体说明的问题。

最后，地区国家理论结合全球化的背景，从现实主义的角度，分析得出为了从国际经济合作中获得利益，次国家行为体更看重自身在国际舞台上的角色。这从当前国际体系的经济问题和经济冲突体现的（次国家的）跨国行为体的作用中可见一斑。当然，地区国

---

① 对此，有学者做了专门的定义，即"次国家政府"是指单一制国家中的各级地方政府、联邦制国家中的成员政府及其各级地方政府。并认为，次国家相对于长期以来，主权国家中央政府间的互动关系即等同于国际关系，次国家政府则是与国际关系无缘的地方行为者，处理纯粹的地方内部事务。这既是各国宪法普遍的规定，是国际法的惯例，也是政治经济的现实。参见陈志敏《次国家政府与对外事务》，长征出版社 2001 年版，第 1 页。

② 张卫彬：《次国家政府的国际法律人格探讨——兼论我国台湾地区参与国际事务问题》，《广东行政学院学报》2009 年第 5 期，第 56 页。

家理论者们断言:全球化时代下,传统的政治主权国家的历史使命将会终结;随之而来的是,在新的世界经济体系中,地区国家这种崭新的次国家行为体将发挥主导作用。笔者对此观点有所保留,这个理论的基础与中国特别行政区的对外关系形成的基础明显不同。事实上,特别行政区拥有对外关系授权并非由全球经济利益转变而驱动,因此难以直接将地区国家理论套用在特别行政区的研究之上。

三　特别行政区对外关系性质: 授权的对外交往模式

回归祖国,实行"一国两制",成为澳门发展史上一个伟大的里程碑,澳门政治地位也随之产生根本转变。①《中华人民共和国宪法》和澳门基本法的有关规定更明确了国家在必要时得设立特别行政区,② 澳门特别行政区作为中华人民共和国不可分离的一部分,是中国的一个享有高度自治权的地方行政区域,直辖于中央人民政府。③ 并且,澳门基本法的实施也确立澳门特别行政区在国家制度中的位阶和权力关系,即澳门特别行政区和国家一级机关的关系是一个主权国家内部地方和中央的关系。同时,澳门特别行政区不是一般的地方行政区域,不采取如同内地一样的管治方法和社会制度,可获得中央政府更多的授权。④

澳门是国际性城市,授予澳门特别行政区在处理与其有关的对外事务方面以一定的自主权,对于保持澳门的长期繁荣和

---

① 饶戈平:《从宪政视角看澳门的对外事务交往权》,发表于澳门理工学院"一国两制"研究中心主办"'一国两制'与宪政发展学术研讨会",2009 年,第 131 页。
② 参考《中华人民共和国宪法》第三十一条。
③ 参考《中华人民共和国澳门特别行政区基本法》第十二条。
④ 萧蔚云:《论澳门特别行政区行政长官制》,澳门科技大学,2005 年,第 79 页。

可持续发展具有必要性。根据澳门基本法的规定，中央人民政府负责管理与澳门特别行政区有关的外交事务。外交部在澳门设立机构处理外交事务。中央人民政府授权澳门特别行政区依照基本法自行处理有关的对外事务。① 该条规定属于第二章有关中央和澳门特别行政区的关系内容。在这一章中，澳门基本法按照"一国两制"的方针政策，从维护国家主权和体现高度自治两个方面，明确规定中央对澳门特区行使哪些权力，澳门特别行政区又应该如何行使中央授予它的权力，并接受中央的监督。②

由此可见，澳门特别行政区在其对外事务的某些领域享有的自主权，是在外交事务属中央人民政府管理的大原则下所获得的一种授权，具体的授权范围可概括为：第一，澳门特别行政区有权参加外交谈判、国际会议、国际组织；第二，澳门特别行政区有权签订国际协议；第三，澳门特别行政区有权与外国互设官方、半官方机构；第四，澳门特别行政区有权签发特区护照和旅行证件。③ 此外，澳门基本法亦对保持和扩展澳门经贸、社会文化方面的对外交往能力做出了相关规定。④

澳门的对外关系只是中国整体外交的组成部分之一。从上述澳门基本法的规定来看，澳门特别行政区并不具有本身固有的外交权，所享有的对外事务授权属于一个国家内的地方行政、经济实体的职能性权力和权利，属于国内法意义上的自治权范畴，完全不等

---

① 参考《中华人民共和国澳门特别行政区基本法》第十三条。

② 杨允中：《澳门基本法释要》，澳门特别行政区政府法务局，2003年，第45页。

③ 参考《中华人民共和国澳门特别行政区基本法 > 第七章第一百三十五条至第一百四十二条。

④ 参考《中华人民共和国澳门特别行政区基本法》第五章第一百一十二条、第一百一十六条及第六章第一百三十四条。

同于国际法主体所拥有的对外交往权。① 因此绝不能使用"澳门外
交"或"澳门特别行政区外交"等用语来描述澳门特别行政区的
对外事务或对外关系。准确来说，涉及澳门的对外事务权只是中国
外交的组成部分之一，澳门特别行政区只承担和实施中央人民政府
授权的部分对外事务。

四　特别行政区的国际地位：
有无国际法律人格的争论

对于澳门在国际法上的地位，自澳门回归之初，实务与学界
即有不同的看法。从传统国际公法的视角而言，澳门不具有国家
或国家组织的国际法律人格，不是国际公法的主体。但是，根据
《中华人民共和国宪法》和《中华人民共和国澳门特别行政区基
本法》的规定和特别授权，澳门特别行政区成为中华人民共和国
的四个法律区域（法域）之一，在某些领域中具有缔约和履约上
的自主性，从而取得在这些领域的对外行动权利和能力②。澳门
拥有经中央授权、并且是有限的处理对外交往的权力，与国家所
具有的固有、完全的国际法主体资格截然不同。③ 然而，也有学
者认为由于澳门特殊的历史和现实状况，不可否认澳门具有某种
国际法主体性，拥有一定限度的国际法律主体资格。④⑤

① 饶戈平：《国际条约在香港的适用问题研究》，中国民主法制出版社 2011 年版，第11 页。

② 叶斌：《国际法视野下澳门的对外权能及其法律地位》，发表于澳门科技大学主办"2012 年澳门对外关系青年学术圆桌会议"，2012 年，第 5 页。

③ 曾令良：《论澳门特别行政区的国际法主体资格——基础、特性和实践》，《澳门研究》2009 年第 8 期，第 4 页。

④ 赵国材：《论"一国两制"下澳门特区对外关系之发展》，发表于澳门理工学院"一国两制"研究中心主办"'一国两制'与宪政发展学术研讨会"，2009 年，第 135 页。

⑤ R. Mushkat, "Macau's International Legal Personality", *Hong Kong Law Journal*, Vol. 24, 1994, pp. 331 – 340.

　　事实上，在大多数的国际法教科书中，国际法主体、国际人格或者国际法律人格的概念常常被未加区别地混用，甚至被视为同义词。[1] 它们派生于国内法中的"法律关系主体"和"法律人格"这两个概念，是对"人"的法律拟制，用以区别国际法中的不同行为体。尽管国际法主体或者国际法律人格是国际法中最为基本的概念，然而，国际上并没有形成对国际人格或者国际法主体的精确定义。有学者仅承认国家是国际法的主体，并且是国际法的唯一主体，反对将个人和国际组织说成为国际法主体。[2] 因为，"国际法主体"是指独立参加国际关系并直接在国际法上享受权利和承担义务且具有独立进行国际求偿能力者。[3]

　　由于特别行政区适用多边条约所产生的国际权利义务由中央政府承担，以国家名义参加的多边条约履约事宜也由中央政府办理，并且在履约报告方面，已建立了"特区自行撰写，中央统一提交"的工作模式，由特别行政区就其自治范围内的履约事务自行答复条约机构提问等安排，以及中央政府正积极协助特别行政区办理单独适用于特区的条约履约事宜，[4] 因此笔者认为，澳门显然不具有独立的国际法主体地位和国际法律人格。澳门特区经中国最高权力机关和中央人民政府授权派生而来、能够活跃在国际舞台，获得国际社会认可，无论其是否已经具有主体或资格身份，不仅丝毫不影响，反而还能进一步丰富我国国际法主体资格的固有性和完全性。

---

　　① R. Portmann, *Legal Personality in International Law*, Cambridge：Cambridge University Press，2010，p.1.

　　② 周鲠生：《国际法》，商务印书馆 1976 年版，第 58—70 页。

　　③ 王铁崖主编：《国际法》，法律出版社 1995 年版，第 64 页。

　　④ 黄惠康：《"一国两制"对国际法发展的贡献》，《光明日报》2012 年 7 月 10日。

五　特别行政区对外关系权的界限：　"次主权"与否的迷思

关于"次主权"的提法，虽不是澳门学者及外事工作人员在实践中所提出，但作为同属于中国特别行政区之一的香港地区学者提出这一概念，确曾引起港澳地区及内地理论界的广泛关注及争论。

可以说，"次主权"在现有的国际法、国际关系或外交学的文献中皆无法查到。一般来说，国家主权无论是从宪法还是国际法的角度来看，都属不容分割分裂、不容谈判的，因此在主权之下必然不存在"次级主权"的部分。例如，就澳门来看，它从来都不是一个国际法主体，而仅是一个非主权的地区性行政、经济实体。① 这从澳门基本法明确澳门"……自古以来就是中国的领土"② 可见，尽管是中华人民共和国的特别行政区，但作为国家不可分割的一部分，它始终不是一个国家，不具有"主权"的地位。如此，难免又会令人产生一个新的疑问，那就是为何澳门还能获得对外交往权并被国际社会承认？答案的关键在于澳门特区作为次国家行为体，本不具有国家的外交权，而能够让澳门特区参与缔结国际条约、参与国际组织和国际会议的对外事务交往权，主要来源于国内法，属于国内法意义上的自治权，完全不同于国际法主体所拥有的外交权。可见，特别行政区这种授权下的对外事务交往权只是中国对外交往权的组成部分。③ 这也说明，无论是属于中央负责的"外交事务"，还是需由中央授权特区处理的"对外事务"，归根结底，也必然要

---

① 饶戈平：《从宪政视角看澳门的对外事务交往权》，发表于澳门理工学院"一国两制"研究中心主办"'一国两制'与宪政发展学术研讨会"，2009 年，第 127 页。

② 参考《中华人民共和国澳门特别行政区基本法》序言及第一条。

③ 饶戈平：《从宪政视角看澳门的对外事务交往权》，发表于澳门理工学院"一国两制"研究中心主办"'一国两制'与宪政发展学术研讨会"，2009 年，第 131 页。

服务于中国整体的外交。① 对于授权多少，笔者认为，正如国家外交部有关官员所论，"中央授予特区多少权力，特区就有多少权力，没有明确的，中央还可以授予，未授予的'剩余权力'在中央"。②

六　次国家行为体对外关系对澳门特区的启示

现阶段，次国家行为体对外关系理论开始成为研究中央及其之外的各级地方政府外事活动的重要理论范式。这种理论内涵与澳门基本法所体现的"一国两制"下的澳门特别行政区对外关系实质有着许多雷同和一致之处。通过对有关理论的梳理和归纳，对于理论界从规范的意义上全面认识澳门对外关系内涵，对于外事活动者了解澳门对外事务权的特点及极限，以及对于推进和发展"一国两制"下的澳门对外关系事业也深具理论指导意义。

通过整理澳门特别行政区自回归以来所取得的对外关系成果，笔者认为，这些成果无疑更进一步印证了邓小平同志所提出的、源于我国解决自身统一问题的"一国两制"方针，已经取得丰硕的成果。"一国两制"方针和澳门基本法所具有的解决问题的无限生命力，早已远远超越一国的范畴。可以说，这些理念和方针都与国际法、国际关系和外交学的理论和实践发展相辅相成，顺应了学科的发展和演变趋势，既有力推动了和促进学术理论的发展，亦是新中国对现代国际法、国际问题的深入研究和妥善解决做出的重要贡献之一，大大提高了中国在全球理论界的地位和影响。

通过深入剖析澳门特别行政区开展对外交往和实践过程中所遇到的两个主要的理论问题，笔者认为，主权没有次一级的层次和内容，作为中国的一个非主权的地区性实体，澳门特别行政区按照澳门基本法的规定，在中央人民政府的授权下从事的任何对外交往和

① 叶桂平：《澳门特区涉外事务权刍议》，《澳门日报》2010年9月15日。
② 黄惠康：《"一国两制"对国际法发展的贡献》，《光明日报》2012年7月10日。

国际活动，都代表和影响着国家利益，理所当然的是国家外交不可分割的组成部分。因此，没有必要过多区分特别行政区的利益和国家利益。其中，即使不认同澳门的国际法律人格，也不妨碍澳门在对外交往中的广泛权能及其实施。事实上，在过往澳门特区对外交往实践过程中，这种由国家负责特别行政区的外交事务，授权特区开展适当的对外事务，外交部和澳门特区政府互相配合，共同推进特别行政区对外关系的合作模式也证明是行之有效的。这种模式也值得国际社会，特别是尚需处理国家统一事业的国家作为重要参考。

正处在承前启后、继往开来的关键历史时期，如何在经济多年高速增长、社会快速发展的新政治环境下调整政府与社会的关系，维持良性的互动，不断推进"远交近融"并巩固国际资源，已成为澳门特区繁荣稳定和可持续发展必须面对的核心问题。对此，有赖澳门特别行政区社会上下一心，加强对"一国两制"的学习和研究，以及切实有效的推广和宣传，牢牢把握中央对特别行政区的关系定位，在工作中落实好"一国两制"的大政方针，积极探索央地合作共赢模式的创新，不断推进国家外交事业向前发展，才能更好地将涉及特别行政区的外交和特区对外交往工作推向新的高度。

第 三 章

澳门特别行政区对外关系在中国
总体外交中的作用

1999 年 12 月 20 日，澳门在经过了葡萄牙人 400 多年的殖民统治之后，主权回归中华人民共和国，成为继香港特别行政区之后在"一国两制"制度下运行的又一个全球瞩目的政治实体。"一国两制"制度赋予了澳门特别行政区特有的政治和外交地位，从而让澳门特别行政区在中国的外交中有了不可替代的作用和功能，同时澳门在此框架下也迎来自身发展前所未有的机遇，以及对外事务中新的逻辑起点。这一新的逻辑起点不仅关切到中华人民共和国整体的外交战略，更是事关澳门自身的利益拓展，在此基础上，澳门因为其自身的软实力，完全可以在中国的总体外交中独占一席，扮演举足轻重的角色。笔者认为，澳门特别行政区在中国的外交关系以及其自身的对外事务拓展中可以做出以下定位：作为中国外交的"平台"；成为大陆和台湾地区"两岸关系"的中介及新的"样板点"；充当中国与国际体系的"试验田"。

当然，澳门特区在中国总体外交所发挥的作用完全是基于澳门回归之后，在"一国两制"的框架之下社会整体稳健发展带来的澳门整体实力抬升这一前提。澳门社会的发展与其对外事务的拓展以及对于中国外交所能做出的贡献是相辅相成的因素。如果没有澳门社会在"一国两制"之下的繁荣稳定，关于其在中国总体外交中的诸多定位的设想都是一纸空谈。澳门自 1999 年以来社会的整体发展状况让人们充分看到了这些可能性，对于澳门的对外事务在中国外交中的地位，乃至日后进一步的拓展都存有信心。以下，本章将论述澳门在回归之后迎来的发展新机遇，以及在此基础上所给出的澳门未来对外关系中的定位。

一　中国总体外交策略的演进及现阶段的特点

（一）改革开放以来中国总体外交策略的演进

中华人民共和国成立以来，国家的对外战略不断演变。这一方面与世界格局的重大变迁密切相关，另一方面更是因为中国自身翻天覆地的变化。

以美国为首的资本主义阵营及以苏联为首的社会主义阵营对抗的两极格局，在 20 世纪 80 年代末、90 年代初冷战结束后便告瓦解，自此世界朝向多极化的趋势发展，同时经济全球化也在曲折中发展。[①] 这个阶段适逢中国改革开放十余年，国际局势的动荡变化与国内的政治风波也让中国外交和对外战略面临着前所未有的挑战。面对复杂的情势，两代领导人提出了"冷静观察，稳住阵脚，沉着应付，韬光养晦，善于守拙，决不当头，有所作为"的对外工作指导方针，坚持和平发展的外交战略，致力维护长期稳定的国际和平环境，同时着力加强中国的全面改革开放，本着维护国家安全和保持国内稳定的原则，不断夯实发展的基础，提升自己的实力。[②] 中国改革开放以来，不论面临怎样的挑战，其积极融入世界、和平发展的大方向不曾逆转。特别是自中国加入WTO 以来，不仅仅是中国更深入地融入了全球经济体系，中国经

---

① 王逸舟、谭秀英主编：《中国外交六十年》，中国社会科学出版社 2009 年版，第34—35 页。

② 同上书，第38—39 页。

济的强劲增长更让世界离不开中国，中国在和平外交的战略之下逐日崛起。

改革开放二十余年后，中国于 2004 年提出了"坚持引进来和走出去相结合，利用好国际国内两个市场，两种资源"①，以充分发挥自身在全球发展中的比较优势。所谓"走出去"，就是指中国企业和经济实体在继续引进外国的经验、资金及技术的同时，也要积极向海外发展，参与经济全球化的竞争，从本土发展走向国际竞争舞台。② 在中国共产党十八届全国代表大会报告中，"走出去"再次被强调，"加快走出去步伐，增强企业国际化经营能力，培育一批世界水平的跨国公司"。③ 可见，中国改革开放的步伐依然坚定，而且在纵深发展中越发自信，逐步迈入了向世界展示中国特色社会主义建设成果的阶段。

（二）当前中国总体外交的策略

当前，国际金融市场出现动荡，世界经济到了一个转折点。中国已成为全球第二大经济体和对世界经济增长贡献最大的国家，国际社会期待中国在全球经济格局中发挥更大作用，同其他主要经济体一道，引领世界经济走出当前的低迷局面。同时，中国作为联合国安理会常任理事国，对国际和平与安全承担着重要责任，国际社会亦期望中国能够勇于担当，建设性地参与解决全球性和热点问题。过去几年里，伊朗、乌克兰、叙利亚以及气候变化、网络安全、减贫、维和……世界不断见证中国为推动解决全球性和热点问题所发挥的建设性作用。面对复杂动荡的国际局

---

① 《中共中央关于加强党的执政能力建设的决定》，2004 年 9 月 20 日，新华网（ht-tp：//news. xinhuanet. com/zhengfu/2004-09/27/content_ 2027021. htm）。

② 叶自成、李红杰：《中国大外交：折冲樽俎 60 年》，当代世界出版社 2009 年版，第102 页。

③ 《胡锦涛在中国共产党第十八次全国代表大会上的报告》，2012 年 11 月 8 日，新华网（http：//news. xinhuanet. com/18cpcnc/2012-11/17/c_ 113711665. htm）。

势，中国以建设性姿态和负责任态度，切实履行国际义务，与其他国家一道，共同应对各种全球性挑战，积极参与各类热点问题的政治解决。

自 2013 年中国提出"一带一路"倡议以来，得到沿线国家等各方积极响应。"一带一路"倡议秉持共商、共建、共享原则，不是扩张主义，而是开放主义。截至本书成稿为止，已有近 80 个国家和国际组织表达了合作意愿，30 多个国家同中方签署共建"一带一路"合作协议，互联互通网络逐渐成形。中方发起的亚洲基础设施投资银行已开业运营，丝路基金的首批投资项目已正式启动。在可预见的未来几年，中国的外交将以推进"一带一路"建设为主线，突出互联互通、产能合作及人文交流三大重点，打造亚投行、丝路基金和产能合作标志性项目，推动达成新的自贸协议和现有自贸协议升级，为国内经济发展拓宽国际市场，增添外部动力。

近年来，中国外交继续高举和平、发展、合作、共赢的旗帜，践行中国特色大国外交理念，维护国家主权、安全、发展利益，为国家建设和民生福祉服务，为世界和平与全球发展担当。事实上，自党的十八大以来，在以习近平同志为核心的党中央领导下，中国外交在继承传统的基础上积极进取，开拓创新，提出一系列新理念、新思路和新举措。从推动建立以合作共赢为核心的新型国际关系、构建新型大国关系，到践行亲诚惠容的周边外交理念、真实亲诚的对非工作方针；从坚持正确义利观、倡导共同、综合、合作、可持续的安全观，到打造"人类命运共同体"；从积极参与全球治理，到不断创新和发展中国国际秩序观。中国特色大国外交全面推进，气势恢宏。

特别是"十三五"规划的落实初期，国际格局继续深入调整变革，中国正继续践行中国特色大国外交理念，积极承担中国应当肩负的国际责任，为全面建成小康社会营造更加良好的外部环境，为世界和平与发展事业续写新篇章。可以说，今天，中国前所未有地走近世界舞台的中心，前所未有地接近实现中华民族伟大复兴的目标。

（三）现阶段中国总体外交策略的特点

1. 和平发展

坚持走和平发展道路，是中央领导集体在深刻把握时代特征和中国国情，统筹国内国际两个大局，研究借鉴其他大国发展经验教训的基础上提出的崭新发展道路，既是我国发展战略的重大抉择，也是我国对外战略的重大宣示。

中国向世界公开宣示和一再强调坚持走和平发展道路，除了表明中国和平发展的诚意外，也希望更多的国家加入到和平发展道路的行列中来。倘如此，持久和平、共同繁荣的和谐世界就离大家不遥远了。反过来，如果世界变得更为和谐了，那么中国的和平发展道路就能走得更为平稳和顺当一些。从这个意义上讲，坚持走和平发展道路与推动建设和谐世界也是互为条件和相互促进的，不能人为割裂开来。

事实证明，中国以改革开放顺应经济全球化潮流，通过和平发展和国际合作，同世界各国普遍发展友好伙伴关系，妥善处理各种矛盾和摩擦，在国际事务中发挥建设性作用，推动国际秩序朝着公正合理方向改革，完全能够走出一条符合时代潮流的和平发展道路，而且这条路会越走越宽广、越走越有希望。

2. 合作共赢

中国历来坚持与邻为善、以邻为伴的周边政策，巩固睦邻友好，深化互利合作，努力使自身发展更好惠及周边国家。中国外交重在加强与各主要大国协调合作，建设良性互动、合作共赢的大国关系；秉持亲诚惠容的周边外交理念，与地区国家持久和平相处、联动融合发展，维护发展中国家正当合法权益；加强同广大发展中国家的团结合作，永远做发展中国家的可靠朋友和真诚伙伴。

在中美关系方面，中国把握双方不断增长的共同利益，有效管控彼此间分歧，努力构建不冲突不对抗、相互尊重、合作共赢的新型大国关系；在中俄关系方面，《中俄睦邻友好合作条约》已签署 16 周年，双方都希望中俄高水平的政治关系优势产生出更多务实成果，不断丰富全面战略协作伙伴关系内涵；在中欧关系方面，中国坚持切实推进和平、增长、改革、文明四大伙伴关系建设，2015 年中欧合作掀起新高潮，展示了新兴大国与传统大国的互信与合作；在与周边国家关系方面，中国秉承"亲诚惠容"的方针，维护地区稳定，推动经济发展，促进民生福祉，把东盟作为多个合作领域的"优先伙伴"，打造紧密的中国—东盟命运共同体；在与发展中国家关系方面，中国坚持与发展中国家真诚友好、平等相待，积极探索互利合作新方式；在中非关系方面，习近平主席 2015 年年底访非时宣布的对非十大合作计划，体现了中国长期坚持的与非洲各国"实现互利共赢，深化传统友谊"的方针。

3. 主动开拓

中国已成为世界体系的建设性参与者、国际矛盾的积极协调者、周边秩序的务实塑造者。中国外交更加主动、更加灵活、更加适应时代的发展和需求，积极"掌握处理国际事务的主动权"，这是新时期中国外交的又一个特点。①

中国是亚洲区域合作的积极参与者和支持者，在朝核问题上，中国从大局出发，坚持不懈，积极斡旋，先后促成三方和六方会谈，避免了半岛紧张局势升级，为维护东北亚的和平与稳定发挥了建设性作用。在处理领土和海洋权益的争端上，中国采取了一系列

① 胡艳华：《和谐世界理念下的中国外交新特点》，《理论前沿》2008 年第24 期，第21 页。

新措施，加强同东南亚国家的关系，还加强了地区合作，妥善处理有关争端。在亚太经济合作组织中，中国强调贸易自由化和经济技术合作"两个轮子"并重，倡导以相互尊重、自主自愿和灵活性等原则为特点的"亚太经合组织方式"，在亚洲合作对话机制中发挥了积极作用。在区域合作中，中国坚持协商一致、平等互利、循序渐进的原则，照顾各方利益和关切，以实际行动推动与亚洲国家的共同发展。我国推动"上海五国"机制发展成为"上海合作组织"，开创新型区域合作模式。

中国加快了与联合国的互动步伐。中国外交官们在处理国际事务时变得更加得心应手，而且表现得更加自信。重视发挥联合国在推动建立国际政治经济新秩序方面的独特作用，致力于维护联合国安理会的权威。中国首倡举行联合国安理会五个常任理事国首脑会晤。根据联合国宪章精神，积极参与联合国在维和、军控、反恐、发展、人权司法、环境等问题上的合作以及联合国各专门机构的活动。

同任何成长中的大国一样，随着国力的增强、国际影响力的提升，中国的国家利益也在不断向海外延伸，中国正积极加快海外利益保护能力建设，维护包括港澳同胞在内的中国公民和企业在海外的合法权益与生命财产安全。现在已有 3 万家中国企业遍布世界各地，数百万中国人工作生活在全球各个角落，2015 年内地公民出境人次突破 1.2 亿。这些都对国家的领事保护与服务工作提出更高要求。仅 2015 年一年，外交部和驻外使领馆就处理 8 万多起领保案件。其中 24 小时全球领事保护与服务热线累计接听十几万次电话，处理了约 1.5 万起案件。①

今天，中国外交的一项重要任务就是要让世界听到中国的声音，听到中国的好消息，就是要向世界各国的民众全面、客观地介

---

① 叶大波：《2016，中国特色大国外交扬帆远航——写在"两会"胜利闭幕之后》，《澳门日报》2016 年 3 月 18 日。

绍中国,大力推进中国与世界各国的人文交流,使各国民众了解中国的历史变革、文化传统和制度特色;了解中国发展全貌、进步轨迹和前进方向;了解中国的经济、政治、社会和外交政策;了解中国的民情、民意和民生。[①] 只有这样,世界才会少一些对中国的误解,多一些对中国的理解;少一些"中国威胁论"的论调,多一些"中国机遇论"的声音。

二　回归以来澳门特别行政区国际地位的变化

1999 年澳门的回归,不仅对中国的国家整合、主权统一意义重大,这一全新的格局也给澳门特别行政区自身的发展带来了前所未有的新机遇。笔者认为,澳门发展的新机遇不仅表现在经济社会发展的巨大潜力,也表现在澳门作为特别行政区这一特殊的政治实体在与中国内地的互动以及其他国家的关系中呈现的独特格局。具体来说,澳门回归之后博彩业的开放造就了经济的大踏步迈进,而澳门在"背靠祖国、面向世界"的格局之下,实践着与祖国内地和世界各国交往的双条轨迹并行的特有模式。同时,作为中国主权的一部分,澳门对外事务的扩展又是在中国总体外交战略的框架下进行。

(一) 经济的蓬勃发展使澳门成为"一国两制"的成功典范

澳门基本法第五条规定,"澳门特别行政区不实行社会主义的制度和政策,保持原有的资本主义制度和生活方式,五十年不变"。而针对澳门地区特有的社会经济发展背景,澳门基本法第一百一十八条又特别规定:"澳门特别行政区根据本地整体利益自行制定旅游娱乐业的政策",这就意味着,早在 1847

---

① 周兆军:《中国驻英大使:中国不允许任何国家把亚洲搞乱》,2013 年 4 月 18 日,人民网 (http://theory.people.com.cn/BIG5/n/2013/0418/c136457-21179810.html)。

年就已经合法化博彩业在澳门回归之后将继续存在。而事实上，这一政策不仅仅是让澳门的博彩业作为一个独特的景观和经济模式继续存在，而是将澳门博彩业的发展带入了一个新的阶段。

自回归以来，澳门的经济在旅游博彩业的带动下快速增长。如图 3-1 及表 3-1 所示，澳门自 1999 年后博彩毛收入、本地生产总值、博彩税收稳步提高，在 2009 年后进入快速增长期，平均增长率接近 25%，并在 2013—2014 年达到顶峰，这个时候博彩毛收入超过 3500 亿澳门元，本地生产总值达到 4400 亿澳门元，是刚回归时的 8 倍，也给澳门特区政府带来了高达 1300 亿澳门元的税收收入，占到了澳门特区政府当年税收总收入的近 70%。自 2014 年下半年开始，随着博彩业的深度调整，澳门的本地生产总值也有所下降，但 2016 年本地生产总值 3582 亿澳门元仍是刚回归时的 7 倍。

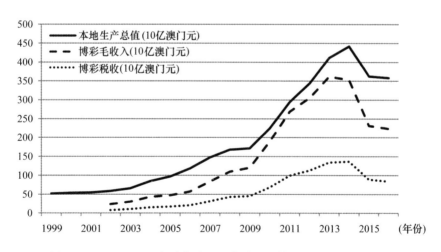

图 3-1　1999—2016 年澳门本地生产总值、博彩毛收入及博彩税收

资料来源：笔者根据澳门特别行政区统计暨普查局资料（http://www.dsec.gov.mo/Statistic.aspx）绘制而成。

表 3 – 1   2002—2016 年澳门博彩毛收入

年份	博彩毛收入		访澳游客数（人次）
	总额（百万澳门元）	同期增长率（%）	
2002	23496	—	—
2003	30315	29.02	—
2004	43511	43.53	—
2005	47133	8.32	—
2006	57521	22.04	—
2007	83846	45.77	—
2008	109826	30.99	22933185
2009	120383	9.6	21752751
2010	189587	17.89	24965411
2011	269058	41.92	28002279
2012	305234	13.45%	28082292
2013	361866	18.55%	29324822
2014	352714	− 2.53%	31525632
2015	231811	− 34.28%	30714628
2016	224128	− 3.31%	30950336

资料来源：笔者根据澳门特别行政区统计暨普查局数据（http://www.dsec.gov.mo/Statistic.aspx）整理而成。

博彩业的蓬勃发展带动了澳门地区社会经济发展各项指标的提高。澳门自 2000 年以来已经成为世界上经济增速最快的地区之一，2016 年人均 GDP 6.9 万美元，约为回归前的 7 倍，位居亚洲乃至世界前列；广大澳门居民真正当家做主，享有了前所未有的民主权利和自由，澳门社会和谐，各族群友好相处，中西文化不但都得到很好的保护而且发扬光大；民生大幅改善，建立了世界先进的卫生、社会福利体系，失业率降至回归前的一半；社会文化事业全面进步，"澳门历史城区"成功列入《世界遗产名录》，是世界上少数从幼儿园到高中实施 15 年免费教育的地区之一。

澳门博彩业以及相关旅游业的繁荣，跟全球尤其是中国内地大

量游客的涌入关系密切。自 2014 年以来，来澳旅客数量都超过
3000 万人次（见表 3 - 1），其中内地的游客逾 2000 万人次，占到
总人数的 66.7%，其比重是 1999 年（约 22%）的 3 倍。由此不难
发现，澳门主权的回归、"一国两制"制度的执行，给澳门带来了
前所未有的发展机遇。赌权开放与内地开放"自由行"的制度给澳
门博彩业带来了"井喷式"的增长，尽管存在抑制其他产业发展的
效果，① 博彩业以及与此相连的集旅游、饮食、购物等于一体的娱
乐业的勃兴驱动了澳门社会的发展。

可以说，澳门发展的种种机遇是在其回归之后，在中国主
权之下特有的位置所决定的。一方面，"一国两制"的政策保
证了澳门能够沿着之前的资本主义模式继续前行。以赌权开放
政策为例，不但是"一国两制"制度保障澳门自主发展，也是
促进其完善资本主义经济运作方式极为重要的体现。毋庸置疑，
没有"一国两制"的基本保障，澳门社会经济的进步便无从谈
起，是否能维持都是值得怀疑的。"一国两制"的政策给澳门
社会的发展提供了足够广阔的平台。另一方面，"一国两制"
意味着回归后的澳门是置于"一国"的框架下的，因此，回归
之后必然会带来与中国内地更为密切的互动，而这种密切的政
治、经济与文化的互动也成为澳门自身发展的重要动力来源之
一。因此，应当说澳门回归迎来发展的机会是"一国"与"两
制"两个层面上的，澳门特别行政区处于"背靠祖国，面向世
界"的基本格局中。这一基本格局也规范了澳门特别行政区对
外关系的基本逻辑起点，其自身对外关系的拓展以及在中国总
体外交中的定位均来自这样一个基本出发点。

---

① 关于澳门博彩业的勃兴和其他产业的萎缩，可以从澳门近年来出口贸易的大幅下降
看出来（数据亦参见澳门特别行政区统计暨普查局的具体资料，例如，对美国的出口额到
2011 年已经萎缩到 5.56 亿澳门元，仅是 2000 年 98.37 亿澳门元的 1.8%。

（二）旅游博彩的快速发展使澳门的国际化程度迅速提高

从澳门博彩业的发展历史来看，博彩业在澳门历史悠久，最早可追溯至 19 世纪中叶。踏入 20 世纪，博彩业结合旅游业的发展，成为澳门经济支柱之一，更为澳门带来"东方蒙地卡罗"的称号，形象地体现出澳门的旅游经济特点。在很多人心目中，澳门的旅游地位就是因"赌城"而确立的。澳门本来就是微型海岛经济，经济规模受市场、资源和结构等多方面的限制。旅游博彩业是其主要的经济动力之一，150 多年的博彩业历史为该行业在地区发展中铺设了较为有利的生存环境。

博彩业的发展另一方面得益于特区政府的"赌权开放"政策。所谓"赌权开放"，是指博彩公司由一家变多家、博彩市场由垄断变竞争的博彩经济体制的改革。同时，它还在广义上被理解为博彩产业规模的扩大和经营花色品种的增加。① 2001 年 8 月 31 日，《娱乐场幸运博彩经营法律制度法案》在澳门特区立法会举行的全体会议上获表决通过，从法律上确立了澳门赌权必须开放。2002 年，澳门特区政府发出三个博彩经营权的公开招标竞投，澳门博彩专营权由长期专营变成一分为三，随后三个经营权更衍生出三个副经营权，形成了六家博彩企业竞争的局面。澳门博彩业开放这一制度性的改变很快给澳门的博彩业注入了前所未有的活力。澳门博彩业向海外开放后，外资潮水般涌入，拉斯维加斯金沙集团、永利度假村等都纷纷来到澳门争一杯羹。巨大的市场、激烈的竞争促使澳门的博彩业急速发展，带来了巨大的经济效益，创造了高额的国内生产总值，澳门出现了"经济蛋糕"不断做大，各行各业齐头并进，居民就业机会增加，公共财政运行良好等局面，博彩业对澳门经济、社会起到了正面的促进作用。到 2005 年，也就是赌权开放接近 2

---

① 王五一：《赌权开放与澳门博彩业的发展》，《广东社会科学》2011 年第 2 期，第100—106 页。

年后，其博彩毛收入就达到了 471.3 亿澳门元，是 2002 年的两倍。上文已提及的 2013—2014 年博彩毛收入达到最高峰，是赌权刚开放时的 15 倍。2014 年下半年以来，随着周边环境的变化以及政策的调整，博彩业进入调整期，博彩毛收入显著下调，连续 20 多个月下调，至 2016 年下半年才逐步回稳。但无论如何，澳门博彩业的规模仍是赌权刚开放时的 10 倍（参见表 3 - 1）。

澳门旅游博彩业自赌权开放以来，无论是博彩规模还是博彩收益都发生了巨大的变化，亦为整个社会经济和民生带来可观的收益。虽然旅游博彩业开放会给整个社会带来不利的因素，但是从整体社会发展及收益来看，笔者认为博彩业的开放对于澳门的整体社会经济和民生而言还是利大于弊。

其实，由赌权开放所带动的澳门经济的全面市场化改造，健全与完善了澳门的资本主义制度，促进了经济的全面发展，从而为"一国两制"在澳门的实践、为特区政府的有效施政提供了重要的经济支撑。赌权开放的制度变革与以博彩业为龙头的产业政策，是澳门特区政府在经济上所采取的两项重大举措。毋庸置疑，这两项举措结合起来，对博彩业乃至整个澳门经济的发展，起到了关键性的促进作用，进而对澳门社会生活的各个方面，都产生了积极的影响。澳门经济的高速增长，人均居民收入的提高，社会文化面貌的改善，国际地位的提高，等等，所有这些成就的取得，无疑都与赌权开放以及博彩业的大发展密切相关。

同时，赌权开放引入了国际资本，基本上都是国际上有经验、有实力的大型博彩公司，为澳门博彩市场带来了新的理念，引入了一系列的新产品、新技术，形成了产业集聚效应，提升了澳门博彩业在国际上的综合竞争力，以及在区域中逐渐形成品牌，达到国际水平。[1]

---

[1]　博言：《博彩业开放十年来发展情况（一）》，《新华澳报》2012 年 4 月 18 日。

(三) 外资企业在澳的利益使各国对澳门的关注显著提高

赌权的开放，除了为澳门带来多元化的发展及可观的社会经济收益外，也使澳门的国际化程度和国际知名度迅速提高。

随着澳门引进的外资公司不断增多，除带来了竞争，更将成功的理念和模式带到澳门，也直接推动了澳门经济的发展。这些外资在博彩经营管理、现代博彩业运营理念方面，对原来几十年不变的博彩业管理模式起到了促进及带动作用，使传统的旅游博彩业脱胎换骨；使过去昏暗的小赌场变成了如今金碧辉煌，集购物、餐饮、休闲、住宿于一体的大型度假村；非博彩娱乐元素越来越丰富，吸引来自世界不同地方的游客。而且，美资博彩公司的进入，也给外资在澳门的多元发展开辟了前景。美资博彩公司将博彩业与会议展览业、休闲度假业、高端购物混为一体的模式和经验带到澳门，开拓多元发展的社会经济环境。这也是早前独家经营 40 多年的本土化博彩企业所不具备的理念。随着非博彩项目进一步推进，澳门将逐渐减少对博彩产业的依赖，成为名副其实的旅游休闲中心。①

但这种"一业独大"的发展模式也带来了不少矛盾与问题。如澳门整体经济快速发展与部分居民实际收入增长不符的问题；贫富差距不断加大的问题；赌场建设急速膨胀影响历史城区保护的问题；通胀居高不下的问题；博彩业占据大量人力资源导致一般企业招工困难的问题；博彩业占用大量公共资源，影响环境的问题；博彩业急剧扩张对青少年人生观形成不良影响的问题；博彩业扩张过快导致旅游配套设施不足的问题；等等，如不加遏制将严重影响澳门的发展。②

相关问题由于影响着外资，尤其是美国资本的利益，因此澳门的社会经济的稳定和发展备受相关国家和国际社会的关注。例如，前美国驻香港总领事杨苏棣曾表示，由于美国公司在澳门投下几十

---

① 曾忠禄：《基本法与澳门博彩业的发展》，《澳门日报》2013 年 2 月 17 日。
② 陈观生：《博企路再争雄——先攘外还是先安内》，《新华澳报》2013 年 1 月 30 日。

亿美元的投资，因此澳门对美国很重要。自 2010 年 3 月上任以来，他曾多次会见行政长官崔世安先生，并会见美国在澳门的三家博彩公司的管理层。他与特区政府讨论澳门劳工政策问题，包括建造赌场和管理赌场的劳工供给得到保障的问题。美国总领事希望通过这种方式向特区政府施压，扩大美国博彩企业在澳门的利益。当然，这也引来社会各界对外部势力的担忧。① 有关外国势力，尤其是美国势力的介入，本书将在第七章中进行深入的分析。

（四）澳门的平台作用得到国内外的重视

一方面，澳门位于珠江三角洲的南端，长期以来就与祖国内地有着密不可分的经济与文化联系和交流，尤其是经济方面，澳门与内地之间存在极为紧密而互补的关系。

另一方面，澳门作为"小型海岛经济"②，长久以来与全球各国形成了十分密切的经济交往，与世界上 100 多个国家保持着经贸往来。作为葡萄牙的殖民地，其独特的文化背景也使得其与其他葡语国家存在着千丝万缕的联系。1999 年澳门的回归，不仅让澳门与内地的联系进一步得到加强，中国内地大阔步的发展态势也为澳门对外经济文化交流的深入提供了广阔的空间。从澳门自身来看，其对外关系的发展显然存在两条并行不悖的主线，那就是与中国内地展开"内交"，拓展与其他国家与地区的"外交"，澳门特殊的背景决定了其在发展对外关系中的双线模式。

澳门与内地紧密而互补的关系表现在两个方面。一方面，早在澳门回归之前，澳门就显示出在经济上对内地高度的依赖。澳门的食用水、蔬菜、大米、副食品等均主要来自内地，其部分电力也由内地提供。从生产物质，例如制衣所用的棉布与棉涤纶等，建筑材料如圆钢、水泥、沙等大部分由内地提供，有的甚至是唯一的供应

---

① 曾忠禄：《澳门应独立行使博彩发展主权》，《澳门日报》2010 年 10 月 3 日。
② 周林：《澳门对外经济关系发展刍议》，《外交学院学报》2000 年第 1 期，第 37 页。

来源。① 另一方面，对内地而言，澳门与香港一样，一直是内地通往世界的重要窗口。尤其是对于内地来说，澳门是通往欧盟和葡语国家市场不可替代的中介。

自中国内地实行改革开放政策后，澳门与内地之间的贸易往来更加频繁，澳门在内地的投资迅速渗入。由最早主要集中在珠海、广东，逐渐向其他沿海地区例如上海、江浙一带扩展，甚至逐日向劳动力成本相对低廉的东北与中西部地区扩散。② 改革开放，还吸引了许多台资转道澳门寻找进入华南地区开展商贸活动的机遇。与此同时，中资企业也在澳门一直发挥着举足轻重的作用。到回归前，中资的业务量在金融保险业约占五成，进出口贸易占三成，旅游酒店业占五成，建筑地产业占五成。中资已成为澳门第一大外来资本，成为澳门经济发展不可或缺的重要力量。可见，中国内地与澳门的密切联系是历史上长期发展的结果。

澳门的回归，为两者经济利益联系的深化提供了更有力的政治保障。内地与澳门更紧密的关系表现在以下几个方面：

首先，最集中的体现就是《内地与澳门关于建立更紧密经贸关系的安排》（CEPA）（以下简称《安排》）。③ 这从《安排》的宗旨就不难看出来，"为促进内地和澳门特别行政区的共同繁荣与发展，加强双方与其他国家和地区的关系，双方决定建立更紧密经贸关系，即一国之内两个单独关税区建立类似自由贸易伙伴关系的安排"。这是一个全方面密切澳门与内地经济联系，促进澳门当地的经济发展的安排。

其次，内地经济的区域化发展，特别是广东省的经济开发与珠

---

① 《澳门与内地的经济关系》，2012 年 10 月 11 日，光明网（http：//www. gmw. cn/03zhuanti/2_ zhuanti/jinian/macau/d19. htm）。

② 同上。

③ 关于《内地与澳门关于建立更紧密经贸关系的安排》（CEPA）的具体内容，参见澳门特别行政区经济局的相关信息（http：//www. economia. gov. mo/web/DSE/public？_ nfpb = true&_ pageLabel = Pg_ CEPA_ CEPA_ I&locale = zh_ CN）。

江三角洲充满活力的经济成为澳门与内地联系的重要进入点。澳门
与广东省地缘上的靠近使得两者的关系源远流长。1999 年澳门从广
东省的进口达 5.21 亿美元，出口 0.83 亿美元，同年，澳门在广东
省的投资项目达 1365 个，协议投资额达 14574 万美元。① 珠江三角
洲作为中国经济发展最为迅速的地区，对全球投资者的吸引力毋庸
置疑，澳门也不例外。而因为港澳地区的人口 90% 以上都是广东籍
的，更让投资的展开有了文化和人文的纽带。有学者认为，澳门可
以与珠海共建国际贸易服务的平台，因为澳门与珠海之间有极强的
互补性，而澳门与全球葡语国家间的联系可以成为打造"大珠三
角"世界级城市群的重要基础。② 例如，共同开发珠海横琴岛，共
建中国和拉丁美洲国家之间的国际大都会的商务区。③ 再如，共同
利用澳门和珠海的教育资源，共建全国中葡、中拉多语人才和跨文
化人才培养中心。④ 这些设想的构建都建立在一个理念之上，就是
澳门自身资源方面的匮乏完全可以在前景广阔、地缘接近的珠江三
角洲得到充分的补充，而澳门其自身特有的经济与文化资源则又是
内地所不具备的优势，两者扬长避短，互补互助，可以充分开发出
在国际经济与文化舞台的一席之地。

　　而事实上，内地经济的发展给予澳门"内交"的机遇并不
只是局限于珠江三角洲地带。中国内地经济的全面开花自然也
给澳门创造了更多的机会，例如，澳门与重庆直辖市之间经贸
往来的发展。早在 1999 年年底，就有 30 多家澳门企业在重庆
有投资，投资总额达到 1.1 亿美元。重庆作为中国内地西部大
开发的重要阵地，积极吸引来自包括澳门在内的各项投资。

---

① 《澳门投资贸易促进局的资料》（http://www.ipim.gov.mo/worldwide_ partner_ de-
tail.php? tid =3566&type_ id =411）。
② 汪海：《澳门和珠海共建国际商贸服务平台构想》，《开放导报》2010 年第 4 期，第
41—46 页。
③ 同上书，第 43 页。
④ 同上书，第 45 页。

2000 年 6 月渝澳经济促进会成立。[①] 该促进会明确表明，其在促进重庆与澳门两地经济技术合作，实现优化互补，推进西部大开发的同时，也深信澳门可以发挥作为中国西部通往欧洲市场的桥梁作用。

近年来，澳门企业已经越来越全面而深入地与中国内地展开了交流与合作。主权统一、政治整合带来的是澳门与祖国内地更具实质性的交流。回头观察澳门这十年发展的轨迹，这一趋势相当清晰明了，对此也有足够的理由相信，在未来澳门拓展自我生存空间的战略中，"内交"的策略会占据越来越重要的位置。这不仅仅是因为中国内地强劲的发展势头，而且也来自于澳门自身所具有的不可替代的窗口与平台作用。在与内地互惠合作中，不仅是澳门的对外关系空间得到了拓展，更是为中国内地的经济在走入世界的路途上打开一个重要的节点。

对于澳门来说，在"背靠祖国"的同时，其面向的还是世界。作为一个国际化的大都市，澳门有来自全世界几十个国家的移民，其自 19 世纪以来就是一个自由港，至今仍然是一个独立的关税区，一直在国际舞台有着较为独特的地位。[②] 之前讨论澳门博彩业发展时也有提及，澳门拥有来自全世界各地川流不息的游客，从古至今，澳门都是以全面开放的姿态融入世界经济与文化交流的，尽管没有成长成如香港那样的国际金融中心，但其与世界千丝万缕且相对成熟的关系亦是澳门自身的重要特质。可以说，在澳门与内地经济文化联系日益密切的今天，澳门面向世界的底气更足，同时也为中国内地的发展介入世界经济提供了一个通道。1999 年澳门主权发生了质的变化，这就意味着澳门现如今

---

① 《渝澳经济促进会揭牌仪式在重庆举行》，2000 年 6 月 9 日，澳门特别行政区新闻局（http：//www.gcs.gov.mo/showCNNews.php？DataUcn＝15546&PageLang＝C）。

② 水青山：《澳门回归后对外关系的新发展》，《统一论坛》2003 年第 2 期，第 39 页。

面向世界时，其定位也相应发生了重要变化。因为，究其本质，澳门对外关系的发展是归属于中华人民共和国对外关系发展的一部分。也就是说，澳门特别行政区，尽管其拥有相当高的自主权，作为中华人民共和国主权的一部分，其对外关系始终是中国作为主权国家对外战略的一部分。

在这样的国际形势与中国的对外大战略之下，澳门作为中国主权下的特别行政区，自身长期以来发展的特质，以及上述回归之后呈现的发展新机遇都预示着澳门在未来中国外交和对外关系拓展中将扮演特殊的角色，发挥独特的作用。这一方面预示着澳门自身发展的广阔前景，另一方面，也表明澳门特区完全有实力、有机会为中国对外战略做贡献。这也是澳门背靠祖国、面向世界的基本逻辑。下面通过具体论述，来进一步分析澳门特区未来的对外关系定位。

三　澳门特别行政区发展对外关系的益处

对于澳门特别行政区对外关系的定位，可以从两个大的维度进行论述。一方面是澳门特区未来对外关系的功能定位，另一方面是澳门特区未来对外关系的关系定位。前者侧重于从澳门自身的利益的角度，强调澳门在提升自身和中国软实力方面可能的建树。后者是关于澳门在与中央政府在外交策略方面的互动中的位置，例如，澳门如何为国家在外交战略中发挥诸如"试验田""平台"的作用。前者更注重澳门特区作为一个独立的行动主体，后者则更侧重于澳门在互动关系中的定位。

（一）符合国家的利益

澳门对外关系的定位离不开对于澳门自身利益的认定与客观认识。研究过程中，笔者强调澳门特区是整个中国国际大战略的一部分，也是以尊重和促进澳门自身利益为基本前提的。任何定位如果不能真正使得澳门自身受益，显然不能长久，终是空中楼阁。澳门特别行政区在政治、经济和社会各方面都存在着其独立的利益诉求。从政治上来讲，"一国两制"确立的是在国家主权的原则之下，坚持高度自治的原则，实行"澳人治澳"。保持澳门特区持续的繁荣稳定以及兼顾各阶层的利益都是"一国两制"原则的应有之义。① 澳门对外关系的拓展基于这些原则，为了维护澳门自身的繁荣稳定，以真正提升各阶层的利益作为出发点，而与此根本冲突的任何对外关系的定位都是违背"一国两制"内涵的。从经济利益的角度来看，上文论述到的澳门博彩业、旅游业和进出口贸易等行业和领域的客观资料已经表明，当下的发展已经大大促进了澳门的繁荣以及政府财政的宽裕，获得最终收益的也应是澳门本地市民。在繁荣经济的支撑下，公共设施、社会医疗保障、教育、大众文化生活的质量均已相应提高。未来澳门在对外经济关系的发展中"内交"与"外交"的并行一定会不断深化。事实已证明这是行之有效的策略，已经发挥了良好的功能，没有理由不持续。总而言之，澳门特区对外关系的定位应该是具有巩固和深化"一国两制"基本政策的功能，有提升澳门社会经济繁荣、确保澳门市民生活水平的功能。

对于澳门对外关系的功能定位，有一点格外重要，那就是澳门具有增强"软实力"的功能，不仅是澳门自身的软实力，还有助于提升中国在国际上的软实力。

"软实力"（Soft Power）这个概念最早由美国著名国际关系学者约瑟夫·奈提出。② 这个概念是相对于国家的硬实力而言的，硬实力一般包括经济总量、科技发展水平、军事力量、国土和人口资

① 王禹：《"一国两制"宪法精神研究》，广东人民出版社2008年版，第8—15页。
② ［美］约瑟夫·奈：《软力量：世界政坛成功之道》，吴晓辉等译，东方出版社2005年版，第2—5页。

源等有形而可触摸及可测量的要素。软实力，主要是指通过吸引力
而非高压统治在国际事务中达到目标的能力。① 一般包括领导人的
领导力、国民士气以及民族文化的影响力，等等。② 对于中国的软
实力外交来说，其核心就是"文化外交"。所谓"文化外交"就是
指国家特质的柔性传播，指充分利用文化资源，通过文化交流与沟
通，使国家达到彼此理解和尊重，从而提升国家影响力的外交活
动。③ 近年来，中国对外关系在"走出去"的方针之下，已经通过
传播汉语、翻译中文传统经典作品、主办中国文化年、输出国产的
电影电视等形式积极拓展中国文化在全球的影响，让世界了解正在
崛起的中国。实际上，之前由于意识形态的对抗，西方媒体强势话
语的主导，加上中国自身发展的相对滞后，一方面关于中国的信息
大量被屏蔽与流失，另一方面关于中国不多的描述通常也伴随有相
当的曲解。简单来说，世界对于中国的了解与中国日益崛起的态势
是不相称的，世界需要了解中国。

　　澳门特区在增强中国的"软实力"、加强中国的"文化外交"
方面可以发挥不可替代的作用，这主要来源于澳门与全球的葡语
国家之间共通的语言文化背景。特别是，澳门特有的语言和文化
背景形成了与当今的葡语国家展开各方面合作交流独有的优势。
尤其在提升中国对外软实力方面更是有不可替代的作用。这不仅
会让澳门更好地增进与葡语国家已经建立的联系，更与中国在世
界范围内抬升软实力的战略完全吻合。澳门可以充分发挥其文化
优势，帮助中国在葡语国家建立良好的大国形象，传播中华文
化，为自身也为中国对外关系打开局面。如因为学者所提出的，

---

① 刘朋：《政党外交与国家软实力提升——基于 2003—2009 年中国共产党重要外交活
动的考察分析》，《中共贵州省委党校学报》2010 年第 4 期，第 120 页。

② 郭学堂：《中国软实力建设中的理论和对策新思考——兼论中国的公共外交》，《社
会科学》2009 年第 2 期，第 20—21 页。

③ 赵磊：《理解中国软实力的三个维度：文化外交、多边外交、对外援助政策》，《社
会科学论坛》2007 年第 5 期，第 150—151 页。

澳门可以打造成"东方迈阿密"，① 成为一个文明对话和国际交流的枢纽。

（二）符合澳门自身的利益

澳门正经历着开埠以来最快速的经济增长期，但随着经济的发展，也面临着经济过于依赖博彩业的问题，经济适度多元化已经迫在眉睫。作为一个微型经济体，透过区域合作，不断达至经济适度多元已经成为一个非常重要的方向，随着《珠江三角洲地区改革发展规划纲要》《横琴总体发展规划》及《粤澳合作框架协议》的先后出台，还有"粤港澳大湾区"概念的提出，着实为澳门特区带来了新的发展机遇和动力。作为地球村的一个小成员，澳门特区在"一国两制"下，需要深入认识自身的作用，继续深化"远交近融"的区域与跨区域合作的战略目标。②

当前跨区域合作已经成为国际上一种重要的合作模式，中国也非常重视，并在加以推进。澳门要融入与周边地区的区域合作，最大的问题是找出合作的基础，以及了解自身进行区域合作的深切内涵。凭借独特的历史、人脉及语言，澳门特区与葡语国家素有渊源，自然可以在中国开拓与葡语国家跨区域合作中扮演重要的角色，成为中国实施跨区域合作的一个切入点。

正因为有了中国—葡语国家经贸合作论坛（澳门）这一多边组织，使得中国内地、澳门特区与葡语国家的经贸可以实行优势互补，互利共赢，促进共同发展。此外，参与跨区域经济合作也促使澳门自身在参与区域经济一体化中具备了新的优势，从而可以充当起周边地区与葡语国家交流及合作的桥梁和平台。例如，在新一轮

① 汪海：《澳门："东方迈阿密"——论构建一个文明对话与国家交流的平台》，《当代亚太》2004 年第 5 期，第 59—64 页。

② 《中华人民共和国澳门特别行政区政府二零一零年财政年度施政报告》，2010 年，澳门特别行政区网站（http：//images. io. gov. mo/cn/lag/lag2010_ cn. pdf）。

的区域经济合作中，包括泛珠、粤港澳、珠澳、闽澳、澳台以及与内地其他地区的合作等，无不利用澳门特区与葡语国家的跨区域经济合作的优势，作为进一步加强合作的新契机。① 总的来说，成为跨区域的经济合作平台或桥梁，无疑是澳门进一步参与区域经济一体化的基础，也最符合澳门自身的利益。

四　澳门特别行政区在国家总体外交中可发挥的作用

从 20 世纪 70 年代起，新自由主义（Neo-liberalism）的兴起，突破新现实主义（Neo-realism）理论框架的一个重要层面，开始强调非国家（non-state）行为体在国际关系和国际行为中的作用。大型的跨国公司、国际组织、非政府组织以及次国家行为体等逐步成为新自由主义者关注国际关系的重要对象。②

1999 年特别行政区的建立，使得澳门对外关系成为一个次国家行为体对外关系理论的实践体。根据"一国两制"的框架，澳门对外事务须在《中华人民共和国澳门特别行政区基本法》规定之下展开。基本法第七章（第一百三十五条至第一百四十二条）对澳门对外事务权做出了具体规定，澳门对外事务权主要集中在六个方面：单独缔约权、参加国际会议和国际组织的权力、参加外交谈判的权力、签发特别行政区护照和其他旅游证件的权力、实行出入境管理的权力和设定经贸机构的权力。根据基本法，澳门特别行政区被赋予的对外事务的权力，无论是比较当前联邦制国家的地方外交事务权限还是比较历史上的自治区的外交事务权

---

① 叶桂平：《远交促近融：澳门区域经济合作的特点》，载郝雨凡、吴志良主编《澳门经济社会发展报告（2010—2011）》，社会科学文献出版社 2011 年版，第 118—121 页。

② Aldecoa, Francisco and Keating, *Paradiplomacy in Action: The Foreign Relations of Subnational Governments*, London: Franc Cass Publishers, 1999, pp. 58 – 81.

限，都具有相当的广泛性。这一方面顺应了世界范围内出现的平行外交（paradiplomacy）① 和多层外交（multi-layered diplomacy）② 的潮流，符合澳门当地政治经济发展的需求，③ 也给出了澳门对外关系定位在法律层面的空间。澳门特区在主权国家之下，比起中国内地的其他次国家行为体，具有更高的外事活动自主性，可以充分发挥其历史、文化、地缘的特殊性与中央的外交展开良性互动。也就是说，澳门特区在对外关系上至少可以定位在以下几个方面：可以作为中国外交的"平台"，可以作为中国与国际交流的"试验田"，最重要的，可以成为大陆与台湾地区的两岸关系的中介以及新的样板点，推动实现"一国两制"的最终目标。以下将对此展开具体的论述。

（一）作为中国对外交往的"平台"

关于把澳门特区打造成中国对外交往的平台的定位是一个比较成熟的战略设想，从学术界的论述④⑤⑥⑦到政府的具体行为已经形成了比较明确的指向，并且已经部分付诸了有效的实施。国家在"十二五"及"十三五"规划纲要中，不仅对澳门的发展明确提出

---

① Aldecoa, Francisco and Keating, *Paradiplomacy in Action: The Foreign Relations of Subnational Governments*, London: Franc Cass Publishers, 1999, pp. 40 – 57.

② B. Hocking, *Localizing Foreign Policy: Non-Central Governments and Multilayered Diplomacy*, New York: St. Martin's Press, 1993, p. 26.

③ 王长斌：《论"一国两制"下港澳特区的对外事务处理权：一个比较宪法的视角》，《"一国两制"研究》2010 年第 4 期，第 34—35 页。

④ 郭永中：《澳门建设中葡商贸合作平台的战略思考》，《理论学刊》2011 年第 10 期，第 64—68 页。

⑤ 叶桂平：《中国与非洲葡语国家的商贸合作——澳门平台》，《西亚非洲》2006 年第 4 期，第 74—78 页。

⑥ 张永蓬：《中国与非洲葡语国家经济合作的互补性和区域平台》，《西亚非洲》2008 年第 5 期，第 14—19 页。

⑦ 邵锋：《中国与葡萄牙语国家的经贸往来及澳门的平台作用》，《商业经济与管理》2005 年第 2 期，第 24—29 页。

"建设澳门作为中国和葡语国家商贸合作服务平台"的战略定位,①
而且国家对于打造澳门这个战略平台实施了前所未有的新举措。从
历史上来看,澳门曾经有过扮演中西方贸易平台的辉煌历史,不仅
是中国内地产品通往世界的贸易市场,也是世界产品进入中国的集
散地。② 在19世纪香港崛起之后,澳门中西方贸易平台作用逐日衰
退。不过,回归祖国使澳门又迎来了前所未有的发挥中外交往平台
作用的机会。有了强有力的中央政府的支持和内地的广阔市场,澳
门作为中国与葡语国家之间的平台作用又在日益凸显。③

　　发挥澳门在中国与葡语国家的经贸合作和交流中的平台作用,
不仅意义重大而且具有可行性。除去葡萄牙,其他的葡语国家均属
于发展中国家的行列,推进中国与葡语国家的经贸往来被认为是拓
展南南合作空间的有效举措,而且也符合双方的经济与政治利益。④
经济合作需要对成员所拥有的各种潜在经济资源进行开发和整合利
用,最终实现互利共赢。而中国与很多葡语国家,尤其是非洲的葡
语国家之间具有巨大的经济互补性。从基本经济资源结构,到贸易
和产品结构,再到投资和发展所存在的互补性构筑了双方合作的基
本前提。⑤ 从2003年起,每隔三年在澳门举行中国—葡语国家经贸
合作论坛部长级会议,迄今为止已经举办了五届。具体展望有如李
克强总理在2016年10月11日举办的第五届中国—葡语国家经贸

----

　　① 参见《中华人民共和国国民经济和社会发展第十二个五年规划纲要》。十一届全国
人大四次会议2011年3月14日表决通过了关于国民经济和社会发展第十二个五年规划纲要
的决议。

　　② 郭永中:《澳门建设中葡商贸合作平台的战略思考》,《理论学刊》2011年第10期,
第64页。

　　③ 李炳康、江时学:《澳门平台发展战略:澳门作为中国与葡语国家的经贸合作服务平
台研究》,中国社会科学出版社2006年版。

　　④ 叶桂平:《中国与非洲葡语国家的商贸合作——澳门平台》,《西亚非洲》2006年第
4期,第74—78页。

　　⑤ 张永蓬:《中国与非洲葡语国家经济合作的互补性和区域平台》,《西亚非洲》2008
年第5期,第14—19页。

合作论坛部长级会议上所表示的:"实践已经并将继续证明,中国和葡语国家是可以信赖的知心朋友、可以倚重的合作伙伴。中国愿与葡语国家一道聚力集智,共同划桨开动大船,使友好合作之舟乘风破浪、不断远航!"澳门特区将发挥重要的平台和支撑作用。①有关澳门作为"中葡平台"的作用在本书第五章有深入的分析。

(二) 成为"两岸关系"中的中介及新的"样板点"

从 20 世纪 50 年代毛泽东提出和平解放台湾理念,到周恩来和平解放台湾的"一纲四目",再到叶剑英 1981 年 9 月 30 日的《关于台湾回归祖国 实现和平统一的方针政策》的讲话,最终邓小平归纳为"一个国家,两种制度",并于 1982 年 9 月指出,中国政府准备用"一国两制"的办法来解决香港问题。从"一国两制"的形成过程可以看出,"一国两制"的提出起于台湾问题。如今被先运用到香港、澳门的主权回归上,但最终的指向仍然是两岸的统一大业。

澳门当下对"一国两制"制度的实践以及其一直以来与台湾密切的民间往来,成为推动祖国统一大业完成的重要力量。笔者认为,澳门的独特地位可以使得其在推进两岸互动、最终用"一国两制"的方针解决台湾问题上发挥重要作用,这一作用,至少表现在以下两个方面。第一,澳门的繁荣稳定发展具有示范作用,将成为"一国两制"实践的"样板点"。"一国两制"政策在香港和澳门的实行,一方面是保证实行资本主义制度的香港和澳门在回归之后仍然保持繁荣稳定的发展,人民安居乐业。另一方面,香港与澳门"一国两制"的实践将为中央政府和台湾双方所密切关注,实践过程中所积累的经验和教训对于台湾问题的解决有着无可替代的借鉴

①《李克强在中国—葡语国家经贸合作论坛第五届部长级会议开幕式上的主旨演讲(全文)》,2016 年 10 月 12 日,中华人民共和国外交部网页(http://www.fmprc.gov.cn/web/zyxw/t1404987.shtml)。

意义。

　　事实上，中央政府早在回归之前就非常关注澳门在两岸关系中的作用。国务院前副总理兼澳门特区筹委会主任钱其琛于 1999 年 1月 15 日在北京召开的澳门特区筹委会第五次全体会议上，宣示了处理 1999 年后澳门涉台问题七项原则与政策，此即所谓的"澳门钱七条"，从而确定了澳门回归后台湾澳门之间的贸易关系与民间交流不变的原则。① 从这个角度来看，港澳特区的当下发展自然超越自身的利益，事关中国国家主权统一的最高利益。"一国两制"在港澳实践的方方面面都会被中央政府与台湾当局甚至世界所密切考察，以此来评价这一制度的合理性、可行性与中国共产党领导的中央政府的执政方向。例如，在澳门，基本法所规定的"澳人治澳、高度自治"是否真正实现？除去经济发展中保持资本主义的运行方式之外，澳门特区政府独立的行政管理权、立法权、独立的司法权和终审权是否可以严格兑现？澳门居民民主参政的权利是否可以得到保障？在对外关系上，以上所列出来的基本法所规定的对外事务权的边界究竟何在呢？在这一系列问题背后，一个关注的焦点就是中央政府和澳门特区政府之间是如何互动的。

　　从澳门回归以后来看，澳门经济的繁荣稳定是无可争议的事实，是有目共睹的。例如，"赌权开放"政策典型地反映了资本主义制度在澳门不但可以保持不变，还可以进一步深入发展。从政治体制的运作来看，澳门有着其相对的特殊性，与香港不同，与台湾之间，尤其是台湾地区实行政党轮换选举制度之后，更是不甚相同。因为澳门回归前葡萄牙与中国的关系相对缓和，而且葡萄牙控制下澳葡当局一直都未有大肆推行所谓"民主化"的举动，② 澳门

---

　　① 朱松岭：《澳门与台湾关系在两岸关系中的战略地位》，《观察与思考》2010 年第 2期，第 56—57 页。

　　② E. Louis and H. Yee, "Macau: From Portuguese Autonomous Territory to Chinese Special Administrative Region", *The China Quarterly*, Vol. 12, 1999, pp. 801–817.

社会的政治西化势力活动一直不甚激烈。相反，一些建制内的社会团体在选举中被默许动员起来，从而使得立法机构之内的建制派可以继续掌控权力。此外，澳门不存在现代意义上的政党政治，澳门特区政府是一个以行政长官为主导①的立法、行政与司法相对独立的政治体制。对于当下的澳门来讲，其政治西化运作力量的相对缺失以及建制内的权力优势大大减弱了中央政府对于澳门自治状况的紧张预期，尤其是相对于香港的状况而言。再加之澳门回归后经济发展迅速，政府财政收入稳定，本地居民的工资收入与社会福利等得到了良好的保障，从而使得澳门与中央政府之间的关系非常和谐。在对外关系方面，澳门与中央政府从未产生任何剧烈冲突，对于澳门来说，其对外关系的拓展主要是在经济文化领域，是一个相对"去政治化"的实体，对于国家主权和特区自治有可能形成的张力挑战性是有限的。

　　笔者认为，澳门繁荣安定的社会局势毫无疑问得益于"一国两制"政策，这至少给出了这样的可能，也就是在"一国两制"之下，特别行政区继续繁荣稳定发展。对于这一点，有两层意思必须强调。首先，澳门特别行政区现今的繁荣稳定，应该更好地把信息传递到台湾去，尤其是普通的台湾民众中去。像 2004 年成立的澳门地区中国和平统一促进会，应该充分地发挥其作用，联系其他地区的促进会，加大与澳门与台湾之间的信息互动，让更多台湾地区的民众了解"一国两制"制度对于澳门地区繁荣稳定的重要性。例如，2007 年 8 月 27 日，该促进会接待了台湾中国统一联盟王金平主席一行 20 人并进行了座谈，共同探讨"一国两制"在香港、澳门的实践经验，② 像这样的交流会可以不断增加，甚至成为定期的

---

　　① H. Yee, "The 2001 Legislative Assembly Elections and Political Development in Macau", *Journal of Contemporary China*, Vol. 14, 2005, pp. 225 – 245.

　　② 刘艺良：《继续为祖国早日实现和平统一而努力》，《统一论坛》2008 年第 5 期，第 13 页。

互动交流。实际上，澳门具有极好的资源和优势可以向台湾同胞传递真实的信息，自回归后，台湾前往澳门的旅客每年都维持在至少95万人，[①] 这就是极好的向台湾同胞宣传"一国两制"优越性的机会。

不过，"一国两制"在澳门的成功实践并不能让我们就此忽略"一国两制"在统一台湾问题上的复杂性。事实上，"一国两制"在香港的实践过程中，行政特区自治与中央政府的关系就呈现出更为复杂的状况。这与香港自身的经济政治发展结构特征有相当大的关系。英国的殖民统治时期对于香港社会的影响，相对自治的传统以及香港国际金融大都市的敏感地位，均使得香港特别行政区与中央政府之间在合作之余出现更多的博弈态势。在台湾问题上，可以预见，应该呈现出更为复杂的状态。澳门目前"一国两制"良好的运行情况有助于中央政府分析出是什么样的具体政策措施与当地的政治社会结构产生了良性互动。而澳门与香港特区在"一国两制"实践过程中出现的不同的情景也是提供不同政策效应难得的可供分析的对比案例。总而言之，澳门在回归后的稳定发展树立了各方对于"一国两制"生命力的信心，然而却不可因此忽略在其中可能出现的复杂情况，尤其对政治、经济、对外关系更为复杂的台湾地区。

（三）充当中国参与国际体系的"试验田"

笔者认为，澳门作为小型的次国家行为体，在与其他国家进行合作和交流时，有着更高的灵活性、一定程度的隐蔽性这两项优势，加上其对外开放交往的历史，与西方国家长期以来有着合作交流的基础，从而可以作为中国与他国交往的一些政策方略的"试点"实体，扮演"试验田"的角色。从这个角度看，澳门特区对外关系的定位凸显的是与中央政府之间的合作而非博弈关系。2005

---

① 《澳门特别行政区政府统计暨普查局2015年澳门统计年鉴》。

年发生的"汇业银行事件"也集中体现了这种共赢关系在"一国两制"框架下的可行性。

　　根据美国国务院 2012 年"国际毒品管制策略"（International Narcotics Control Strategy，INCSR）报告，澳门仍然位列美国首要关注的洗钱国家与地区之一。[①] 2005 年 9 月，美国财政部指称澳门的汇业银行（Banco Delta Asia）长期以来涉嫌帮助朝鲜从事武器扩散、贩毒等相关的洗钱活动，建议美国公司断绝与该公司的业务往来。此消息一出，引发了汇业银行的挤兑风潮。此事件而后被带入六方会谈，成为一起外交事件。在国家的外交压力以及澳门特区政府密切配合下，2006 年 2 月的六方会谈中，作为朝鲜终止其核武器试验的条件之一，美国承诺将迅速终结对汇业银行的调查。[②] 在这场交涉中，澳门特区政府依靠中央政府的力量对美国展开战略较量，而中央政府同时巧妙利用"一国两制"下澳门高度自治的状态让美国与澳门特区政府直接接触，从而避免产生正面的冲突。[③] 两者的密切配合完美地解决了问题。从"汇业银行事件"可以看出，当澳门被卷入错综复杂的外交关系中时，中央政府作为其背后有力的支撑力量是必不可少的。随着中国国际地位的抬升，中国政府在国际组织以及与他国谈判中分量的抬升，是可以为澳门在国际交往中拓展空间的。而澳门作为高度自治的政治体，又具有更高的灵活度，可以在中央政府的庇护之下拓展自身外交事务的空间。关于"汇业银行事件"，在本书第七章有更深入的分析。

　　理论上讲，澳门在国际视野中相对隐蔽的位置，而且作为旅游

[①]　Major Money Laundering Countries，INCSR，2012，http：//www. state. gov/j/inl/rls/nrcrpt/2012/vol2/184112. htm.

[②]　G. Donald. Macao Inquiry Clears Bank of Money Laundering for North Korea，*The New York Times*，March 12，2007，http：//www. nytimes. com/2007/03/12/world/asia/12iht-bank. 4881172. html？_ r = 0.

[③]　王长斌：《论"一国两制"下港澳特区的对外事务处理权：一个比较宪法的视角》，《"一国两制"研究》2010 年第 4 期，第 38 页。

博彩业为支撑的中心相对去政治化，给了澳门特区比香港更有宽度的外交事务实践空间。中央政府对于"一国两制"实践过程中一些探索性的操作不妨在澳门首先试验推行，而后置于香港特区，继而推及日后的台湾问题。这就避免了将一些具有风险性的操作首先置于香港这一世界聚焦点，这一与中央政府关系相对紧绷的试验场，从而带来的极大的操作压力以及政策实践失败后难以收场的尴尬局面。从这一点上来讲，澳门在其外事实践层面应该把握其微妙的地位，在与中央政府的博弈过程中，充分利用其在这一格局所处的位置做出一些有益的探索，并能够从理性上赢得中央政府的支持，从而在与中央政府的良性互动中拓展自己的对外事务能力和空间。

（四）作为中国与国际交流的助手

改革开放 20 年后的中国融入国际体系的进程加快，对国际体系的参与从过去的政治参与扩展到全方位的参与。但是，中国严重缺乏这方面的经验和人才储备[1]，而澳门可以充当中央政府的参谋和助手，为中国参与国际组织提供经验和智力支持。澳门可以帮助国家培养专门人才，提供专业意见。

中国驻巴西前大使陈笃庆曾回忆到，澳门曾为国家培养葡语人才做出过特殊贡献。例如，1959 年年底北京外国语学院开设葡萄牙语专业，澳门就以南光公司为代表开始为国家培养葡语人才而努力，直到 1992 年在南光的旗帜下共为国家培养 90 余名葡语人才[2]，澳门回归祖国后，特别是 2003 年中国政府建立中国—葡语国家经贸合作论坛以来，国家对葡语翻译人才的需求越来越大。在这一新形势下，如何发扬当年南光贸易公司的传统，继续为国家培养葡语

---

①　上海国际问题研究院：《国家外交政策下香港在邻近地区的角色与作用》，香港特区政府中央政策组，2009 年，第 9 页。

②　资料来源：《中葡语国交流平台地位独特　陈笃庆：维持葡语优势利澳发展》，《澳门日报》2011 年 9 月 19 日。

人才，是澳门从事葡语教学的高等教育机构面临的一个挑战。澳门大学、澳门理工学院自澳门回归祖国以来，在同内地大学和葡萄牙大学开展学生交流，培养中葡双语翻译人才方面推出了一系列合作交流项目，先后接收上海外国语大学、中国传媒大学、北京大学以及国家汉办/孔子学院总部派来澳门学习葡语的学生百余人，为内地培训了人数众多的葡语人才。①

由此可见，澳门特区与内地对葡语人才需求大，澳门应发挥语言优势，推动内地的葡语教学，培养更多葡语人才，不仅要成为中葡经贸合作的平台，在教育方面也要发挥积极作用。② 尤其是在当前中国葡语教学迅速发展的形势下，澳门应该通过本地的大学，发挥澳门得天独厚的葡萄牙文化和葡语优势，为国家培养葡语人才做出应有的贡献。③

（五）成为中国在国际舞台上的"助推力"

澳门广泛参与各种国际组织和会议，具有相对独立的国际地位。澳门可积极主动地利用这种独立性，与中央外交相配合，中央不方便做的事亦可由澳门来做。澳门可在一些澳门参加而内地并未参加的国际组织中发挥作用，还可利用其专业的经验和广泛的人脉关系，借助澳门专业性强和通晓国际规范的优势，客观中立地介绍和解释中国的政策，增强中国的说服力，还可以帮助中国更好地与世界沟通，尽可能消除由于通信和文化隔阂而导致的误解。

回归后，越来越多的归侨来到澳门。目前，澳门已聚居了五万多归侨、侨眷，约占人口十分之一。④ 除原先来自东南亚侨界的归侨创立的澳门归侨总会外，澳门还陆续成立了澳门秘鲁商会、澳门

---

① 《葡语人才需求殷　澳门理应担重任》，《华侨报》2011 年 8 月 24 日。
② 《14 名教师获中葡传译证书》，《澳门日报》2012 年 7 月 14 日。
③ 《学者称为国家培育葡语人才倡澳宜发挥独特优势》，《华侨报》2012 年 7 月 3 日。
④ 《凝聚侨力　促澳发展》，2012 年 3 月 26 日，澳门归侨总会网站（http://www.overseachinese.org.mo/News_ 455.html）。

秘鲁归国华侨协会、澳门阿尔巴尼亚文化经济促进会等侨团。① 整体来说，澳门侨界在国务院侨办、侨联等中央侨务部门、中央驻澳机构及特区政府关心、支持和指导下，近年来积极倡导"走出去，请进来"，相继开展了多元的侨界国际性活动，不断推动内地与澳门全方位、宽领域的交流与合作，为促进两岸和平发展、扩大侨界团结、支持祖国和平统一及改革开放建设事业，也为宣传推广"一国两制"的成功实践等努力做贡献。

此外，在澳门，确实还有许多类似的土生葡人不但在特区政府任职，而且还在澳门政治经济生活中发挥着独特作用。特别是在同欧洲及葡语国家的交往、联系上，更起着极重要的桥梁和纽带作用。他们也正逐渐成为爱国爱澳的新力量。正如澳门特区行政长官崔世安所说，"土生葡人和旅居澳门的葡人作为澳门社会的一分子，长期为社会的建设做出贡献"。② 回归后的澳门经济快速发展，社会稳定，土生葡人在澳门社会中的生活和工作都很有保障。看到澳门现在的发展空间，许多当年离开的土生葡人又回来了。今天，土生葡人在澳门与国际社会、中国与葡语系国家的交流合作中，在宣扬中国"软实力"的过程中始终扮演着重要的角色。国家统战、外交和侨务工作绝不可忽略他们的独特作用。通过参与不同层面的活动，澳门逐渐呈现凝聚东南亚、拉美和港澳台的侨心，具有共同推动中国侨务事业和公共外交发展和进步的重要特点及作用。③

事实上，澳门自回归以来在"一国两制"的基本国策之下迎来新的发展机遇，以博彩业和旅游业为主导的澳门经济在过去十几年中大阔步前进。在基本法给出的对外事务权的基本框架下，澳门特区的对外关系的拓展本着维护中国国家利益与自身利益并重的原

---

① 《澳门秘鲁商会暨归侨协会日前正式成立》，《大公报》2010 年 10 月 21 日。

② 《中华人民共和国澳门特别行政区政府二零一二年财政年度施政报告》，2012 年，澳门特别行政区网站（http：//images. io. gov. mo/cn/lag/lag2012_ cn. pdf）。

③ 叶桂平、陈蔚：《试论澳门特区在国家侨务工作中的角色及作用》，《珠海潮》2013 年第 1 期，第 60 页。

则，亦是有条不紊地展开。笔者认为，澳门在对外关系中的定位主要集中于作为中国与葡语国家经贸和文化交流的平台方面，可以作为“一国两制”实践的样本，对台湾具有强烈的示范作用，同时，澳门还可以在与中央政府的巧妙配合中共同开拓中国国际交流的新局面。整体来说，澳门的对外关系呈现出相对去“政治化”的倾向，主要集中在经济贸易和文化交流领域，澳门的历史背景和独特文化底蕴将使得其在提升中国的国家软实力方面具有不可替代的功能。总而言之，澳门特区对外关系的拓展已经呈现出良好的态势，其发挥沟通中外关系的桥梁作用已初步显现，其繁荣稳定的良好局面已经为其将来对外关系的进一步发展以及在中国外交中发挥重要作用打下了坚实基础。

第 四 章

澳门特别行政区对外关系现状：
更加开放，联系更广

一 以"远交近融"作为长期
发展战略：总体情况概述

一直以来，作为一种崭新的尝试，澳门特别行政区在"一国两制"和澳门基本法的框架下开展了一系列对外事务。在背靠祖国和得益于对外事务权的授权保留及扩充，澳门特别行政区的对外关系和对外交往能力不断增强，既有利于促进经济高速腾飞和社会平稳发展，更加速了澳门特区社会的国际化进程。

以"远交近融"作为一项长期发展战略，澳门特区政府在处理对外事务过程中，严格按照澳门基本法的有关规定，与中央人民政府及外交部驻澳门特别行政区特派员公署保持紧密联系，不断发展国际双边和多边合作关系，努力拓展同世界各国和地区在经贸、文化等方面的交流与合作，建立广泛和密切的关系。尤其是澳门特区与欧盟和拉丁语系国家，更长期保持着直接、友好的关系。通过适当开展对外交往，有助于澳门巩固优势，进一步拓展自身的发展空间。

在对外经贸方面，尽管澳门经济规模不大，但外向度仍保持较高水平，是中国两个国际贸易自由港之一，货物、资金、外汇、人员进出自由，亦是区内税率最低的地区之一，具有单独关税区地位。多年来，澳门一直被 WTO 评为全球最开放的贸易和投资体系之一。① 可见，澳门在区域性经济中占有重要地位，是连接内地和国际市场的重要窗口和桥梁。

一方面，在对外交往方面，自澳门特别行政区成立后，与欧盟经济贸易合作仍保持良好的关系，欧盟也是澳门第二大贸易伙伴。同时，澳门特区在欧盟总部布鲁塞尔设有澳门驻欧盟经济贸易办事处，在葡萄牙设立澳门驻里斯本经济贸易办事处。根据相互协议，澳门与欧盟可在工业、投资、科学及技术、能源、信息、培训等多个领域内进行合作，并成立混合委员会，检讨协议的实施情况，及商讨未来的发展。欧盟—澳门混合委员会第 21 次会议于 2016 年 12 月 5 日在比利时布鲁塞尔召开，审视合作计划的执行状况以及磋商加强双边贸易、投资和合作。通过混合委员会的联系，巩固澳门与欧洲之间的关系。② 何厚铧、崔世安在任行政长官时，曾先后及分别率团访问葡萄牙、法国、比利时及德国等 4 个欧盟成员国。

另一方面，澳门特区与葡语国家、美国和东亚地区多国开展了多方位的联系与合作。出于传统历史的渊源，澳门特区具有作为中国与葡语国家经贸合作服务平台的独特优势，加之中央人民政府的重视和支持，中国—葡语国家经贸合作论坛秘书处这一多边论坛组织于 2003 年在澳门成立，至今举办了五届部长级会议和签署五份《经贸合作行动纲领》。而作为澳门最大的出口市场，美国与澳门之间的相互往来近年来有所加强。澳门开放赌权后，已获得澳门幸运博彩经营批给或"转批给"合约的公司中，更有三间美资公司参与其中。迄今为止，澳门和美国在打击非法转运和盗版活动、执法培

---

① 《澳门营商环境》，2016 年 12 月 31 日，澳门贸易投资促进局（http://www.ipim. gov.mo/zh-hant/business-investment/macao-business-environment）。

② 《欧盟—澳门混合委员会》，2016 年 12 月 31 日，澳门特区政府经济局网页（https://www.economia.gov.mo/zh_TW/web/public/pg_eetr_ieto_eumjc?_refresh=true）。

训及反恐等多方面保持良好的合作。① 另外，澳门特区政府亦致力加强与东亚，特别是东南亚地区的伙伴合作关系，借此加强彼此间在经济、旅游等方面的合作，多年来由行政长官率队的澳门特区政府代表团先后访问了新加坡、日本、韩国、越南、泰国、马来西亚等国家。

　　在国际组织和国际会议方面，在中央政府的支持和协助下，特区积极参与国际组织和国际会议活动，参加国际组织的数量已由回归前的 51 个增加到 100 个左右，活动内容日益丰富，参与程度逐步加深。② 除了以"中国澳门"名义享有单独地位的政府间国际组织，例如世界贸易组织、联合国教科文组织、国际海事组织、世界旅游组织、世界气象组织、世界卫生组织西太平洋区域委员会等全球性组织外，在诸多不具备单独地位参与的政府间国际组织中，澳门还可作为中国政府代表团成员出席会议，如特别联大、联合国专门机构、联合国系统内其他组织和机构的有关会议，并可以"中国澳门"名义就与澳门特区有关的事宜发表意见。同时，澳门还可举办及出席各种不以国家为单位的政府间国际组织的地区性、专业性会议，例如世界旅游组织部长级圆桌会议、第八届 APEC 旅游部长会、中国—葡语国家经贸合作论坛会议、第四届东亚运动会、第 54 届亚太旅游协会年会、亚洲奥林匹克理事会第 31 次会员大会等。2007 年 2 月，联合国及世界气象组织台风委员会秘书处落户澳门，这是在澳门设立的首个政府间国际组织。澳门妇联总会、亚太家庭组织等非政府组织获得联合国经社理事会咨商地位。

　　在缔结国际条约方面，截至 2017 年 1 月 25 日，外交公署共办理国际公约适用澳门事项 657 起，其中 434 项国际公约已在澳门特

---

　　① 《对外关系》，2012 年 6 月 30 日，澳门特区政府入口网站（http：//portal. gov. mo/web/guest/info_ detail？ infoid = 121）。

　　② 《澳门特区参与国际组织和国际会议活动简况》，2017 年 1 月 26 日，中华人民共和国外交部驻澳门特别行政区特派员公署（http：//www. fmcoprc. gov. mo/chn/satfygjzz/gjzzygjhy/t1139415. htm）。

区适用。① 其中，包括了《公民权利和政治权利国际公约》《经济社会与文化权利国际公约》《国际劳工组织章程》《禁止和立即行动消除最恶劣形式的童工劳动公约》《国际海事组织公约》《保护臭氧层维也纳国际公约》《消除一切形式种族歧视国际公约》《消除对妇女一切形式歧视公约》《儿童权利公约》《禁止酷刑和其他残忍、不人道或有辱人格的待遇或处罚公约》《国际卫生条例》《取缔教育歧视公约》等比较著名的国际公约。与此同时，澳门特区在同期内已通过外交公署向中央政府对特区通报了 566 项司法协助请求，涉及民事和刑事司法文书送达、调查取证、承认和执行外国法院判决等方面。② 另至 2017 年 1 月 25 日，澳门特区经中央人民政府授权对外签订的双边协议已达 45 项。③

此外，就外国驻澳门领事机构而言，截至 2015 年底，中国政府与外国政府达成协议，在澳门特区设立领事馆或其驻香港特区领事馆领区包括澳门特区或可在澳门特区执行领事职务的领事机构共有 90 个。其中，在澳门特区设立总领事馆的国家有 4 个，包括安哥拉、莫桑比克、菲律宾、葡萄牙等，在澳门特区委派名誉领事的国家共 9 个。④ 在免签证待遇方面，截至 2017 年 2 月，给予澳门特别行政区护照免签证或落地签证待遇的国家和地区共 126 个，共有 13 个国家给予澳门特别行政区旅行证免签证或落地签证待遇。⑤

从这些成功的对外关系实践来看，无疑更体现了澳门作为实

---

　　① 《国际公约在澳门特区适用的情况简介》，2017 年 1 月 26 日，中华人民共和国外交部驻澳门特别行政区特派员公署（http：//www.fmcoprc.gov.mo/chn/satfygjzz/tyyflsw/gjgy）。

　　② 《澳门特区对外司法协助简介》，2017 年 1 月 26 日，中华人民共和国外交部驻澳门特别行政区特派员公署（http：//www.fmcoprc.gov.mo/chn/satfygjzz/tyyflsw/aqtq）。

　　③ 《澳门特区经中央人民政府授权对外签订的双边协议》，2017 年 1 月 26 日，中华人民共和国外交部驻澳门特别行政区特派员公署（http：//www.fmcoprc.gov.mo/chn/satfygjzz/tyyflsw/amtq/P020170126557997896038.doc）。

　　④ 《2016 澳门年鉴》，澳门特区政府新闻局，2016 年，第 131 页。

　　⑤ 《澳门特别行政区护照及旅行证的签证待遇》，2017 年 2 月 8 日，澳门特区政府身份证明局（http：//www.dsi.gov.mo/visa_c.jsp）。

行"一国两制"的特别行政区，具有内地地方政府所不具备的、更为独立的政治和制度优势，其对外关系存在许多特殊和独特的地方。随着中国成长为有影响力的全球性大国，中国外交将更为注重经济外交和整体外交，并将日趋重视自身形象的塑造。此时，一个多元而内涵丰富的形象需要多元行为体共同塑造[①]，澳门所具有的 400 多年的中西文化交融、传统的对外交流历史关系脉络，完全可以在中国外交发展事业中扮演积极的角色，发挥更大的推力作用。

二　澳门特别行政区与美欧地区的合作和交往

（一）澳门特区与美国

回归后，澳门特区与美国之间的相互往来有所加强。在打击非法转运和盗版活动、执法培训及反恐等多方面加强合作。双方都表达了希望建立良好关系、拓展双边合作、促进贸易和投资的意愿。美国驻港澳总领事馆更鼓励美国官员多到澳门特区访问，进一步加强双方的关系。[②]

目前，美国是澳门特区最大的出口市场，占每年澳门出口总值达 4 成以上。2015 年澳门的总出口货值为 106.9 亿元，而输往美国货物的出口货值为 1.97 亿元，较 2014 年减少 32.76%。澳门特区从美国进口货物的总值则约为 47.98 亿元，较 2014 年减少 18.1%。[③]

---

① 上海国际问题研究院：《国家外交政策下香港在邻近地区的角色与作用》，香港特区政府中央政策组，2009 年，第 5 页。

② 《美国驻香港总领事杨苏棣先生澳门美国商会致辞：美国与澳门关系——过去、现在、未来》，2012 年 10 月 17 日，美国驻香港总领事馆网页（http://chinese.hongkong.usconsulate.gov/cg_ sy2012101701.html）。

③ 《澳门便览—对外关系》，2016 年 8 月 30 日，澳门特别行政区政府新闻局（http://www.gcs.gov.mo/files/factsheet/External_ TCN.pdf）。

澳门开放赌权后，已获得澳门幸运博彩经营批给或"转批给"合约的公司中，有 3 间具美国资本的公司。对于博彩业开放后的澳门特区与美国的关系，尤其是美资的影响将在本书的第七章中做深入的探讨。

(二) 澳门特区与欧盟

1. 交往现状

澳门特别行政区是一个区域性的非主权实体。根据基本法的规定，澳门可在经济、贸易、金融、航运、通信、旅游、文化、科技、体育等适当领域以"中国澳门"的名义，单独地与世界各国、各地区及有关国际组织保持和发展关系，签订和履行有关协议。澳门特区政府成立后，澳门特区与欧盟的关系不断得到深化。重要事件包括：特区政府在布鲁塞尔成立了澳门驻欧盟经济贸易办事处；政府领导访问了葡萄牙、法国等欧洲国家，行政长官还在布鲁塞尔与欧盟领导人会面等。

澳门于 1999 年在欧盟布鲁塞尔设立了经济贸易办事处。办事处在运作上直接隶属行政长官，为代表澳门特别行政区的部门，享有行政自治权，负责在澳门特别行政区与欧盟及相关机构的经贸关系与合作的工作上辅助行政长官，其主要职责包括：致力使澳门特区与欧盟之间的关系更为密切；确保维护澳门特区在欧盟的利益并促进澳门特区与欧盟及其成员国之间的双边经济关系。[1]

2003 年 10 月，澳门行政法务司司长陈丽敏率领特区政府代表团赴法国访问。在巴黎访问期间，代表团与法国国立行政学院、法国国立司法官学院有关负责人会晤，了解当地在公务员及司法官培训工作的实际情况及值得澳门借鉴的经验，包括课程设计、与外地的合作培训计划、司法官在职培训、培训模式、教学资源的分配

---

① 《澳门驻布鲁塞尔欧盟经济贸易办事处》，澳门特别行政区政府（http：//apm. safp. gov. mo/external/chin/apm/content/view. asp？eid = 87&enableback = 0&lang = ）。

等，并探讨日后双方就相关领域的人员培训进行合作的可能性。在探讨旅游、文化、会议及展览业的发展方面，代表团分别与旅游国务秘书长莱昂·贝特朗（Léon Bertrand）、法国当地具代表性的数家旅业集团负责人、旅游培训及酒店管理部门负责人，以及法国文化部部长外交顾问等进行会晤。此次访问取得预期成效，为澳法两地在行政管理与改革、人员培训、旅游及文化等方面进一步交流与合作打下了良好的基础。①

　　2006 年 5 月，应法国运输、基建、旅游及海洋部部长多米尼克·佩尔本（Dominique Perben）的邀请，澳门特区运输工务司前司长欧文龙率团前往法国巴黎签署澳门特区政府与法兰西共和国政府的航班协议。会面中，双方提及澳门的经济发展、城市建设、交通运输等情况。多米尼克·佩尔本表示，由于历史、文化等因素，澳门对于法国具有相当吸引力，故对于法国与澳门能够正式签署航协感到高兴。他指出，面对澳门经济的急速发展，法国政府十分支持本国企业继续扩大在澳门的投资，积极参与澳门的建设。欧文龙表示，一直以来，澳门与法国在水供应、废料处理、能源、民航等多个领域展开合作，建立了良好的伙伴关系。在此基础上，航协的签署将有助于推进两地在上述领域的进一步合作。②

　　2006 年，行政长官何厚铧访问葡萄牙。葡萄牙总统席尔瓦和总理苏格拉底在里斯本分别会见了到访的中国澳门特别行政区行政长官何厚铧，双方就进一步发展葡萄牙与澳门特区的关系交换了看法。葡萄牙总统和总理在会见时均表示，葡中关系很重要，葡萄牙重视发展与中国和中国澳门的关系。葡萄牙愿把澳门特区作为欧盟

---

① 《行政法务司司长完成法国访问》，2003 年 10 月 14 日，澳门特区政府网站（http：//www.gcs.gov.mo/showCNNews.php? DataUcn＝3866&PageLang＝C）。

② 《澳门特别行政区与法国签署航约促进两地合作》，2006 年 5 月 28 日，中国新闻网（http：//www.chinanews.com/news/2006/2006-05-28/8/735661.shtml）。

与中国、葡萄牙语国家与中国发展关系的平台。葡语国家将可以通过澳门这个平台进入中国市场，葡萄牙会积极努力让澳门特区发挥这一平台的作用。① 2007 年，行政长官何厚铧 2 月 3 日会见了正在澳门特区访问的葡萄牙总理苏格拉底，双方均肯定了澳门作为中葡交流平台的重要作用，并相信通过这次访问，澳门特区与葡萄牙关系将进入一个新的发展台阶。当日，葡萄牙总理苏格拉底一行还出席了"2007 葡萄牙—澳门经贸合作论坛"。②

2010 年 6 月，行政长官崔世安访问葡萄牙。在里斯本与葡萄牙外交部长路易斯·阿马多（Luís Filipe Marques Amado）会晤后，崔世安表示，特区政府一直十分珍惜和重视澳门特区与葡萄牙长期以来的良好关系。双方达成共识，在《中华人民共和国澳门特别行政区与葡萄牙共和国合作纲要协定》框架下，于年底在澳门举行会议。葡萄牙外交部长路易斯·阿马多对澳门特别行政区政府代表团的访问表示欢迎，希望推动双方在经贸、旅游、教育和文化等领域的合作。尤其是深化在贸易方面的合作，希望将来有更多葡萄牙企业在澳门投资。并希望未来在《合作纲要协定》的框架下，每年召开一次会议。③

2012 年 1 月，行政长官崔世安访问比利时。崔世安在布鲁塞尔会见了欧盟委员会主席巴罗佐（Barroso）。巴罗佐表示，澳门经济发展成果突出，可誉为世界经济发展的成功例子。了解到澳门特区政府正在积极推动经济适度多元发展，欧盟乐意与澳门特区政府共同推动这方面的工作。会面中，双方回顾及展望了澳门特区与欧盟的工作及合作成果。双方均表示，欧盟与澳门有良好的合作前景，双方将会共同寻求创新合作，希望未来能够加强在商贸活动、高等

---

① 《葡萄牙总统和总理分别会见何厚铧》，2006 年 6 月 23 日，新浪网（http：//news.sina.com.cn/o/2006-06-23/20539282178s.shtml）。

② 《澳门特区行政长官何厚铧会见葡萄牙总理苏格拉底》，2007 年 2 月 4 日，新浪网（http：//news.sina.com.cn/c/2007-02-04/102011161837s.shtml）。

③ 《行政长官：重视澳门与葡萄牙的良好关系》，2010 年 6 月 18 日，澳门特别行政区政府新闻局（http：//www.gcs.gov.mo/showCNNews.php? DataUcn=45784&PageLang=C）。

教育、文化创意产业及环保领域的合作。① 此外，行政长官还与欧洲议会副议长劳切克进行了会面。

2014 年 6 月 26 日，行政长官崔世安会见欧盟驻香港及澳门领事团，就促进双方沟通合作及共同关心的课题交换意见。崔世安欢迎欧盟驻香港及澳门办事处主任彭家杰（Vincent Piket）每年组织欧盟领事团队来澳访问，关心澳门特区最新发展。他感谢欧盟对澳门特区的关心，并认为澳门特区与欧盟素有历史渊源，关系良好，相信未来会继续保持沟通和合作。②

2016 年 9 月 10 日，行政长官崔世安应葡萄牙总统马塞洛·雷贝洛·德索萨（Marcelo Rebelo de Sousa）邀请，率领特区政府代表团前往葡萄牙，展开为期 6 天的访问。行政长官表示，是次访问行程先后与葡萄牙外交部长奥古斯托·桑托斯·席尔瓦（Augusto Santos Silva）共同主持了澳葡联合委员会会议，以及拜会了葡萄牙共和国总统马塞洛·雷贝洛·德索萨（Marcelo Rebelo de Sousa）及总理安东尼奥·路易斯·桑托斯·达·科斯塔（António Luís Santos da Costa），就延续澳葡友谊和良好合作关系交换意见。他认为此行充实而富有成果，对进一步深化澳葡多方面的合作，以及加强澳门在中国与葡语国家的平台作用有正面和积极的效益。③

2. 欧盟对澳门特区的关注

自澳门回归以来，欧盟委员会一直非常关注澳门特区的发展情况，除了出版关于澳门的年度报告外，亦出版了关于澳门的通讯——《欧盟与澳门：跨越 2000》与《欧盟、香港和澳门：2007—2013 年合作契机》。

---

① 《欧盟主席：澳门可誉为世界经济发展成功例子》，2012 年 12 月，中国新闻网（http：//www.chinanews.com/ga/2012/01-12/3599296.shtml）。

② 《行政长官崔世安会见欧盟驻港澳领事团》，2015 年 6 月 29 日，澳门特别行政区政府新闻局（http：//www.gcs.gov.mo/showNews.php? PageLang = C&DataUcn =90131）。

③ 《行政长官崔世安与中国驻葡萄牙大使蔡润会面》，2016 年 9 月 14 日，澳门特别行政区政府新闻局（http：//www.gcs.gov.mo/showNews.php? PageLang = C&DataUcn =103782）。

　　自 2000 年以来,欧盟委员会每年均发布一份关于澳门的年度报告(参见表4 - 1)。最近一期的报告为 2015 年的年度报告,这已是欧盟委员会发布的第 16 份报告。

表4 - 1　　　　　　　欧盟委员会关于澳门特区的年度报告

标题简称	正式标题	作者	参考来源	地点和日期
2000 年度报告	欧盟委员会致理事会和欧洲议会报告:"欧盟委员会关于澳门特别行政区的首份年度报告"	欧盟委员会	COM （2001） 432 final	Brussels, 2001 年 7 月 25 日
2001 年度报告	欧盟委员会致理事会和欧洲议会报告:"欧盟委员会关于澳门特别行政区的第二份年度报告"	欧盟委员会	COM （2002） 445 final	Brussels, 2002 年 7 月 31 日
2002 年度报告	欧盟委员会致理事会和欧洲议会通讯:"澳门特别行政区第三份 2002 年度报告"	欧盟委员会	COM （2003） 415 final	Brussels, 2003 年 7 月 10 日
2003 年度报告	欧盟委员会致理事会和欧洲议会报告:"澳门特别行政区 2003 年度报告"	欧盟委员会	COM （2004） 506 final	Brussels, 2004 年 7 月 16 日
2004 年度报告	欧盟委员会致理事会和欧洲议会报告:"澳门特别行政区 2004 年度报告"	欧盟委员会	COM （2005） 363 final	Brussels, 2005 年 8 月 12 日
2004 年度报告的附件	欧盟委员会人员工作文件,附于欧盟委员会致理事会和欧洲议会报告:"澳门特别行政区 2004 年度报告",COM （2005）363 final	欧盟委员会	SEC（2005）1040	Brussels, 2005 年 8 月 5 日

续表

标题简称	正式标题	作者	参考来源	地点和日期
2005 年度报告	欧盟委员会致理事会和欧洲议会报告："澳门特别行政区2005 年度报告"	欧盟委员会	COM（2006）480 final	Brussels, 2006 年 9 月 6 日
2006 年度报告	欧盟委员会致理事会和欧洲议会报告："澳门特别行政区2006 年度报告"	欧盟委员会	COM（2007）471 final	Brussels, 2007 年 8 月 14 日
2007 年度报告	欧盟委员会致理事会和欧洲议会报告："澳门特别行政区2007 年度报告"	欧盟委员会	COM（2008）0167 final	Brussels, 2008 年 4 月 2 日
2008 年度报告	欧盟委员会致理事会和欧洲议会报告："澳门特别行政区2008 年度报告"	欧盟委员会	COM（2009）0085 final	Brussels, 2009 年 2 月 26 日
2009 年度报告	欧盟委员会致理事会和欧洲议会报告："澳门特别行政区2009 年度报告"	欧盟委员会	COM（2010）0288 final	Brussels, 2010 年 6 月 3 日
2010 年度报告	欧盟委员会致理事会和欧洲议会报告："澳门特别行政区2010 年度报告"	欧盟委员会	COM（2011）0205 final	Brussels, 2011 年 4 月 14 日
2011 年度报告	欧盟委员会致理事会和欧洲议会报告："澳门特别行政区2011 年度报告"	欧盟委员会	JOIN（2012）010 final	Brussels, 2012 年 5 月 3 日
2012 年度报告	欧盟委员会致理事会和欧洲议会报告："澳门特别行政区2012 年度报告"	欧盟委员会	JOIN（2013）9 final	Brussels, 2013 年 4 月 30 日
2013 年度报告	欧盟委员会致理事会和欧洲议会报告："澳门特别行政区2013 年度报告"	欧盟委员会	JOIN（2014）19 final	Brussels, 2014 年 5 月 16 日
2014 年度报告	欧盟委员会致理事会和欧洲议会报告："澳门特别行政区2014 年度报告"	欧盟委员会	JOIN（2015）22 final	Brussels, 2015 年 5 月 18 日

续表

标题简称	正式标题	作者	参考来源	地点和日期
2015 年度报告	欧盟委员会致理事会和欧洲议会报告："澳门特别行政区2015 年度报告"	欧盟委员会	JOIN（2016）9 final	Brussels, 2016 年 4 月 25 日

资料来源：笔者整理欧盟官方文件而成（http：//eur-lex. europa. eu/RECH_ menu. do? ihm-lang = en）。

　　根据欧盟委员会的统计，自协议签署以来，欧盟资助与澳门特区合作的项目，包括：旅游业培训（1999—2001 年）；欧洲研究计划（1999—2001 年）；服务业发展计划（1999—2001 年）；亚洲投资计划（2001 年及 2002 年）；欧盟—澳门法律合作计划（2001—2005 年）；2006 年，欧盟委员会翻译总司（SCIC）在特区政府的资助下提供翻译及传译培训。2009 年，澳门特区和欧盟法律合作方面，就第二期法律合作项目签订"同意协议"；欧盟商务讯息计划（2009—2012 年）；2012 年欧盟学术计划。2015 年11 月，特区政府与欧盟传译总司就继续合办《中葡文翻译及传译学习计划》签署合作备忘录。第三期澳门特区与欧盟在法律范畴的合作项目也获得通过。另外，澳门宣布成立配对基金，为特区的研究人员参与欧盟"地平线 2020"计划提供财务资助。澳门特区与欧盟合作项目还包括：在澳门设立"澳门—欧洲旅游研究中心"和"澳门欧洲研究学会"。澳门欧洲信息中心自 1992 年设立以来，为澳门、香港、珠江三角洲以至邻近地区中小型企业家提供有效的欧洲信息。2006 年 10 月，欧盟委员会发表《委员会致理事会及欧洲议会的沟通文件——欧盟、香港与澳门：2007—2013 年合作契机》。

　　欧盟目前是澳门特区第二大贸易伙伴。2015 年，澳门特区出口到欧盟的货物总值为 2. 26 亿元，较 2014 年下跌 26. 9%；而澳门特区从欧盟进口的货物总值 188.4 亿元，较 2014 年减少 13.8%。[①]

3. 欧洲议会与澳门特区

作为欧盟的一个重要机构，欧洲议会也进行有关澳门特区问题的辩论和通过与澳门特区有关的决议。比如，2003 年 4 月，针对欧盟委员会发布的关于澳门特区的第一份和第二份年度报告，欧洲议会通过了一份决议。决议对欧盟委员会在回归之后继续关注澳门特区的状况表示欢迎，欧洲议会将定期审议欧盟委员会的年度报告。欧洲议会认为，澳门特区的稳定和繁荣发展既符合中国的利益，也符合欧盟的利益。澳门特区在中欧之间发挥了重要的作用。但是，同时，欧洲议会指出，欧盟与澳门特区在各领域中的联系还远远不够，双方之间的传统联系还需不断扩展。[②]

欧洲议会的对华关系代表团还曾访问澳门。2000 年 11 月 5 日，澳门特区行政长官何厚铧在礼宾府会见了到访的欧洲议会对华关系代表团成员，介绍澳门回归后的经济、法治及博彩业情况。在谈及澳门经济时，何厚铧指出，作为一个人口少于 50 万且资源不足的小城，澳门在经济发展方面存在着一定的困难，但可因应邻近地区的发展，运用本身较有利的条件发挥互补作用，例如相对廉价的劳动力及受过良好教育的年轻人等。至于中国加入世贸组织之后对澳门特区的影响，何厚铧表示，澳门特区是世贸组织的创会会员，澳门特区不一定因中国加入世贸组织获得重大利益，但肯定会替部分商人带来机会。在谈到法治时，何厚铧指出，政府正积极推行使用中文法律，并确保司法体系的公正。欧洲议会对华关系代表团一行 17 人，由主席加尔顿率领，先后访问中国内地、香港及澳门，在

---

① 《2016 澳门年鉴》，澳门特区政府新闻局，2016 年，第 134 页。

② European Parliament, *European Parliament resolution on the report from the Commission to the Council and the European Parliament on the Macao Special Administrative Region：First and Second Annual Reports*, 2002.

澳门主要是了解澳门在回归后的实际情况。①

　　澳门特区行政长官也访问过欧洲议会。2006 年，澳门特区行政长官何厚铧在访问比利时期间访问了欧洲议会后，分别与欧洲议会对华关系代表团主席斯特克斯及欧洲议会第一副议长维达瓜达拉斯作礼节性会面，并与欧洲议会外事委员会成员及对华事务报告起草人贝亚德举行会议。会议主要是介绍了澳门特区近年的发展以及"一国两制"在澳门落实的情况，会议双方均认为有必要进一步发展及巩固澳门特区与欧洲的关系。其中提及两年前在欧洲议会内的葡萄牙议员曾发起成立一个欧洲议会及澳门特区之间的友好交流计划，但由于欧洲议会改选等种种原因，该计划搁置下来。现在大家均有意愿再启动此计划，相信透过此种交往，尤其是经此组织邀请欧洲议会内不同党派议员分批到澳门考察访问，此种关系绝对有利于欧洲议会更了解澳门，令欧洲及澳门特区的关系进一步维持，中国澳门驻葡萄牙经济贸易代表处会进一步落实有关工作。②

　　4. 小结

　　综上所述，自澳门回归以来，澳门特区与欧盟的关系不断得到巩固。历史上的联系和相同的价值观是双方关系的基础，经贸关系是双方关系的核心，在多个领域的合作是双方关系得以不断深化的催化剂。澳门正日益发挥着连接亚洲和欧洲桥梁的重大作用。就澳门特区、中国内地和欧盟三者的关系来看，澳门不仅从祖国内地快速发展中获得了源源不竭的发展动力和越来越多的发展机遇，在国际上分享着伟大祖国的尊严和荣耀，也为推动中欧合作、促进国家发展做出了重要贡献。澳门特区为欧盟深化与中国内地的合作提供了良好的平台。进入 21 世纪以来，国际形势、

　　① 《行政长官向欧洲议会代表团介绍澳门整体情况》，2000 年 11 月 5 日，澳门特别行政区政府新闻局（http：//www. gcs. gov. mo/showCNNews. php？DataUcn = 11857&PageLang = C）。

　　② 何厚铧：《欧洲议会希望再启动与澳门友好交流计划》，2006 年 6 月 23 日，泛珠三角合作信息网（http：//www. pprd. org. cn/92/macao/200606/t20060623＿9369. htm）。

欧洲形势和中国自身实力都发生了巨大的变化。中欧致力于深化和扩大双方合作，目前已发展为世界上最具影响力的双边关系之一。澳门特区可以充分发挥自身的特殊优势，继续深化和欧盟的关系，为推动中欧关系贡献力量。

三　澳门特别行政区与周边地区的合作和交往

回归以后，特区政府致力加强与东亚，特别是东南亚等周边地区的伙伴合作关系，借此加强彼此间在经济、旅游等方面的合作。自特区政府成立至 2006 年底，第一和第二任行政长官何厚铧先后访问过新加坡、日本、韩国及越南；于 2007 年出访泰国、马来西亚，以及再度访问新加坡。2011 年 1 月，第三任行政长官崔世安率领代表团对新加坡进行正式访问。

专门拓展东盟市场的商业团体，澳门东盟国际商会成立于 2009 年 8 月 8 日，成员以澳门企业家为主、兼融两岸四地企业家，现时约 100 名会员。澳门东盟国际商会宗旨是以利用澳门地缘及人文优势，通过澳门特区与东盟长期历史往来的背景，发挥澳门商贸平台角色，积极协助及推动中国企业家与东盟各国的民间和商贸的交往。

每年，配合澳门特区政府举办第十四届澳门国际贸易投资展览会，该商会都积极参与推动工作，协助搭建东盟展区，同时邀请了泰国、马来西亚、缅甸、越南、菲律宾、柬埔寨、文莱、印度尼西亚、老挝等国家驻港澳总领事、商务领事和企业代表团共 100 多人出席，展示各国的投资招商数据、旅游信息及产品等。展览会期间还协助安排菲律宾和越南举办专场的投资讲座介绍会。

事实上，当前东盟各国发展令人鼓舞、泛珠区域合作成效加速显现，这两个相邻区域自身的进步，已经产生双向辐射的可观成效；主动促进两区域的互补对接，将进一步使澳门迎来更为丰硕的共赢成果。澳门作为中国与葡语系国家之间的平台角色已得到进一步肯定，尤其是澳门综合旅游模式近年来取得较大推进，当中的商务、会议、展览等元素不断得到优化，可为东盟与泛珠的对接提供更佳的服务条件，有利于澳门加强与东盟的联系。部分东盟国家也积极考虑，结合与泛珠区域的独特优势，通过澳门特区所提供的优质中介服务，展开与葡语国家在经贸等领域的前瞻性合作。

2010 年 10 月至今，澳门特区政府先后两次组织政府及企业家代表团出访东南亚的四个国家，并得到他们的热情接待。考察活动除了增进彼此的了解和友谊，还促成了经贸、旅游、人才培训等领域的多项实质性合作安排，企业间的后续合作亦逐步展开，并考察了东盟国家值得特区认真学习的许多方面。①

其中，印度尼西亚是最早与中华人民共和国建交的国家之一。尽管历史上两国关系曾出现过波折，但 1990 年两国复交后，两国关系发展翻开了新的一页。特别是 2005 年两国建立战略伙伴关系以来，两国在政治、经贸、科技、文化等各领域的交流合作均得到迅速的发展。经过 10 年的努力，特别于 2010 年元旦 "中国·东盟自由贸易区" 正式建成后，中国与东盟双方 90% 的商品享受零关税待遇，大大地促进了中国与东盟的双边贸易。目前中国已成为印度尼西亚第二大贸易伙伴和最大的非石油产品出口市场，双方正努力实现 2015 年贸易额达 800 亿美元的目标。

鉴于澳门印度尼西亚归侨众多，在推动澳门特区与印度尼西亚的经贸文化往来方面做了大量有益的工作。印度尼西亚工商界可利用澳门的经贸服务平台功能，以及每年举行的澳门贸易投资展览会，以促进与葡语国家的合作往来。与此同时，印度尼西亚与澳门特区在旅游、经贸方面有较强互补性，充满许多合作商

---

① 《优化中介功能　加强联系东盟》，2007 年 6 月 10 日，澳门特区政府新闻局（http：//www. gcs. gov. mo/showNews. php? DataUcn = 25836&PageLang = C）。

机。类似澳门中华总商会等商会组织，与印度尼西亚中华总商会有着良好的联系，充分发挥着两会的平台功能，推动两地经济、文化等往来和合作。①

---

① 《印度尼西亚驻港澳总领事馆访中总》，《濠江日报》2013 年 5 月 29 日。

第 五 章

澳门特别行政区对外关系的亮点："中葡平台"作用凸显

21 世纪是知识经济、智力经济，更是创新经济的大时代。随着经济全球化和区域经济一体化的浪潮席卷世界，原本在地域上相隔甚远，处于不同区域的国家或地区，在全球化和区域经济整合和合作的推动下，为了扩大经济贸易发展的空间，而逐渐形成许多跨区域的经济合作组织。

澳门正经历着开埠以来最快速的经济增长期，但随着经济的发展，也面临着经济过于依赖博彩业的问题，经济适度多元化已经迫在眉睫。作为一个微型经济体，透过区域合作实现经济适度多元已经成为一个非常重要的方向，尤其《珠江三角洲地区改革发展规划纲要》《横琴总体发展规划》及《粤澳合作框架协议》的出台以及"粤港澳大湾区"概念的提出，为澳门特区带来了新的发展机遇和动力。

当前跨区域合作已经成为国际上一种重要的合作模式，澳门的长期持续发展离不开融入与周边地区的区域合作，最大的问题是找出合作的基础。特殊的对外关系优势造就澳门独特的地位，这也是澳门融入区域合作的关键切入点。在此背景下，澳门特区政府结合自身的优势，于 2002 年创造性地提出了要积极打造澳门作为"中国内地与葡语国家的经贸合作服务平台"（以下简称"中葡平台")①、"粤西地区商贸服务平台"以及"世界华商联系与合作平台"的战略构想②。经过多年来的摸索，特区政府将三个平台的定位综合成为"区域性经贸服务平台"。

自从"中葡平台"这一概念诞生以来，得到了中国内地与葡语国家的大力支持，对中国与葡语国家的经贸合作起了很大的促进作用，而且这种效应正在不断释放。究其原因，主要是平台的发展有利于澳门经济的持续发展；使得中国在四大洲八个国家建立了据点，对中国的外交有重要意义；使中国内地与葡语国家的关系更加密切，而这种关系的加强又符合各国政治与经济的发展战略。所以，在利益的驱动下，各方都有足够的激励支持平台的发展。

一　"区域性商贸服务平台"的内容

（一）设置"中葡平台"的跨区域合作机制

经济全球化和区域一体化趋势使各国经济相互依存不断加深，也加剧了发展的不平衡。对中国来说，加强区域与跨区域的合作已成为应对国际竞争的重要手段之一。发展跨区域合作，中国虽具有相当多的优势，但也面临一些困难，主要在于合作各方语言、文化不同，相互了解不够。为了加深与那些相距遥远的国家的相互理解和友谊，中国正在继续采取各种可行的方式和举措。澳门凭借独特的历史、人脉及语言，与葡语系国家素有渊源，自然可以在中国开拓与葡语国家跨区域合作中扮演重要的角色，成为中国实施跨区域合作的一个切入点。

尤其是中国—葡语国家经贸合作论坛（澳门）这一多边组织，

---

①　目前主要的葡语系国家共有 8 个，包括葡萄牙、巴西、安哥拉、佛得角、几内亚比绍、莫桑比克、东帝汶、圣多美和普林西比。

②　虽然三个平台的构想是由澳门特别行政区行政长官于 2002 年的施政报告中首次提出，但是澳门对充当中国内地与葡语国家经贸合作服务平台的探索在回归不久便已展开。

使得中国内地、澳门特区与葡语国家的经贸可以实行优势互补，互利共赢，促进共同发展。此外，参与跨区域经济合作也促使澳门自身在参与区域经济一体化中具备了新的优势，从而可以充当起周边地区与葡语国家交流及合作的桥梁和平台。

（二）联系世界华侨、华人的“国际华商联络与合作服务平台”

1. 澳门作为世界华商平台促进了中国和世界的交流

由于历史原因，在澳门生活着许多归侨，即归国华侨。事实上，海外华人分为两类，华侨与华人。华侨有别于华人，华侨是指长期居住在外国但持中华人民共和国护照的中国公民，而华人是指持外国护照之中国人，华人在法律上是外国公民而不是中国公民。而华侨或归侨在国内的亲属则被称为侨眷，当中在澳门的归侨主要是归来的华侨和侨眷。澳门虽然不是归侨原先的家，但当年澳门却是归侨的避难之所，选择留在澳门的归侨，已成为澳门发展的一支重要力量。现时澳门很多行业，无论是工商、科技、文教，以至政界，都有归侨的参与。①

凭借这一历史渊源，在澳华人华侨基础雄厚，跟世界各地的华侨联系非常密切，每年举办的国际性活动相当多，加之拥有优越的旅游、服务资源，澳门绝对有条件成为世界华商平台、华侨活动平台。② 当前，面对全球经济复苏、国际金融环境不稳定，在国际社会全力做出市场支持的同时，澳门特区可以借此储备充分的政策资源和金融资源，随时因应形势之所需，做出决定性的举措，保障市民和投资者的利益。面对特区开放、明确的经济发展路向，相信仍在摸索的国际华商，必定能够凭借敏锐的投资触

---

① 《归侨的形成与发展——专访侨总会长黎振强》，2012 年 1 月 18 日，澳门归侨总会网站（http://www.overseachinese.org.mo/News_ 395.html）。

② 许又声：《澳可成世界华商平台》，《澳门日报》2011 年 2 月 20 日第 A02 版。

觉，及时把握机遇，参与特区的经济发展。对于已参与的华商来说，他们的参与经验，将为其他华商精英提供宝贵、有益的启示。另外，澳门特区政府之所以重视华商，特别是青年华商的作用，是希望他们以年轻人的新视觉、新思维，结合前辈的经验，参与澳门经济建设，为澳门的经济发展做出重要贡献，同时培养"爱国爱澳"的高尚情操。

一直以来，由于中国不承认双重国籍，因此持有外国国籍的海外华人应不属于中国公民。因此，假如中国与华商直接沟通的话，容易引起居住国的担忧，容易面对干涉内政的指责。但是，"一国两制""澳人治澳"和高度自治的澳门作为国际华商联系中国内地的平台，就为中国与华商的直接沟通、直接对话提供了可能，不仅使中国避免了政治风险，还使得中国企业与世界华商建立起直接联络的管道，甚至可以对世界的华商宣扬中国的政策，可谓一举多得。中国具有巨大的市场潜力及发展空间，中国的企业也希望"走出去"，未来通过澳门这一平台与世界各国各地区加强合作及交流，世界各地的华人华商也可以与祖国一起共同努力实现中华民族的伟大复兴。

2. 在澳华商成为拓展中国"民间外交"的桥梁

众所周知，从地理面积来看，澳门确实不大。但在这个小城，却住着一些能促进中国与国际社会沟通及交流，获得国际共识的重要人物。这里，当然不能忘怀已故华商司徒眉生先生。他曾在20世纪50年代至60年代担任印度尼西亚开国总统苏加诺的私人外事助理、华语首席翻译，紧随苏加诺总统左右长达10多年之久，亲身参与了中国和印度尼西亚高层的几乎所有会议、会谈，亲眼见证了中印建交、中国参加万隆会议、中国恢复在联合国的席位，以及恢复印度尼西亚、中国邦交等许多重大历史事件。拥有一个"民间外交家"的独特身份，他曾在多次涌动过波澜的中国与印度尼西亚友好关系中，发挥了微妙而重要的历史作用，其功不可没。

现阶段在澳门仍有许多华商像司徒先生那样，正在勇敢担起"民间外交家"的角色，努力为国家外交事业做贡献。他们或是一些国家总统的顾问，某个国家的名誉领事或大使，正在积极宣传中国人的和谐世界理念，为中国的公共外交在做不懈的奋斗。

可以说，澳门作为国际华商联系与合作服务平台的最大意义在于，将"抽象的"世界华商凝聚一起成为"具体的"经济实体。华商们可以透过"一国两制""澳人治澳"和高度自治的澳门特别行政区这一平台，与世界各国各地区加强合作及交流；中国内地亦可以本着"兼容两岸，广纳四海"的原则与理念，透过澳门与海内外华商社团领袖互利共荣，而且，澳门更成为全球华商与各地政府之间交流合作的桥梁。由于海内外华商是发展公共外交事业的中坚力量，因此善于鼓励华商在进行国际投资的过程中提供优质的服务和商品，树立起良好的企业品牌，有助于加强国外民众对中国形象的准确认识。

笔者认为，澳门完全可借中葡论坛、世界华商联系与合作平台成功的经验，宣传国家对外开放的政策，吸引更多海内外华商到中国投资。从而拉近中国与世界的距离，增强国家在国际社会上的吸引力。当然，澳门若想持续巩固作为这一平台的重要地位，应将重点放在如何寻求与世界华商利益的契合点，定制适合的投资项目，并关注他们的安全和利益需求上。

二　澳门特别行政区打造"中葡平台"的内在因素

（一）澳门有足够条件成为平台

尽管我国与葡语国家的经贸合作是符合比较优势原则的，但是由于双方在语言、文化、法律等多方面的差异，彼此的信息交流不足，使双方缺乏充分的了解，尤其像一些中小企业和发展水平不高的企业在实际操作中更是面临很多困难。因而能否帮助双方企业突破这些障碍，需要澳门这一沟通的桥梁和纽带。

澳门具有较强的经济实力以及较高的国际知名度。截至 2016 年年底，澳门的人均生产总值约为 69327 美元，位居世界前列。根据美国传统基金会和《华尔街日报》联合发布的 2017 年度"全球经济自由度指数"报告，澳门在全球 180 个经济体中排名第 32 位，在亚太地区中排名第 8 位①。从地缘上来说，澳门不但地处经济活跃的珠江三角洲，而且本身是一个完全对外开放的市场，又有经营成本低、税率低、生活指数低、基础建设完善、金融系统稳定、流动性高等优点，是一个理想的创业、营商之选。此外，澳门自 19 世纪中叶起就是一个自由港，现在仍是一个独立关税区，对于原料和工业设备的进口都免税，没有数量上限，外汇也可自由流入、流出，在国际上有着独特的经济地位和影响力。因此，澳门作为一个非主权的参与者而言，自回归祖国后，澳门特区在国际舞台上变得越来越活跃。

除此之外，澳门特区与葡语国家长期的紧密关系使澳门能够肩负起平台的角色。首先，澳门的行政架构和法律体系源自于葡萄牙，与其他葡语国家的行政和法律相近，这有助于内地与葡语国家了解对方的市场制度；其次，葡语是澳门特区两种官方语言之一，葡文学校、报纸、杂志、电台、电视等一应俱全，葡文教育或有关讯息的传播在澳门相当普及；再次，有一些澳门居民移居葡语国家，因此他们对内地与葡语国家的风俗及文化相当了解；最后，澳门特区的企业家对中国和葡语国家的市场都非常熟悉。因此，澳门与葡语国家有着紧密的历史渊源，在我国与葡语国家开展商贸活动的过程中，澳门有着得天独厚的优势。

---

① 《澳门特区经济自由度在亚太地区排名第八》，2017 年 2 月 15 日，澳门特区政府新闻局（http：//www.gcs.gov.mo/showNews.php？DataUcn = 108804&PageLang = C）。

（二）满足澳门经济发展的需要

截至 2016 年年底，澳门陆地面积 30.5 平方千米，位于珠海横琴的澳门大学校区面积为 1.0 平方千米，还有海域面积 85 平方千米；另外，人口 64.5 万[①]，属于典型的微型经济体。从第三章所列出的资料可以看出，澳门经济从回归前的经济负增长过渡到回归后的正增长乃至稳步高速增长的态势，本地生产总值由回归前的约 60 亿美元发展至 2014 年的 550 多亿美元，增长了 8 倍。失业率维持在较低水平；访澳旅客人数、零售业销售额、居民收入中位数等经济指标均有所提升。[②]

旅游博彩业对特区政府经济迅速发展贡献很大。前面章节已经介绍和分析了，回归后特区政府采取赌权开放政策起到了推动旅游博彩业的效果，以及带动旅游、建筑和房地产、零售等行业快速发展的作用。笔者认为当前澳门博彩业一枝独秀、挑起澳门经济的大半边天的现象，为澳门带来了强大的"乘数效应"，与此同时，也存在着比较强的"挤出效应"及"马太效应"，为澳门经济的长期运行带来了很大的隐忧。[③]

旅游博彩业难以支撑经济长期发展。虽然目前博彩业在澳门还有一定的发展空间，但是，博彩业的一些特点注定它难以成为一个地区可以长期依靠的产业。首先，博彩业不是高成长行业，而是风险投机行业，发展大起大落；其次，博彩业的产业链较短，而且很难延长，对工业以及高科技产业的带动能力有限；最后，博彩业非常容易受外部环境的影响，世界各地区尤其是澳门

---

① 《澳门资料便览——地理和人口》，澳门特区政府网站（http://www.gcs.gov.mo/files/factsheet/geography.php? PageLang = C）。

② 《澳门营商环境》，2016 年 12 月 31 日，澳门贸易投资促进局（http://www.ipim.gov.mo/zh-hant/business-investment/macao-business-environment）。

③ 叶桂平：《现阶段澳门经济运行中的问题及对策》，《当代亚太》2005 年第 12 期，第 38—44 页。

周边国家和地区的发展情况、政策措施以及天灾人祸都有可能影响澳门的博彩业。

　　因此，为了减少旅游博彩业可能带来的震荡，充分利用祖国所给予的优惠政策，保证澳门经济长期稳定发展。发掘自身对外联系密切的优势，从联系各方的过程中创造价值便成为澳门发展的一个重要方向。

（三）促进澳门的区域经济合作

1. 发挥《内地与澳门关于建立更紧密经贸关系的安排》的优势

　　2003 年 10 月，《内地与澳门关于建立更紧密经贸关系的安排》（CEPA）正式签署，并于 2004 年 1 月开始生效。在实施后的几年中，又相继签署了一系列补充协定，这一系列协议构筑了双方新型灵活经贸关系的基石。该文件在一个国家、两种独立关税区的架构下，建立了一种类似于自由贸易伙伴的关系，自 2006 年起所有澳门原产的货物，经订定原产地标准后，全部可以享受零关税待遇进口内地，2004 年 1 月 1 日实施至 2017 年 2 月 28 日期间，澳门特区在货物贸易方面共签发了 4224 张原产地证书，当中 3731 张证明书已使用，出口货值达 7.8 亿澳门元，豁免关税约 0.57 亿澳门元。同时，CEPA 也为澳门服务行业进入内地市场提供了便利条件，目前该协议实行国民待遇的服务领域有 62 个，内地对澳门开放的服务部门达到 153 个。① 其中，"澳门原产地产品"这一定义的确定和理解至关重要，这无论对于澳门还是中葡论坛都具有极为重要的意义。

　　一般来说，澳门原产品是指在澳门生产和加工的产品或者其主要生产和加工工序在澳门完成，或者通过生产加工或处理，使产品

---

　　① 《内地与澳门关于建立更紧密经贸关系的安排》（简称《安排》），澳门特区政府经济局（https：//www. economia. gov. mo/zh_ TW/web/public/pg_ eetr_ cepa_ s？_ refresh = true）。

至少达到货物离岸价格（FOB）的30%。这对澳门是一个极大的机遇，有助于刺激澳门加工领域的投资，以便使产品进入内地潜在的巨大消费市场。以此模式，澳门就可以成为葡语国家企业的一个"跳板"，葡语国家的企业可以按照有关规定在当地寻求合作伙伴，以便使自己的产品能够自由进入中国内地市场。2011年5月，澳门贸促局的商汇馆设置"葡语国家代理产品"展示区；同年9月，由澳门出进口商会设置的"澳门及葡语系国家商品展销中心"在广东江门市新会区投入运作，① 不仅为澳门特区和葡语国家中小企业产品开拓内地市场提供了一个展销平台，更重要的是为推动澳门经济适度多元和可持续发展创造了良好开端。

此外，《内地与澳门关于建立更紧密经贸关系的安排》的签署还有另一个层面的因素，其与国家决定于2003年选择澳门设立"中国—葡语国家经贸合作论坛"绝非时间上的巧合，其目的旨在进一步加强同葡萄牙、巴西、安哥拉、莫桑比克、几内亚比绍、佛得角和东帝汶之间的经贸关系。自签署《内地与澳门关于建立更紧密经贸关系的安排》和在澳门设立中葡论坛后，中国的外交政策悄然发生变化，对葡语国家的兴趣明显增加。在中葡论坛成立一年多的时间里，葡萄牙即被中国选为战略合作伙伴，同时中国减免了葡语国家共同体中非洲成员国的外债，对东帝汶援助翻了两番，还向与会国提供了约820万美元的无息贷款。

另外，澳门可协助内地发展对葡语国家资源性产品的进口，澳门还可帮助拓展内地产品对葡语国家的出口。中国的产品有十分明显的技术及价格竞争优势，开展与这些葡语国家的经贸合作，可提高在整个南美共同市场以及非洲的影响力，为中国制造商打开葡语国家2.3亿消费人群的广阔市场。

---

① 《澳门：中国与葡语国家的桥梁》，世界浙商网（http://www.zjsr.com/detail-17528.shtml）。

在论坛的推动下，澳门特区与葡语国家间的经贸关系也得到加强。澳门特区与多数葡语国家签署了金融合作备忘录，澳门的企业已活跃在所有葡语国家，澳门的商品经由葡语国家进入欧盟、南美、非洲市场。一些葡语国家企业来澳门特区投资办厂，进口巴西、东帝汶的咖啡，加工后借助 CEPA 的优惠政策进入中国内地市场，获得了丰厚回报。

2. 融入"泛珠三角区域合作与发展论坛"合作机制

泛珠三角区域是中国目前经济最发达的地区。随着《泛珠三角区域合作框架协议》的签署与实施，泛珠三角区域内基础设施联系改进，形成覆盖泛珠三角几乎全部主要城市的陆地交通"一日交通圈"，区域内商品、人员、资金流动的壁垒日益降低直至消除，大珠三角地区的劳动密集型产业可望加速向上述 8 省区转移，从而延长泛珠三角区域上述制造业的生命周期，大珠三角地区则集中人力、财力实现动态的产业结构升级。

泛珠三角区域"9＋2"成员中的内地 9 省区合计，面积为全国的 1/5，人口占全国的 1/3，经济总量也占全国的 1/3；香港、澳门两个特别行政区更已经跻身发达经济体行列，香港是世界级的国际金融、国际贸易和航运中心。"9＋2"成员在两个 CEPA 和《泛珠三角区域合作框架协议》下完成有效整合，促成全世界最大的制造业基地。这样，泛珠三角与葡语国家就形成了高度的互补关系：泛珠三角区域拥有充裕劳动力资源、迅速积累的资本、相当丰富的适用技术；葡萄牙及其所处的欧盟拥有相当广大的市场、仅次于美国的充裕资本与技术；其他葡语国家拥有丰富的自然资源，市场容量也达到了一定规模，并有望在未来的和平年代较快增长。因此，这样一种国际分工格局将为泛珠三角和葡语国家之间的经贸合作奠定基础：泛珠三角区域提供劳动密集型制成品，并随着经济发展水平的上升提供越来越多的资本密集型产品、技术密集型产品；葡萄牙及其所处的欧盟除了为包括泛珠三角区域在内的全中国劳动密集型制成品提供市场之外，还向中国提供资本密集型产品、技术密集型产品和资本；其他葡语国家为泛珠三角制成品提供销售市场，向包括泛珠三角区域在内的中国市场供应各类资源产品和土地密集型产品，并接受中国日益增长的对外投资，泛珠三角区域可望在其中发挥对外投资主力的作用。

至今葡语国家在我国内地对外经贸中所占比重还非常小，与葡语国家贸易额在中国内地对外贸易总额中所占比重大体不过1%左右，葡语国家与泛珠三角区域的经贸往来规模同样也不算大。但泛珠三角区域与葡语国家之间的经济互补性较强，因此双方经贸发展潜力相当可观。具体而言，泛珠三角区域与葡语国家的经贸合作应当从以下方面展开：泛珠三角进口、开发葡语国家初级产品；泛珠三角区域向葡语国家出口制成品；泛珠三角区域对葡语国家投资；泛珠三角区域与葡语国家开展工程承包合作，澳门可以在其中发挥一定作用。澳门正与泛珠三角区域的各省区共建紧密伙伴关系，通过"走出去"和"请进来"相结合的方式，共同开拓发展与葡语系国家的经贸合作未来。

澳门特区行政长官崔世安在2016年参加泛珠三角区域合作与发展论坛时表示，国务院正式印发的《关于深化泛珠三角区域合作指导意见》，明确了泛珠三角区域作为"全国改革开放先行区、全国经济发展重要引擎、内地与港澳深度合作核心区、'一带一路'建设重要区域、生态文明建设先行先试区"五大战略定位，标志着泛珠合作全面上升为国家战略。作为泛珠合作成员之一，澳门特区倍感振奋鼓舞。未来，澳门将继续发挥密切联系葡语系国家的中介服务功能，带领泛珠兄弟省区同赴外考察交流、招商推广、参展参会，在联手开拓葡语系国家市场的基础上，拓展延伸与欧盟、拉丁语系国家的合作，共同走出去，将泛珠合作的影响力扩展到国际市场。澳门拥有一定数量的东南亚归侨，与东南亚国家关系密切友好。澳门将携手泛珠区域各省区，发挥区位和人脉资源等独特优势，共同参与国家"一带一路"建设，推动与"一带一路"沿线国家的民间、商务往来，打造"一带一路"旅游路线与文化精品，着重共同发掘东盟资源、开拓东盟市场。①

三　澳门特别行政区打造"中葡平台"的外在因素

（一）符合中国的政治需要

1. 发展与葡语国家的关系符合中国的外交战略部署

进入 21 世纪，国际局势越加变得复杂多变，世界安全环境出现许多新的不稳定、不确定的因素，一些深层次的矛盾也正逐渐地涌现。求发展、要和平，已成为当今时代的潮流、世界各国人民的共同愿望。中国自改革开放以来，始终坚持不渝地奉行独立自主的和平外交政策，妥善处理和发展涉及我国外部环境和世界稳定的各种关系，我国的对外开放不断扩展，国际地位日益提高，在维护世界和平与稳定、促进共同发展方面发挥着越来越重要的作用。维护世界和平、促进共同发展已成为我国在 21 世纪的重要任务之一。

作为世界上最大的发展中国家，中国应当有所作为。为此，对于当前的战略机遇期，中国应该继续坚持独立自主的和平外交方针，在和平共处五项原则的基础上，大力发展同周边国家的睦邻友好关系，加强同广大发展中国家的团结与合作，继续改善和发展同发达国家的关系，广泛参与多边外交活动，在国际事务中发挥更加积极的作用，为我国的改革开放和现代化建设营造良好的国际环境，为维护世界和平和促进共同发展做出

---

① 《澳门特别行政区行政长官崔世安：发挥澳门独特优势　携手泛珠共创辉煌》，2016年 7 月 28 日，中国经济网（http://www.ce.cn/xwzx/gnsz/gdxw/201607/28/t20160728_14248331.shtml）。

更大的贡献。

除葡萄牙外，其他葡语国家多属于发展中国家，与中国一样都属"第三世界"①。加强与这些"第三世界"国家的团结与合作，实行全方位开放、独立自主的和平外交战略，将使我国能够进一步博采众长、补己之短，始终立于主动的地位，从而使在国际舞台上的地位和作用获得更显著的提高和增强。事实上，绝大部分葡语国家都是中国忠诚和友好的朋友，在中国北京取得奥运会主办权、上海取得主办"世博会"的资格等重大事情上，葡语国家都发挥了较大作用。为此，在对外关系上中国应巩固与国际友好国家，尤其是葡语国家的关系。

2. 发展与葡语国家的关系是"南南合作"的重要体现

近年来，在世界多极化趋势和经济全球化进程发展的同时，南北经济和技术差距日益扩大，不平等的问题日趋严重，许多发展中国家的正当权益受到了严重的侵蚀。② 中国作为世界上最大的发展中国家之一，将与其他发展中国家一起，共同反对各种形式的强权政治和霸权主义，力图建立一个公平、公正的国际新秩序。"南南合作"，即第三世界发展中国家间的经济合作，包括发展中民族主义国家间的合作及其同发展中社会主义国家间的合作，对维护和加强发展中国家的利益有重要的意义，受到了发展中国家的普遍欢迎。③ 2004 年 8 月 1 日，在中国与巴西等其他发展中国家密切配合下，WTO 的"多哈回合"的谈判取得了重大突破，这充分证明"南南合作"的重要性。

---

① 中国正式使用"第三世界"概念是从 20 世纪 70 年代开始的。1974 年 2 月 22 日，在与赞比亚总统卡翁达谈话时，依据当时国家形势的重大发展和变化，毛泽东主席第一次明确地提出了三个世界的战略思想，给予"第三世界"以新的解释，并认为中国属于"第三世界"。

② 余建华：《合作共赢：与发展中国家外交的新发展》，《社会观察》2005 年第 4 期，第 7—8 页。

③ 梁守德、洪银娴：《国际政治学理论》，北京大学出版社 2000 年版，第 196—197 页。

葡语国家中，除葡萄牙外，其他与中国正式建交的国家都属于发展中国家，而且大多数国家集中在非洲大陆。中国与非洲国家，包括非洲的葡语国家开展广泛的合作也是"南南合作"中的重要组成部分。2000年10月，中非合作论坛在北京宣告成立，并举行了首届部长级会议。2003年12月在亚迪斯亚贝巴召开了第二届部长级会议。本着"务实合作，面向行动"的原则，中国与非洲国家在2004年积极落实会议所确定的后续行动，中国领导人与非洲国家领导人进行了多次互访。中非在人力资源开发方面的合作也被进一步加强，同时中国对于非洲最不发达国家对华出口部分商品也给予了免征关税的待遇。中国与多数葡语国家的关系属于"南南合作"的范畴，同时也是一种有利于世界和平、有利于促进共同发展的"共赢"关系，因而是进步的。

3. 发展与葡语国家的关系将进一步推动"南北对话"

虽然葡语国家大多数属于发展中国家，然而位于欧洲大陆的葡萄牙却列于发达国家的行列中。1986年，该国正式成为欧洲共同体一员，此后，不断融入欧洲一体化，积极参与欧洲事务。1993年欧共体变成欧盟之后，葡萄牙坚决支持欧洲单一货币并力争成为欧洲货币联盟的第一批成员。2000年上半年葡萄牙任欧盟轮值主席国期间，在推动欧盟东扩、机构改革，共同防务、制定未来十年经济和社会发展战略等方面起了重要作用。一直以来，葡萄牙的海外情结并没有断，依旧注重与非洲、拉丁美洲和亚洲的联系。同时，葡萄牙始终坚持同美国的联盟关系，又积极参与欧洲事务，把这作为对外政策的两个基石。在国际场合中，既支持欧美主要国家在重大国际问题上的主张，又支持小国提出的利益诉求。所以，在国际舞台上，人们公认葡萄牙走的是一条"中间道路"。

通过葡萄牙的作用，将有助于中国展开与其他发达国家，尤其是其他欧盟国家的"南北对话"，从而增进及加深中国与这些国家的政治互信，逐步变革国际经济旧秩序，推动世界经济在平等互利的基础上向前发展。

此外，发展与葡语国家的关系有利于中国的和平稳定，有效抑制"台独"。透过参与中葡论坛，圣多美和普林西比与中国保持着联系，最终达至复交就是一个最好例子。

(二) 符合中国经济发展的需要

1. 通过与葡萄牙更密切的经贸合作，拓展欧洲市场

中国和葡萄牙政治互信加深，高层往来频繁，两国保持着长期密切的经济贸易关系。2015 年是两国建立全面战略伙伴关系 10 周年，中葡经贸关系成熟稳定，双边贸易平稳发展、增长较快，中国对葡投资规模继续扩大，合作领域不断拓宽，合作成果显著，不断为中葡全面战略伙伴关系发展注入新的强劲动力。① 中国正在积极推动"一带一路"倡议，葡萄牙不久前取得了亚洲基础设施投资银行的创始成员国资格，正是中葡共享海上贸易繁荣的最好契机。

葡萄牙所在的欧盟是一体化程度最高的区域经济合作组织，欧盟国内生产总值达到 18.5 万亿美元，商品出口全球第一。总体来说，中国与葡萄牙的经贸合作具有相当潜力，可以从贸易、技术合作、投资等领域开展多方面的合作。目前，在贸易方面，中国对葡出口商品主要有：纺织品、服装、鞋类、塑料制品、音响音像设备、玩具、旅行用品及箱包、地毯、钢材、陶瓷制品、照明器材等，进口商品主要有：电容器及零件、初级塑料、纸及纸板、医药品、纺织品等。中国在引进葡萄牙的葡萄酒和橄榄油等初级产品方面还有相当大的市场空间。

---

① 《抓住中国与葡萄牙经贸合作新契机》，2015 年 5 月 19 日，中国经济时报电子版（http：//lib. cet. com. cn/paper/szb_ con/416522. html）。

项目	中国内地	葡萄牙及欧盟	其他葡语国家	澳门特区
劳动力	丰富	不丰富	丰富	不丰富
资本	较丰富，积累迅速	丰富	稀缺	丰富
技术	实用技术丰富，高技术稀缺	高技术丰富	稀缺	经贸信息丰富
自然资源	稀缺	稀缺	丰富	稀缺
市场	广阔	广阔	迅速成长，初具规模	狭小
中葡经贸人才	稀缺	丰富	稀缺	丰富

表 5 - 1　　　　中国内地、葡语国家、澳门特区资源禀赋对比

资料来源：邵锋：《中国与葡萄牙语国家的经贸往来及澳门的平台作用》，《商业经济与管理》2005 年第 2 期，第 24—28 页。

据中国海关统计，2015 年中葡双边货物贸易总额为 39.31 亿欧元，比前一年增长 8.58%。其中，中国对葡出口 26.06 亿欧元，增长 10.11%；自葡进口 13.25 亿欧元，增长 5.67%。葡萄牙是中国在欧盟内排名第十八位的贸易伙伴，中国是葡萄牙在亚洲的第一大贸易伙伴。同时，中国是葡萄牙第十大出口目的地国和第七大进口来源国。近年来，中国企业对葡投资增长迅猛，葡萄牙已成为中国投资欧盟的主要国家之一。中国企业对葡投资涵盖能源、电力、通信、民航、金融、保险、水务、工程设计、建材、健康医疗和餐饮等领域，为当地提供了数万个就业岗位。①

在技术方面，葡萄牙是欧洲著名的"尤里卡计划"成员国，可成为中国引进和利用欧洲高新技术的重要渠道。在投资方面，劳动力和营商成本相对低廉，整体税负欧盟最低的葡萄牙是中国投资进入欧盟市场的最佳选择，中国企业可以通过投资葡萄牙达到规避贸

---

① 《中葡经贸合作潜力巨大前景广阔》，2016 年 10 月 12 日，中国网（http://news.china.com.cn/world/2016-10/12/content_39475446.htm）。

易壁垒、进入欧盟市场的目的。在中国与葡萄牙的经贸合作中,澳门的平台作用也日益凸显。澳门自 1998 年以来已经成功地举办了三届"尤里卡计划"亚洲活动,深化了中国与欧洲的技术合作。1992 年建成的澳门欧洲信息中心是欧盟委员会在亚洲地区设立的第一个欧洲信息中心,其作为亚洲与欧洲企业间合作与贸易往来的桥梁,在提供信息和协助两地企业合作方面发挥了相当大的作用。同时,澳门特区在人才、离岸金融等方面的优势也为中国与葡萄牙乃至欧盟经贸往来提供了相当多的便利。

2. 通过与巴西更紧密的经贸合作,拓展南美市场

巴西是我国在拉美地区最大贸易伙伴。中国与巴西经贸合作关系密切,根据中国海关的统计,2012 年,中国成为巴西第一大贸易伙伴、第一大出口对象国和第一大进口来源国。据中国海关统计,2012 年双边贸易额为 857.1 亿美元,其中中方出口 334.1 亿美元,进口 523 亿美元,分别增长 1.8%、5.0% 和 -0.2%。巴西是我国第十大贸易伙伴。我方主要出口计算机与通信技术、电视、收音机及无线电信设备零附件、焦炭等,主要进口铁矿砂及其精矿、大豆、原油、牛皮革及马皮革、纸浆等。巴西也是中国境外投资十大重点地区之一。截至 2012 年年底,中方累计对巴各类投资总额超过 150 亿美元,主要涉及采矿、家电组装、通信、摩托车生产等行业。巴西在华实际投资 4.88 亿美元,主要涉及支线飞机制造、压缩机生产、煤炭、房地产、汽车零部件生产、水力发电、纺织服装等项目。我国企业在巴西承建火电厂、高炉等项目。① 由此看来,两地经贸合作基础好,通过进一步利用澳门平台和现有的经贸资源,可以更好地通过巴西市场进入南美洲最大的经济合作组织南方共同体的成员,包括阿根廷、巴拉圭、乌拉圭三国,总面积 1200

---

① 《中国同巴西的关系》,2013 年 3 月 31 日,中华人民共和国外交部网页(http://www.fmprc.gov.cn/mfa_chn/gjhdq_603914/gj_603916/nmz_608635/1206_608685/sbgx_608689/)。

万平方千米，拥有约 2 亿人口的消费市场，拓展南美大市场。

通过与安哥拉、佛得角、莫桑比克、几内亚比绍等国的经贸合作，拓展非洲大市场。据澳门贸易投资促进局的统计，中国商人已在这些葡语国家投资经商，且利润可观，如安哥拉的浙江商人与企业家超过 40 人，佛得角的浙江商家也有 40 多家。这些非洲的葡语国家都有一个经济共同体为支撑，如莫桑比克和安哥拉所属的南部非洲发展共同体，几内亚比绍和佛得角所属的西非国家经济共同体，通过与这些葡语国家的合资合作，不仅可以拓展这两个经济共同体成员国的市场，还能更好地拓展非洲大市场。

3. 加强中国与葡语国家的资金、技术合作，开发利用其自然资源

与除葡萄牙之外的葡语国家相比，内地和澳门特区具有资金和技术方面的优势，而葡语国家丰富的资源也可以满足中国现阶段日益增加的资源需求，因而中国可以同葡语国家进行资源开发方面的合作。

首先，葡语国家丰富的森林资源、巴西蕴藏丰富的矿产、安哥拉的石油和钻石、东帝汶的石油和咖啡、莫桑比克和安哥拉肥沃的农耕土地都是很好的投资项目。其次，这些丰富的资源也为中国进行技术输出提供了有效途径。中国农业发达，农业、渔业开发技术与种养殖经验较为丰富，除葡萄牙以外的葡语国家均对此有较大需求。中国企业利用成熟的技术，对葡语国家进行农业综合开发，既可以满足这些国家的发展需求，获取利润，又可以带动中国农业"走出去"，抢占这些国家的农产品加工市场。此外，通过对葡语国家林业、矿产资源的开发，亦为减轻中国日益严峻的资源供给压力提供了出路。有如在与笔者的交流中所指出的，东莞市对外贸易经济合作局温晓先生认为，"借助澳门作为连接中国与葡语国家交流合作的平台，东莞市生产小配件的企业可与葡语国家合作，满足葡语国家的需要；葡语国家企业也可借助中国内地市场，在内地制

造，在内地销售。同时，澳门特区政府也可组织相关的活动与东莞企业沟通，进一步达成合作共识"。

葡语国家以农业为主，80% 左右的国民生产总值来自农业。据中国—葡语国家经贸合作论坛的负责人介绍，自这一论坛开展以来，有很多的葡语国家希望与中国内地的企业在种植、淡水养殖、农业基础设施建设、农用机械生产、农产品加工、农业与渔业技术交流和转让等领域进行合作。中国在农业机械、农产品加工等方面具有优势，特别是在淡水养殖方面，与葡语国家的合作值得看好。

另外，葡语国家都处于热带地区，石油等资源丰富，根据中国外交部的资料，安哥拉石油储量约为 177 亿桶，是非洲第二大石油生产国，圣多美石油储备量也达 5 亿桶，东帝汶也有丰富的石油和天然气，中国政府积极鼓励企业，特别是有实力的民营企业到境外投资开采石油等能源，以缓解国内能源短缺，中国民营企业在葡语国家石油资源开发上还是有发展潜力的。另外，这些国家还拥有一些珍贵的矿产资源，合作开发也大有可为。

（三）符合葡语国家的利益

葡语国家分散于欧洲、非洲、南美洲及亚洲，具有丰富的自然资源和市场潜力，国际战略位置日益突出。这些国家因"特殊的传统关系"而具有相似的文化背景，相互间关系密切。历史上，葡萄牙曾是其他葡语国家的宗主国。葡萄牙积极借重这种传统优势，依托其欧盟成员国身份和对葡语国家的影响力，积极与世界各国交流，努力维护其独特的战略地位。一方面，着力加强同非洲和拉美国家的传统关系；另一方面，积极发展与亚洲国家的合作关系。作为南美洲的区域性大国，巴西在国际事务（特别是南美事务）中发挥着举足轻重的作用。作为世界多极化中的重要一极，巴西借重其丰富的自然资源和作为新兴市场的经济力量，广泛参与国际事务，积极倡导多边主义和国际关系民主化，主张强化联合国的作用，并力争成为联合国常任理事国；同时，大力呼吁国际社会加强反贫困合作；主张构建发展中大国合作机制，重视与发展中大国合作。

葡语国家共同体（Comunidade dos Países de Língua Portuguesa, CPLP）的成立，为葡语各国活跃于国际舞台提供了平台。目前，它已成为促进葡语国家在文化、经济、政治上加深交流并在国际上表达共同利益的有效机制。在此基础之上，与葡语都市联盟（Uniao das Cidades Capitais Luso-Afro-Americao-Asiaticas, UCCLA）、葡萄牙语大学协会（Associação das Universidades de Língua. Portuguesa, AULP）、非洲葡语国家组织（Países Africanos de Língua Oficial Portuguesa, PALOP）、葡语系奥林匹克委员会总会（Associação dos Comités Olímpicos de Língua Oficial Portuguesa, ACOLOP）等政府间国际组织或其他非政府国际组织共筑了一个日益密切的"葡语世界"。①

葡语国家社会经济处于不同发展阶段，发展级差较大，仍有巨大的发展潜力。巴西、葡萄牙、安哥拉三国在葡语国家中经济金融地位突出。巴西、葡萄牙属于葡语国家中第一梯度经济体，经济结构比较完善，经济总量较大，2014 年巴西国内生产总值为 23.46 千亿美元，葡萄牙为 2.29 千亿美元；安哥拉属于葡语国家中第二梯度经济体，制造业比较落后，经济总量较小，国内生产总值约为 1.31 千亿美元；东帝汶、佛得角、几内亚比绍和莫桑比克属于葡语国家中第三梯度经济体，经济极为落后，仍处于农业经济时期，经济总量极小，莫桑比克国内生产总值 160 亿美元，其他三国都只有 10 亿美元左右。由此可见，从经贸因素层面来说，这些葡语国家虽然大多属于发展中国家，但却普遍拥有丰富的自然资源，与中国经济的互补性也较强，发展潜力巨大。葡语国家也多属于不同的区域经济合作组织，而且这些组织的情况各异，在不同方面存在发展机遇与合作潜力。

---

① 曾祥明：《中国与葡语国家关系刍议》，《西安建筑科技大学学报》（社会科学版）2013 年第 1 期，第 14 页。

此外，作为发达国家的葡萄牙在工业品和技术方面有其优势，我国的企业可以考虑引进这些相关的先进技术或者与当地厂商进行合作生产，并且利用葡萄牙欧盟成员身份绕开欧盟的贸易壁垒。中国是世界上发展最迅速的国家，其广阔的国内市场对葡萄牙来说非常有吸引力，而中国企业加大对外投资则对葡语国家中的发展中国家是一大福音。因而，加强双方的进一步经贸合作，是彼此的共同愿望。此外，正如澳门特区政府经济财政司谭伯源司长接受访谈时所强调，“澳门作为一个世界经济奇迹，许多葡语国家都希望能够从中得到一些发展经验。在以前这些葡语国家可能会想说学习美国的发展的模式，但是后来发现是走不通的。所以这些葡语国家也想了解其他一些发展中国家的发展模式。而这些东西都是一定要亲自体验过，亲自考察过才能明白的”。

四　澳门特别行政区作为“中葡平台”的工作回顾

（一）中国—葡语国家经贸合作论坛（澳门）部长级会议

从 2003 年起，中国—葡语国家经贸合作论坛（澳门）部长级会议已经举行了五届，五届会议不仅规模一次比一次大，参与的人数一次比一次多，而且会议的规格也是一次比一次高，中国参加的领导人从国务委员、副总理到国务院总理，其他七个葡语国家的领导人从总理到总统，更令人欣慰的是，中葡双边取得的贸易成果令人振奋，无论是投资额、进口还是出口都取得了令人满意的结果。

1. 2003 年第一届

2003 年 10 月 12 日至 14 日在澳门召开第一届中国—葡语国家经贸合作论坛部长级会议，出席本次部长级会议的葡语国家有安哥拉、巴西、佛得角、几内亚比绍、莫桑比克、葡萄牙、东帝汶和中国共 8 个国家。在本次论坛上，时任国务院副总理吴仪做了“推进新的合作，谱写新的篇章”的主题演讲。她在演讲中指出：“澳门与葡语国家有着长期的文化与经济交流，与世界上 100 多个国家和地区有着密切的经贸往来。在澳门举办首次中国—葡语国家经贸合作论坛，对于澳门进一步发挥联系祖国内地与葡语国家的桥梁和纽带作用，具有特殊的作用。"① 国家商务部副部长安民在致辞中指出："澳门特别行政区在中国—葡语国家经贸合作中，发挥着特殊的、不可替代的重要作用，澳门与葡语国家有着深厚的语言文化关系，法制和行政架构也与欧洲大陆相近，是葡语国家厂商完全可以借重的通向中国内地市场的经贸中介。"②

本次中国—葡语国家经贸合作论坛部长级会议在澳门的成功举办，标志着澳门作为中葡经贸合作服务平台的地位初步凸显，也向出席的中国—葡语国家代表们充分展示了澳门自回归以来，经济高速发展、社会和谐稳定、居民安乐业的良好营商环境，更为重要的是本次论坛签署了中国—葡语国家经贸合作论坛 2003 年部长级经贸合作行动纲领。③此次签署的经贸合作行动纲领的主要内容包括总则、政府间的合作、贸易、投资与企业合作、能源与渔业领域合作、工厂与基础设施建设领域合作、自然资源利用合作、人力资源开发领域合作以及后续机制九个方面的内容。并特别在行动纲领中明确提出建立论坛后续机制，通过在澳门设立常设秘书处，保障所需后勤和资金支持，以及必要的联络，以落实拟实施的计划和方案。各国部长们同意于 2006 年在澳门召开中国—葡语国家经贸合作论坛第二届部长级会议，总结中国与葡语国家在经济和企业合作方面的成果。

2. 2006 年第二届

中国—葡语国家经贸合作论坛第二届部长级会议于 2006 年 9 月 24 日在澳门举行。时任国务委员兼国务院秘书长华建敏先生在

---

① 《中国—葡语国家经贸合作论坛（澳门）第一届部长级会议讲话汇集》，中国—葡语国家经贸合作论坛（澳门）常设秘书处出版，2003 年，第 2 页。

② 同上书，第 149 页。

③ 郭永中：《澳门建设中葡商贸合作平台的战略思考》，《理论学刊》2011 年第 10 期，第 64—68 页。

开幕式上作了题为"拓展合作领域，提升合作水平"的主题演讲。他在演讲中指出："澳门与葡语国家有着长期的文化和经济交流，与世界上一百多个国家和地区有着密切的经贸往来，具有广泛的国际商贸联系网络和融通中西文化的优势。中国政府将按照《基本法》，继续全力支持澳门行政长官和特别行政区政府依法施政，促进澳门的繁荣与稳定。随着《内地与澳门关于建立更紧密经贸关系的安排》的落实和不断完善，澳门的独特优势将进一步显现。我们也希望论坛各葡语国家充分利用澳门的桥梁作用，提升与澳门和中国内地的经贸合作水平。"① 第一届会议后的三年中，胡锦涛、吴邦国、温家宝、贾庆林等中国领导人相继访问葡语国家。同时，莫桑比克希萨诺总统、迪奥戈总理，巴西的卢拉总统，葡萄牙的桑帕约总统，东帝汶的夏纳纳总统，佛得角的内韦斯总理也先后访问了中国。中国与葡语国家间的经贸合作驶入了快车道，对葡语国家的投资也超过了历年投资的总和。②

　　第二届中国—葡语国家经贸合作论坛部长级会议与第一届相比，在短短的三年时间里，不仅中葡双方贸易额增加了三倍多，而且中国对葡语国家的投资也超过了历年投资的总和；第二届中国—葡语国家经贸合作论坛部长级会议签署的行动纲领，与第一届中国—葡语国家经贸合作论坛部长级会议签署的经贸合作行动纲领相比，行动纲领中专门增加了"澳门平台作用"一章的内容，显示出中国和葡语国家对于澳门特区的平台作用非常重视，并给予了高度的肯定。经贸合作行动纲领中指出："一是重申澳门应积极发挥其平台作用，以加强中国和葡语国家经贸合作关系；二是强调必须积极推动澳门企业、中国内地及葡语国家企业，在经贸、运输、投资、农业与渔业、资源开发、基础设施建设，以及卫生和通讯等领

_____

　　① 《中国—葡语国家经贸合作论坛（澳门）第二届部长级会议讲话汇集》，中国—葡语国家经贸合作论坛常设秘书处出版，2006年，第2页。

　　② 同上书，第48页。

域，共同开展多种形式的合作；三是同意继续鼓励和促进澳门致力于参与并扩大对葡语国家人员的培训，协助论坛举办人员培训活动，如语言、贸易、旅游、金融和工商行政管理等。"①

3. 2010 年第三届

按照过去两届中国—葡语国家经贸合作论坛部长级会议的会期安排，第三届部长级会议应该在 2009 年举办。然而，2009 年正处在中华人民共和国成立 60 周年、澳门特区成立 10 周年、澳门特区立法会选举及行政长官选举等多项大型活动密集举办期间，会议最终延迟至 2010 年举行。

由于会议最终被延迟，曾经一度引起外界的一些疑虑。然而，第三届部长级会议的召开，除有温家宝总理出席及做主旨演讲外，东帝汶、葡萄牙、几内亚比绍、莫桑比克等葡语国家均分别由总统及总理亲自挂帅，带领政府代表团及企业家、金融家代表团莅澳参会，足显此届会议的层次及各界的关心程度。各方显示的关注与重视，无疑将消除外界许多疑虑及误解。②

此次部长级会议得到中央政府的高度重视，国务院总理温家宝出席会议并做了主旨演讲。除在演讲中高度赞扬了中国与葡语国家之间卓有成效的合作，更对澳门在中葡经贸合作中所发挥的服务平台作用十分赞赏。温家宝总理说："值得一提的是，在论坛的推动下，澳门与葡语国家间的经贸关系也得到加强……特区政府全力支持论坛建设，支持论坛举办各类经贸活动，积极为葡语国家培养金融、旅游管理等专业人才，不断增加对葡语国家的奖学金名额，深受葡语国家的欢迎。"③ 2010 年 10 月 13 日在澳门举行的第三届中

---

① 《中国—葡语国家经贸合作论坛（澳门）第二届部长级会议讲话汇集》，中国—葡语国家经贸合作论坛常设秘书处出版，2006 年，第 25 页。

② 叶桂平：《远交促近融：澳门区域经济合作的特点》，载郝雨凡、吴志良主编《澳门经济社会发展报告（2010—2011）》，社会科学文献出版社 2011 年版，第 118—130 页。

③ 《中国—葡语国家经贸合作论坛（澳门）第三届部长级会议讲话汇集》，中国—葡语国家经贸合作论坛常设秘书处出版，2010 年，第 1 页。

国—葡语国家经贸合作论坛部长级会议中签署的行动纲领，与第二届相比，对澳门的平台作用不仅同样作为独立的一章突出，而且增加了"为完善和加强培养澳门葡语人才，鼓励为澳门毕业生和专业人士到葡语国家实习提供机会"一节新的内容。2010年部长级会议经贸合作行动纲领的这些举措，更加凸显了澳门作为中国—葡语国家经贸合作服务平台作用的重要性。

在此届论坛上，温总理代表中国政府宣布了从2010年到2013年中国为加强与葡语国家经贸合作将采取的六项新举措，包括：(1)向亚非与会国提供16亿元人民币的优惠贷款；(2)设立10亿美元规模的中葡合作发展基金；(3)帮助亚非与会国培训1500名官员和技术人员；(4)为亚非与会国1个双向农业合作项目提供物资设备和技术人才支持；(5)向亚非与会国提供为期一年的1000个来华留学生政府奖学金名额；(6)向亚非与会国各提供价值1000万元人民币的医疗设备及器械。①

在这届部长级会议上，中国和7个葡语与会国代表还围绕多元合作、推动和谐发展坦诚交换了意见，并就合作领域、发展思路和具体措施等问题达成了多方面共识。与会各方共同签署了2010年至2013年《经贸合作行动纲领》（以下简称《纲领》），与2006年相比，合作领域更加多元、发展目标更加明确、澳门作用更加突出、中方措施更加务实。主要内容包括：在合作领域上，《纲领》增加了教育、金融、旅游、运输、通信、文化、广播影视、体育、卫生、科技、土地规划等领域合作。在贸易领域上，《纲领》提出到2013年，中国与葡语国家间贸易额达1000亿美元，并且更注重优化贸易结构。在投资领域上，《纲领》提出抓紧完善双向投资的

---

① 《中葡论坛第三届部长会议圆满落幕　陈德铭出席新闻发布会并回答记者提问》，2010年11月14日，中国商务部网站（http://www.mofcom.gov.cn/aarticle/ae/ai/201011/20101107243618.html）。

法律法规，尽快推动双向投资取得实质性增长。[①]

在澳门的合作平台作用上，《纲领》特别强调要发挥澳门独特优势，使澳门特区成为中国内地与葡语国家经贸往来和友好合作的桥梁。正如澳门经济财政司谭伯源司长所表示，此次会议签署的《纲领》为中国与葡语国家的经贸合作、友好交往进行了方向性的指引和规划。澳门将会继续发挥自身优势，体现平台作用。为中国—葡语国家经贸合作论坛做好服务，使论坛成为中国与葡语国家经贸合作、友好往来的桥梁。

此外，澳门积极配合论坛常设秘书处开展工作；全力协助中国内地与葡语国家在澳门特区开展各种形式的合作及交流活动，为中国企业进入葡语国家和葡语国家企业进入中国发挥桥梁作用；继续深化拓展澳门与葡语国家的经贸合作交流；切实办好中葡论坛培训中心，使之达到预期目标；鼓励、推动澳门工商界等各界参与促进中葡往来和友好合作的活动。[②]

4. 2013 年第四届

第四届部长级会议于 2013 年 11 月 5 日在澳门开幕，此届论坛以"新起点、新机遇"为主题，活动包括中葡论坛开幕式暨论坛成立 10 周年庆祝大会、中葡论坛企业家大会暨中葡合作发展基金项目对接会，并举行双边会见、部长级会议、纲领签署仪式、论坛 10 周年图片展和新闻发布会等多项活动。

汪洋副总理在部长级会议开幕仪式上发表主旨演讲。他表示，中葡论坛取得今天的成就，与澳门的桥梁和纽带作用密不可分，中国政府支持澳门建设葡语国家中小企业商贸服务中心、商品集散中心和中葡经贸合作会展中心。他鼓励论坛各方企业借助澳门平台开展多种方式的交流和合作，中方愿意借助澳门的葡语和服务业人才

①　《中葡论坛完满闭幕与会国签署行动纲领》，《大众报》2010 年 11 月 15 日。

②　《中葡论坛完满闭幕与会国签署〈纲领〉及启动培训中心》，《濠江日报》2010 年 11 月 15 日。

优势积极"走出去",开拓与各葡语国家的各种合作。十年来,澳门特区为论坛建设做了大量卓有成效的工作,希望澳门再接再厉、群策群力,为增进中国与葡语国家的友谊,推动与葡语国家的合作作出更大的贡献。

中方珍惜与葡语国家的友谊,愿意向亚非葡语国家提供力所能及的援助。上届"论坛"中方宣布的六项举措基本落实,今后三年(2014 年至 2016 年),中国政府将采取新的、力度更大的八项举措,包括:(1)中国政府将继续向论坛亚非葡语国家提供 18 亿元人民币优惠贷款,支持相关国家经济社会发展,重点用于基础设施和生产型项目建设。(2)中国政府愿与葡语国家分享建设经济特区和开发区的成功经验,推动中国企业按照自主决策、市场运作的原则,在有意愿的葡语国家建设境外经贸合作区,并与所在国一道,共同推进合作区建设。(3)中国政府将为论坛亚非葡语国家各援建一个教育培训设施,各援助一批广播、电视、新闻设备,各援助一个太阳能照明应用项目。(4)中国政府愿在充分发挥论坛与会国各自优势的基础上,加强与葡语国家在人力资源开发领域的合作与交流。中方将为论坛亚非葡语国家安排来华培训 2000 名各类人才,包括培养在职硕士研究生。中方将根据葡语国家的实际需求,积极发挥澳门平台作用,在葡语国家当地开展培训活动。(5)中国政府将向论坛葡语国家提供总计 1800 个中国政府奖学金名额,鼓励和支持葡语国家与中国开展学生交流。(6)中国政府将继续开展与论坛葡语国家在医药卫生领域的交流与合作,并在 3 年内继续向论坛亚非葡语国家派遣 210 人次的医务人员。(7)建立中国与葡语国家双语人才、企业合作与交流互动信息共享平台,进一步促进中国与葡语国家人才和企业在各领域的交流与合作。信息共享平台设在澳门。(8)根据论坛促进与会国合作与共同发展的宗旨,并在充分尊重与会国意愿的前提下,中国政府将优先选择在教育培训、农业、环境保护、新能源等领域,探讨与论坛葡语国家开展三方合作,共同促进与会国经济的发展。[①]

应当说,第四届部长级会议和十周年庆祝大会的召开,确定随后三年与会各国合作的框架和重点,所签署的第四个《经贸合作行动纲领》,也为未来三年中国与葡语国家发展更加紧密的经贸合作明确了方向。

5. 2016 年第五届

第五届部长级会议开幕式于 2016 年 10 月 11 日在澳门举行,国务院总理李克强出席并发表主旨演讲,各葡语国家领导人、代表团团长分别致辞。

李克强总理发表主旨演讲时表示,中国—葡语国家经贸合作论坛以语言文化为纽带、以经贸合作为主题、以共同发展为目标,充分发挥澳门的独特优势和平台作用,对推动中国与葡语国家加强联系已经并将继续发挥重要作用。中国与葡语国家各有所长,又都处在国际航运大动脉上,中方"一带一路"合作倡议与许多葡语国家发展规划高度契合。中国愿同葡语国家一道,共筑更加坚实的经贸关系,携手打造不同社会制度、发展阶段、文化背景国家友好合作的典范。

他指出,中国同葡语国家要巩固政治互信,本着相互尊重、平等相待、合作共赢的精神,进一步密切高层交往,发展长期健康稳定的伙伴关系;要推进贸易投资自由化便利化。中国愿同葡语国家相互扩大市场开放,拓展在海关、检验检疫等领域的合作,加强知识产权保护,营造良好的贸易投资环境;要扩大产能合作,实现优势互补、互利共赢。中国愿充分发挥丝路基金、中国与葡语国家合作发展基金等融资平台作用,尽快实施一批重大项目。推动中国同葡语国家间双边、三方合作开花结果;要加强各领域人文交流,打造合作的新亮点;要发挥并进一步提升澳门的平台作用。中国政府

---

① 《汪洋在中国—葡语国家经贸合作论坛第四届部长级会议开幕式上的讲话(全文)》,2013 年 11 月 5 日,中华人民共和国商务部网站(http://www.mofcom.gov.cn/article/ae/ai/201311/20131100392760. shtml)。

全力支持澳门发挥好"一带一路"支点作用，加快建设中国与葡语国家商贸合作服务平台，进一步建设好经贸合作会展中心、中小企业商贸服务中心、葡语国家商品集散中心。

他表示，中方重视与葡语国家的友谊，愿在力所能及范围内向亚非葡语国家提供帮助，并宣布了今后三年中国同论坛葡语国家深化合作的 18 项具体举措，涉及经贸投资、经济技术、医疗卫生、产能合作、基础设施建设、可持续发展、文化教育等诸多领域。中国愿与葡语国家一道聚力集智，划开大船，使友好合作之舟乘风破浪、不断远航。①

开幕式前，李克强同与会葡语国家领导人共同出席"中国与葡语国家商贸合作服务平台综合体"项目启动仪式，并为"平台综合体"项目揭牌。本届会议确定 2017—2019 年中国与葡语国家经贸合作方向、合作领域和合作方式，并签署了第五个《经贸合作行动纲领》。

（二）中葡论坛培训中心

自中国—葡语国家经贸合作论坛 2003 年成立以来，与会国政府就十分重视加强教育和人力资源领域的合作。人力资源开发合作，已成为各与会国合作的重要内容，并已开展了卓有成效的工作，取得显著成果。从 2003 年起，各届中国—葡语国家经贸合作论坛（澳门）部长级会议都有制定有关决议，在中国与葡语国家人才培训上，双方已经有了一定的进展。

为进一步深化中国与葡语国家之间在人力资源开发领域的合作，2010 年 11 月，在中国—葡语国家经贸合作论坛第三届部长级会议上签署的《经贸合作行动纲领（2010—2013 年）》中提出要积极协调与会国的人力资源培训活动。其中，根据发展中葡语国家的

---

① 《李克强出席中国—葡语国家经贸合作论坛第五届部长级会议开幕式并发表主旨演讲》，2016 年 10 月 11 日，新华网（http：//news. xinhuanet. com/politics/2016-10/12/c_1119697875. htm）。

实际需求，中国政府将举办有针对性的培训班。为有效提高中国与葡语国家人力资源开发合作水平，扩大合作规模，提高培训水平，使培训更加专业化和规范化，中葡论坛培训中心于 2011 年 3 月 29 日落户澳门，并在中国—葡语国家经贸合作论坛（澳门）常设秘书处举行了隆重的揭牌仪式。培训中心的成立进一步体现了中国政府和各葡语国家对人力资源开发合作的重视和支援，既完成了《经贸合作行动纲领（2010—2013 年)》规定的合作目标，也为中国与葡语国家经贸合作带来新的推动力量。"十二五"规划还特别提出支持澳门加快建设中国与葡语国家商贸合作服务平台，因此，随着培训中心的设立，将进一步巩固和发展澳门的平台地位，提升澳门的国际影响力和竞争优势。

在澳门特区政府支持下，"中葡论坛（澳门）培训中心"自 2011 年成立至 2016 年 10 月，在国家商务部、澳门各大院校及社团协助下，总共举办了 30 期培训班，累计为葡语国家、中国内地及澳门特区政府人员和技术人员培训了 800 人。[①] 主要包括：酒店与旅游、医疗与公共卫生、政府管理现代化、招商引资、质量控制与产品认证、土地测绘、会展产业、商法及国际法、汉语与葡萄牙语教学、中小企业发展、经济特区开发、中医药开发、环保产业、商贸企业管理、海关、公共行政、税收及税务政策、运输及通信基建等多元范畴。

多年来，培训班皆邀请澳门各院校参与承办，一方面发挥澳门培训教育优势，另一方面为本地生营造学习葡文的良好环境和氛围，通过与葡语国家不同领域专业人士交流和分享经验，不断提升本地生葡文水平和各领域的专业知识。此外，协助葡语国家官员在澳门实习。而葡语国家亦相当重视澳门特区平台和教育优势，至 2015 年已分别有九批超过 100 位葡语国家部长级官员研讨班先后来

---

① 《论坛培训八百中葡官员》，《澳门日报》2016 年 10 月 5 日。

澳交流。培训中心为各国接受培训的人员建立广泛的人脉和交流，扩展了联络圈子，同时对澳门也有一定的宣传作用。①

(三) 中葡合作发展基金

在中国—葡语国家经贸合作论坛第三届部长级会议上，中国国务院总理温家宝郑重宣布发起中国—葡萄牙语国家合作发展基金（以下简称中葡基金）。这一由中国政府倡议发起设立的多边合作基金，得到了所有成员国政府的积极回应与支持。中葡基金于 2013 年 6 月 26 日正式成立，总规模 10 亿美元，由中国国家开发银行和澳门工商业发展基金共同发起，这笔基金包括 2 亿美元的股份投资及 8 亿美元的配套贷款。首期 2 亿美元分别由国开金融有限公司及澳门工商业发展基金出资设立，并由中非发展基金进行投资运作和管理，资金将主要投资于中国和葡语国家共同关注的基础设施、交通、电信、能源、农业和自然资源等领域。中葡基金设立的目的，是支持中国（含澳门特区）企业与葡语国家企业开展投资合作，引导成员国企业间的直接投资，提升投资企业总体实力，促进成员国经济发展。基金投资将遵循市场化原则，在成员国范围内自主选择投资项目，独立决策并承担相应投资风险，追求稳定的投资回报，并在基金存续期内退出，以资本为纽带推动企业成长与全球化发展、带动各国经济增长，是中国政府鼓励和深化中国与葡语国家经贸合作的重要举措。②

由于国家在中非发展基金的运作上已经积累比较丰富及规范化的经验，并且已组建了精良的专业化投资团队，因此新近成立的中葡基金就等于具备了良好的基础，这使基金的保值、增值也具有了更多的可靠性。澳门特区政府此次注资大约 5000 万美元，与中央

---

① 《教育与人力资源合作》，2017 年 1 月 12 日，中国—葡语国家经贸合作论坛（澳门）常设秘书处网页（http：//www.forumchinaplp.org.mo/training-human-resources/? lang = tw）。

② 《中葡合作发展基金正式成立》，2013 年 6 月 26 日，中国—葡语国家经贸合作论坛（澳门）网站（http：//www.forumchinaplp.org.mo/cn/announce.php? id = 1922）。

政府共同参与建立中葡基金，从投资学的角度来看，应该是比较稳妥的，成效也一定要比“单干”来得优质。①

中葡合作发展基金的资本到位后，总部最初暂时设在北京，中葡基金一期已于 2013 年 6 月正式在开曼群岛设立，并由中非基金受托运营管理。一期已出资项目两个，金额为 1565 万美元，项目分别在莫桑比克及安哥拉；待决策项目一个；已受理及立项项目三个，包括一个澳门企业在佛得角的投资项目。

李克强总理在 2016 年 10 月举行的第五届部长级会议上宣布将该基金的总部设在澳门，以配合澳门作为中国与葡语国家商贸合作服务平台的定位，让澳门的银行、金融、财务行业的专业人士多一个平台，从而推动澳门特色金融业的发展。同时，由该基金牵引来澳的多边会议、高端商务旅客等，亦将对促进澳门经济适度多元发展产生正面效应，进一步凸显澳门平台的重要地位。

五　“中葡平台”取得的成效及需要完善的方面

（一）经贸合作方面

1. 中国与葡语国家在贸易上取得了较大的发展

在巩固已取得的经济合作成果的基础上，中国与葡语国家采取有力措施，充分挖掘各自经济发展潜力，发挥双边经济互补性，积极探讨合作新方式、新领域，扩大双边经贸合作。2003 年论坛成立时，中国和葡语国家的贸易额刚过 100 亿美元。自“中国—葡语国家经贸合作论坛”组织在澳门设立以来，中国与葡语国家的贸易合作取得了较大的增长，2008 年已达 770 亿美元，提前 1 年实现贸易

---

① 叶桂平：《中葡论坛：解读中拉关系的镜子》，《中国社会科学报》总第 412 期，2013 年 2 月 1 日。

额突破 500 亿美元的目标。2009 年金融危机为国际市场带来巨大冲击，中国与葡语国家双边贸易额虽呈现滑坡，但 2009 年全年双边贸易额 624.68 亿美元还是超过了 2006 年第二届部长级会议所确定的"到 2009 年年底实现双边贸易额达到 450 亿—500 亿美元"的目标。① 金融危机后，中国与葡语国家的双边贸易额显著上升，更在 2011 年超过 1000 亿美元，提前实现了《中国—葡语国家经贸合作论坛第三届部长经贸合作行动纲领（2010—2013）》所定的"力争到 2013 年贸易额达到 1000 亿美元"的目标②。在这之后双边贸易额持续攀升，在 2014 年更一度超过 1300 亿美元，随后受环球经济低迷以及国际大宗商品价格大幅下挫等的影响，中国对外贸易总体数额有所下降，中国与葡语国家的双边贸易额也出现回调，2015 年及 2016 年均维持在 900 亿—1000 亿美元的水平。总的来说，政府间的努力以及中国与葡语国家间巨大的贸易互补性，决定其在未来还将维持稳定并会有一定的增长。

从表 5-2 与表 5-3 可以看出，在中国与葡语国家的贸易中，虽然巴西仍是中国在葡语国家中的最大贸易伙伴，但是，其所占的比重已经明显下降，中国的外贸伙伴越来越多元化；中国与安哥拉、莫桑比克的贸易额增长迅速，它们所占的比重显著增加，其中安哥拉出口中国的石油猛增，已经成为中国最主要石油供应国之一，而莫桑比克的天然气将在未来成为中国主要的供应国。中国已成为葡语国家第一大贸易国和第一大出口国。③ 目前，葡语国家的咖啡、腰果、葡萄酒等著名产品，已经摆上了越来越多中国百姓的

① 《中国—葡语国家经贸合作论坛（澳门）2009 年工作回顾》，2010 年 3 月 10 日，中国—葡语国家经贸合作论坛（澳门）网站（http://www.forumchinaplp.org.mo/zh/notice.asp?a=20100310_09）。

② 《中国—葡语国家经贸合作论坛第三届部长经贸合作行动纲领（2010—2013）》，2010 年 11 月 23 日，中国—葡语国家经贸合作论坛（澳门）网站（http://www.forumchinaplp.org.mo/zh/notice.php?a=20101123_01）。

③ 《中葡贸易额十年增三成》，《澳门商报》2014 年 12 月 18 日。

餐桌；中国物美价廉的日用消费品也丰富了葡语国家的市场，广受消费者的欢迎。

表 5 - 2　　　　　　　1999—2016 年中国内地对葡语国家出口额　　　　单位：万美元

年度＼国家	1999	2000	2001	2002	2003	2004	2005
巴西	87614	122356	135114	146638	214496	367485	482755
葡萄牙	21996	26082	26059	30100	40637	58840	91201
安哥拉	1638	3374	4572	6130	14579	19353	37279
莫桑比克	1894	2473	2204	2593	4503	7515	9148
几内亚比绍	318	467	830	450	1235	599	579
佛得角	315	518	221	184	260	275	519
圣多美和普林西比	60	117	126	16	20	22	55
东帝汶	—	—	—	—	107	171	127
合计	113835	155387	169126	186111	275817	454260	621663
内地出口总额	19493143	24921162	26615464	32556501	43837082	59336863	76199914
葡语国家比重	0.58%	0.62%	0.60%	0.57%	0.63%	0.77%	0.82%

年度＼国家	2006	2007	2008	2009	2010	2011	2012
巴西	737995	1137203	1874919	1411852	2446254	3185426	3342505
葡萄牙	135972	182628	230392	192352	251324	280090	250216
安哥拉	89419	123131	292892	238596	200410	278154	404419
莫桑比克	12797	16022	28842	33913	49639	69846	94177
几内亚比绍	568	728	613	2319	943	1483	1589
佛得角	1009	1470	1327	3541	3434	4952	5749
圣多美和普林西比	122	178	188	220	205	179	300
东帝汶	579	946	914	2326	4283	7037	6250
合计	978461	1462306	2430087	1885119	2956492	3827167	4105205
内地出口总额	96907284	121801452	142855000	120166000	157793225	189859984	204893476
葡语国家比重	1.01%	1.20%	1.70%	1.57%	1.87%	2.02%	2.00%

续表

年度 国家	2013	2014	2015	2016
巴西	3618969	3492522	2742847	2216240
葡萄牙	250682	313725	289865	403770
安哥拉	396486	597627	372232	176113
莫桑比克	119716	196990	194103	137986
几内亚比绍	1177	1712	1945	2130
佛得角	6117	5122	4492	4934
圣多美和 普林西比	477	573	787	663
东帝汶	4731	6035	10595	17188
合计	4398355	4614306	3616866	2959024
内地出口总额	220960000	234275000	227346822	209740000
葡语国家比重	1.99%	1.97%	1.59%	1.41%

资料来源：①海关总署：历年《海关统计》；

②国家统计局：历年《中国统计年鉴》。

表 5 - 3　　　　1999—2016 年中国内地自葡语国家进口额　　　单位：万美元

年度 国家	1999	2000	2001	2002	2003	2004	2005
巴西	96857	162144	234734	300305	584380	868413	998974
葡萄牙	3832	4695	7146	8271	19461	28090	32385
安哥拉	35565	184269	72183	108705	220593	471734	658183
莫桑比克	330	878	1119	2256	2668	4429	7353
几内亚比绍	20	20	—	—	—	3	—
佛得角	—	—	—	—	—	—	—
圣多美和 普林西比	—	—	—	—	3	134	—
东帝汶	—	—	—	—	—	—	—
合计	136604	352006	315182	419537	827105	1372803	1696895
内地出口总额	16571801	22509657	24361349	29520307	41283647	56142299	66011847
葡语国家比重	0.82%	1.56%	1.29%	1.42%	2.00%	2.45%	2.57%

续表

年度 国家	2006	2007	2008	2009	2010	2011	2012
巴西	1292002	1833301	2982386	2828098	3808702	5264880	5205967
葡萄牙	35381	38453	38728	48093	75425	116226	151779
安哥拉	1093330	1288867	2238252	1467583	2281259	2488929	3345834
莫桑比克	7977	12389	12591	17755	20137	25550	40276
几内亚比绍	—	17	124	162	386	412	664
佛得角	—	0	—	0	1	1	0
圣多美和 普林西比	—	0	2	0	1	0	4
东帝汶	1096	5	11	2	25	174	68
合计	2429786	3173032	5272094	4361693	6185936	7896172	8744592
内地出口总额	79161361	95581850	113309000	100560000	139482956	174345874	181782557
葡语国家比重	3.07%	3.32%	4.65%	4.34%	4.43%	4.53%	4.81%

年度 国家	2013	2014	2015	2016
巴西	5366606	5197564	4438037	4540461
葡萄牙	140123	166486	147184	158010
安哥拉	3194802	3109494	1598316	1381873
莫桑比克	45119	165301	45198	47987
几内亚比绍	1683	4996	1781	16
佛得角	0	0.3	2	8
圣多美和 普林西比	0.3	0.1	3	2
东帝汶	40	10	72	29
合计	8748373.3	8643851.4	6230593	6128386
内地出口总额	195040000	196029000	167956450	158750000
葡语国家比重	4.49%	4.41%	3.71%	3.86%

资料来源：①海关总署：历年《海关统计》；

②国家统计局：历年《中国统计年鉴》。

2. 中国与葡语国家双向投资快速增长

根据 2006 年的中葡经贸合作论坛第二届部长级会议上的决议,与会者一致同意采取积极措施推动中国与葡语国家之间的相互贸易及直接投资,力争于 2007—2009 年三年内促使中国和葡语国家双向投资额至少翻一番。[①] 虽然 2009 年国际金融危机对所有国家经济均造成负面影响,特别是全球外国直接投资减少了约 30%,但是通过与会国的共同努力,中国与葡语国家的相互投资不降反升。[②] 截至 2016 年年底,葡语国家在中国设立近千家企业;中国企业在葡语国家承包工程合同额超过 900 亿美元。双方在农业、环保、运输、通信、金融等领域的合作也结出了丰硕成果。[③] 中国与葡语国家双边的投资金额如下。

截至 2016 年年底,中国累计对葡语国家直接投资已达 63 亿美元。中国境内投资者在葡语国家设立的直接投资企业超过 400 家,主要分布在建筑业、制造业、农林牧渔等行业。葡语国家在中国设立近千家企业。中国企业对葡语国家各类投资存量接近 500 亿美元,葡语国家累计对华非金融类直接投资约 10 亿美元,分别较第四届部长级会议召开前增近 60% 和 20%。中国在葡语国家承包工程合同额超过 900 亿美元。中国与葡语国家在农业、环保、运输、通信、金融等领域的合作也结出丰硕成果。中国品牌华为企业技术有限公司、奇瑞汽车股份有限公司、徐工集团、格力集团相继在葡语国家投资设厂。中国长江三峡集团公司、中国复兴国际有限公司、中国石油天然气股份有限公司、中国建设银行、中国国家电网

---

① 《澳门:中国与葡语国家的经贸合作服务平台》,2010 年 5 月 8 日,澳门贸易投资促进局网站(http://www.ipim.gov.mo/worldwide_ partner_ detail.php? tid = 3156)。

② 《中国—葡语国家经贸合作论坛(澳门)2009 年工作回顾》,2010 年 3 月 10 日,中国—葡语国家经贸合作论坛(澳门)网站(http://www.forumchinaplp.org.mo/zh/notice.asp? a = 20100310_ 09)。

③ 《中国和葡语国家经贸合作驶上"快车道"》,2010 年 3 月 10 日,新华网(http://news.xinhuanet.com/world/2016-10/12/c_ 1119704966.htm)。

公司、中国海南航空公司等均已成功并购投资葡语国家的企业。中国企业对葡语国家各种方式的投资加强了中国与葡语国家企业间合作，同时为葡语国家的企业注入新的动力，有利于葡语国家的经济发展。①

根据笔者多年来的研究总结，中国与葡语国家未来在能源、金融、钢铁、轻工机电、纺织、农业合作等领域尚存在很大的投资合作空间。例如，在中国与安哥拉政府互利互惠的合作下，安哥拉已成中国最主要供油国之一。② 中国和巴西将合资50亿美元在巴西里约热内卢州阿苏港（Acu）工业区共同建设一家钢铁厂，中国武汉钢铁股份有限公司持股70%。③

关于金融领域合作，中国和葡语国家已在互设银行分支机构、设立中葡合作发展基金等方面深化合作，促进贸易融资，推进本币贸易结算合作。④ 中国人民银行在2015年8月批准同意澳门人民币清算行为葡语系国家银行同业提供人民币清算服务。这是澳门人民币清算行成立十年多来，首次得以把服务范围扩大至港澳及东盟以外地区。⑤ 澳门特区政府相关金融管理部门正与国家开发银行磋商共同构建投资合作机制，并以其辖下的中葡合作发展基金为合作的切入点，就相关投资协议内容进行协商，力图确定具体的融资机制并透过中葡合作发展基金的业务网络开展对葡语国家的投资操作。2015年7月，有澳门本土企业与佛得角签订有关在佛得角开发综合

---

① 王成安：《中国—葡语国家经贸合作论坛成效显著呈现五大亮点》，2016年9月18日，新华网（http：//news. xinhuanet. com/fortune/2016-09/18/c_ 129285826. htm）。

② 《安哥拉成中国最大供油国》，2010年5月10日，大公网（http：//www. takung-pao. com/news/10/05/10/ZM-1255446. htm）。

③ 《武钢50亿美元投资巴西建中国海外最大规模钢厂》，2010年4月20日，新华网（http：//www. hb. xinhuanet. com/newscenter/2010-04/20/content_ 19565655. htm）。

④ 陈德铭：《进一步发展中国与葡语国家经贸合作实现互利共赢》，2010年11月14日，人民网（http：//politics. people. com. cn/GB/1027/13205801. html）。

⑤ 《中银为一中心一平台添助力　澳获批葡语国人民币清算服务》，《澳门日报》2015年8月11日。

消闲旅游娱乐项目的双边协议。正如签订该协议的澳门企业家所表示，此次合作启动了澳门特区和佛得角的旅游经济交往，更体现澳门作为葡语系国家的桥梁作用，此合作项目将是一个新的契机，让澳门旅游业界、娱乐业界及其他各种服务业专业人士的经验延伸至外地，扩大澳门的企业市场，在两地的旅游业人才互利互补的前提下，促进澳门特区和佛得角日后在经济和文化上全方位的交往。①

3. 中国与葡语国家的多边贸促及合作活动渐趋增加

自中国—葡语国家经贸合作论坛（澳门）确立以来，在秘书处、澳门经贸部门的共同协调下，着实为中国与葡语国家的企业家提供了更多的"引进来，走出去"的机遇，这可能也是澳门所具有之"服务平台"的最大作用及优势。对此，暨南大学国际关系学院陈亦平教授在接受访谈时，也提出相同意见，他认为，"拥有这个绝好的机会，相信将来澳门能够代表中央政府落实'走出去'战略设想"。

通过澳门平台，至今已经形成了"中国与葡语国家企业经贸合作洽谈会""中国国际投资贸易洽谈会""澳门国际贸易投资展览会""澳门国际环保合作发展论坛及展览"及"活力澳门推广周"等一批有影响力的品牌展会。同时，每年在大型经贸活动设置的"葡语国家馆"，也都成为促进中葡企业交流的重要桥梁。

"中国与葡语国家企业经贸合作洽谈会"是中葡论坛合作框架下每年举办的主要国际商务对接洽谈活动，自2005年起在葡语国家轮值举办，过去十届洽谈会共吸引了超过4000名中国与葡语国家企业家参加，并促成了超过3100项商业配对，涉及基础设施、金融、地产、食品、农业、旅游、能源、贸易和环保等领域，洽谈会现场签订的合作文件达94份。2016年洽谈会在几内亚比绍首都比绍市举行，逾260人参加洽谈会，成员有来自中国内地、安哥

---

① 励骏：《21.5亿佛得角建博彩酒店》，《市民日报》2015年7月23日。

拉、佛得角、几内亚比绍、葡萄牙、东帝汶及澳门特别行政区的官员与企业代表。洽谈会期间举行了多个项目推介会，签署了 11 份合作协议，包括商会及企业间之合作、基础设施建设及贸易等。[①]

跨越 20 载后，"第二十一届澳门国际贸易投资展览会"加入创新思维，除邀请葡萄牙成为展览会首个"伙伴国"外，还在续设的"葡语国家产品及服务展"内首次举办时装表演，在会场上展示多个来自安哥拉、巴西、葡萄牙及澳门的时装品牌，吸引不少与会人士驻足欣赏，力图用新的角度及多元渠道带领大家感受葡语国家的魅力。此次"葡语国家产品及服务展"吸引了来自葡语国家及澳门特区超过 140 家参展商提供各类特色产品及服务。另外，大会还增设"中国与葡语国家中小企商贸专区"，除了介绍"中国—葡语国家经贸合作及人才信息网"在线的信息，如企业商品、服务、投资项目、营商法规等信息，同时为客商提供各项葡语国家经贸投资的咨询服务。展会期间，举办了多场与葡语国家相关的活动，包括"第六届江苏—澳门·葡语国家工商峰会""江苏—澳门·葡语国家基础设施建设高层圆桌会议""福建—澳门—葡语国家经贸交流会""葡萄美酒迎秋月""江苏—澳门·葡语国家城市联盟工作推进会""葡萄牙在欧洲拓展大西洋的工业与物流平台"推介会等多项活动，围绕基础建设、葡语国家投资环境、船舶业、环保产业、葡语国家饮品进行讨论及交流。[②]

2016 年，在内地主要城市巡回举办的"活力澳门推广周"总共开展了三站活动，包括广东江门、云南昆明和福建厦门三城，活

---

① 《贸促局组代表团赴几内亚比绍参加中国与葡语国家企业经贸合作洽谈会》，2016 年 4 月 11 日，澳门贸易投资促进局网页（http://www.ipim.gov.mo/zh-hant/ipim-news-zh-hant/20160411-ipim-organiza-delegacao-empresarial-a-guine-bissau-para-participar-no-encontro-de-empresarios-para-a-cooperacao-economica-e-comercial-entre-a-china-e-os-paises-de-lingua-portuguesa-bissa-2/）。

② 《第二十一届 MIF 伙伴联盟成亮点　提升中葡平台作用》，2016 年 10 月 22 日，澳门特区政府新闻局。

动中设有"葡语国家馆"和"葡语国家食品展示区",每个葡语国家均有自己的展位,并配备翻译人员协助葡语国家代表与内地企业洽谈。同年12月,还在广州举办"广东省人大·澳门特区立法会与葡语国家地方议会交流会"。这些活动有助澳门与这些兄弟省市利用澳门独特优势,推动区域合作发展。①

除了短期的展览、洽谈外,特区政府也推动澳门的商界联合葡语国家的企业在内地设立长期的展销中心,目前已经成立的展销中心分别位于广东江门、上海、广东顺德、安徽合肥、江苏扬州等地。并且,设于湖南长沙市中心的"友阿·澳门街"已成为专为澳门与葡语系国家商品常设的交易展示平台,创新湘澳经贸往来的方式和渠道。②

此外,在带领企业家"走出去"方面。2016年,澳门贸易投资促进局组团参与在葡萄牙里斯本举办的"中国—葡萄牙—澳门特别行政区企业商机论坛"及几内亚比绍的"中国与葡语国家企业经贸合作洽谈会——比绍2016"时,也继续邀请多个内地省(区)如泛珠地区的官、产业界代表参与,不但宣传和推介了这些省区的经贸及投资环境,还拓展了他们与葡语国家及澳门特区的经贸交流合作。例如,湖南省在葡萄牙及几内亚比绍参会期间,举行了逾十场洽谈配对,行业涉及环保、食品及加工等。③

---

① 《创历届"六个最多",为活力澳门推广周·广东江门画上圆满句号》,2016年6月4日,澳门会议展览业协会网页(http://www.mcea.org.mo/? this_ activity = % E5% 89% B5% E6% AD% B7% E5% B1% 86% E3% 80% 8C% E5% 85% AD% E5% 80% 8B% E6% 9C% 80% E5% A4% 9A% E3% 80% 8D% EF% BC% 8C% E7% 82% BA% E6% B4% BB% E5% 8A% 9B% E6% BE% B3% E9% 96% 80% E6% 8E% A8% E5% BB% A3% E9% 80% B1% E2% 80% A7% E5% BB% A3% E6% 9D% B1% E6% B1% 9F)。

② 《湖南首个澳门葡语国商品展示平台澳门街长沙揭幕迎客》,《澳门日报》2016年12月24日。

③ 《里斯本及比绍商贸活动搭建"引进来、走出去"契机 泛珠成员湖南认同澳门平台作用》,2016年4月14日,澳门特区政府新闻局。

（二）政治合作方面

由于世界上 8 个葡语国家除葡萄牙以外，全部属于发展中国家，澳门特区作为中国与葡语国家关系的平台，具有促进"南南合作"和"南北对话"的重要意义和作用。以中国—葡语国家经贸合作论坛（澳门）的多边论坛组织来进行协调及联系，显然在国际关系意义上具有很好的效果。

自澳门特区提出打造"中葡平台"以来，中国与葡语国家的高层互访更为频密。其中，仅在 2009 年，中国与葡语国家高层互访逾 110 次，其中国家领导人访问及多双边会见多达 16 次，是 2006年中国—葡语国家经贸合作论坛第二届部长级会议以来高层互访最为频繁的一年。① 2010 年 4 月，胡锦涛主席更代表中国访问了巴西，并与巴西签订《中华人民共和国政府与巴西联邦共和国政府 2010 年至 2014 年共同行动计划》，计划中的"第五条经贸领域"的第四款中特别指明了未来中国与巴西两国将继续"鼓励在中国与葡语国家经贸合作论坛（澳门）下的对话，加强中国与葡语国家之间的合作"。② 2010 年 11 月，胡锦涛主席在对葡萄牙展开国事访问期间，以及温家宝总理在澳门特区与葡语国家领导人进行的双边会晤等多个场合，无不体现对近年来中国与葡语国家经贸发展的肯定。由此可见，中国与葡语国家政府都已高度重视双边和多边关系，努力加深各国的相互了解，促使澳门特区作为联系中国与葡语国家的平台作用的进一步发挥。

近年来，在中葡经贸论坛的积极推动下，中国与葡语国家各层

---

① 《中国—葡语国家经贸合作论坛（澳门）2009 年工作回顾》，2010 年 3 月 10 日，中国—葡语国家经贸合作论坛（澳门）网站（http：//www.forumchinaplp.org.mo/zh/notice.asp?a=20100310_09）。

② 《中华人民共和国政府与巴西联邦共和国政府 2010 年至 2014 年共同行动计划》，2010 年 4 月 22 日，中华人民共和国外交部网站（http：//www.mfa.gov.cn/chn/gxh/tyb/zyxw/t684715.htm）。

次的交往日益频繁。2015 年 12 月，习近平主席在中非合作论坛约翰内斯堡峰会期间分别会见了安哥拉总统若泽·爱德华多·多斯桑托斯（José Eduardo dos Santos）和莫桑比克总统菲利佩·雅辛托·纽西（Filipe Jacinto Nyusi）。2016 年，莫桑比克总统菲利佩·雅辛托·纽西、葡萄牙总理科斯塔（António Luís Santos da Costa）、几内亚比绍外长斯蒂德斯·奥坎特·达席尔瓦（Aristides Ocante da Silva）先后率团访华；中国外交部长王毅亦访问了莫桑比克。2016 年 8 月，习近平主席特别代表、国务院副总理刘延东出席里约热内卢奥运会开幕式。9 月，巴西总统米歇尔·特梅尔（Michel Miguel Elias Temer Lulia）来华出席二十国集团领导人杭州峰会，习近平主席同其举行双边会见。10 月，佛得角总理若泽·乌利塞斯·科雷亚·席尔瓦（José Ulisses Correia e Silva）、几内亚比绍总理巴希罗·贾（Baciro Djá），莫桑比克总理卡洛斯·奥古斯丁·德罗萨里奥（Carlos Agostinho do Rosário），葡萄牙总理科斯塔，安哥拉经济部部长古尔热尔（Abrahão Gourgel），巴西工业、外贸和服务部部长马科斯·佩雷拉（Marcos Pereira），东帝汶国务部长兼经济事务协调人、农业与渔业部部长埃斯塔尼斯劳·达席尔瓦（Estanislau da Silva）等来澳门特区出席中葡经贸合作论坛第五届部长级会议，先后与李克强总理进行官方会晤。① 12 月 26 日，外交部长王毅在北京与圣多美和普林西比外交和海外侨民部部长乌尔比诺·博特略（Urbino Botelho）分别代表各自政府，在北京签署了《中华人民共和国和圣多美和普林西比民主共和国关于恢复外交关系的联合公报》，决定即日起恢复两国大使级外交关系。② 这也是年内中国外交的一项重大事件，自此世界上的 8 个葡语国家均与我国实现

---

① 《中葡论坛第五届部长级会议盛大开幕》，2016 年 10 月 11 日，澳门特区政府新闻局。

② 《中国同圣多美和普林西比的关系》，2016 年 12 月 31 日，中华人民共和国外交部网页（http://www.fmprc.gov.cn/web/gjhdq_ 676201/gj_ 676203/fz_ 677316/1206_ 678452/sbgx_ 678456）。

建交。此外，澳门特区行政长官崔世安和经济财政司司长梁维特亦先后率团访问葡萄牙，与当地政府代表举行工作会议。①

（三）文化、教育交流方面

中国已先后在葡萄牙、巴西等葡语国家设立了"孔子学院"。作为中外合作建立的非营利性教育机构，孔子学院致力于适应葡语国家人民对汉语学习的需要，增进葡语国家人民对中国语言文化的了解，加强中国与葡语国家教育文化交流合作，发展双方的友好关系，促进世界多元文化发展，构建和谐世界。② 截至 2016 年年底，中国已先后在葡萄牙设立了 4 所孔子学院与 1 所孔子课堂，在巴西设立了 10 所孔子学院与 4 所孔子课堂，在莫桑比克、安哥拉及佛得角分别设立了 1 所孔子学院。

一方面，积极支持中国与葡语国家文化交流的若干活动，亦成为近几年澳门特别行政区 "节事庆典活动" 的主要内容之一。例如，在葡韵嘉年华期间，参与主办莫桑比克现代艺术家作品展；为佛得角驻华使馆在澳门特区举行独立 34 周年纪念活动及中国内地、澳门特区和佛得角最新合作成果图片展提供支持；为几内亚比绍、莫桑比克和东帝汶三国驻澳社团独立日纪念活动提供支持；为第一届澳门土生葡人青少年活动日提供支持。③

另一方面，有关葡语国家的研究机构数目略有增加。截至目前，北京大学民营经济研究院已经设置了中非与葡语国家民间贸易投资研究所；澳门城市大学已设立葡语国家研究院并招收葡语国家

---

① 《梁维特率团考察葡萄牙落实发展初创及经贸合作》，《大众报》2016 年 12 月 8 日。

② 《关于孔子学院/课堂》，2010 年 11 月 16 日，国家汉办/孔子学院总部网站（http：//www. hanban. org/confuciousinstitutes/node_ 10961. htm）。

③ 《中国—葡语国家经贸合作论坛（澳门）2009 年工作回顾》，2010 年 3 月 10 日，中国—葡语国家经贸合作论坛（澳门）网站（http：//www. forumchinaplp. org. mo/zh/notice. asp? a = 20100310_ 09）。

研究硕士和博士学位课程；澳门理工学院、澳门圣若瑟大学等学术机构亦设置葡语教学和科研机构；其他民间组织，如澳门亚太拉美交流促进会等亦积极地推动有关问题的研究；澳门基金会、中国—葡语国家经贸合作论坛（澳门）秘书处、中国社会科学院、澳门国际研究所、澳门中非商会等机构亦曾先后组织多场相关议题的研讨会。其中，特别是澳门有关特区政府部门亦有支持学术机构，或者直接参与主办有利中国与葡语国家学术交流的会议及论坛等活动，如参与主办"澳门国际环保合作发展论坛及展览"中的"再生能源—生物燃料研发专题论坛"等。

多年来，中国和葡语国家在语言、教育和文化方面交流密切。"葡语热"和"汉语热"在中国与葡语国家悄然兴起。至今已设置葡语专业的中国高校超过20所，桑巴舞、法多歌曲、《梁祝》、《茉莉花》等艺术符号拉近了双方人民心灵的距离，增进了相互了解和感情。① 2016年举办了中葡双语人才培养及教育研讨会，以加强论坛与会国在语言教学和人才培养领域的交流合作。随后在澳门举办的第七届"中国—葡语国家文化周"，来自内地、澳门及多个葡语国家的文化艺术团体带来各具特色的精彩演出及展示，无疑也加强了论坛与会国在文化及艺术领域的交流。②

此外，中国与葡语国家多领域合作不断深化，中国居民赴葡语国家旅游人数快速增长。在第五届部长级会议期间，中方与葡语国家在经贸、农业、教育、旅游等领域签署一系列合作协定，协议数量创历届之冠。新签署的《中葡论坛关于推进产能合作的谅解备忘

---

① 《李克强在中国—葡语国家经贸合作论坛第五届部长级会议开幕式上的主旨演讲（全文）》，2016年10月12日，新华网（http：//news. xinhuanet. com/gangao/2016 – 10/12/c_1119697875. htm）。

② 《中葡论坛（澳门）常设秘书处第十一次例会在澳门举行》，2016年3月20日，中国—葡语国家经贸合作论坛（澳门）常设秘书处网页（http：//www. forumchinaplp. org. mo/11th-ordinary-meeting-of-the-permanent-secretariat-of-forum-macao-successfuly-held-in-macao/？ lang =tw）。

录》亦开启了中国和论坛葡语国家经贸合作新模式。①

2016 年新签署的《经贸合作行动纲领》以"一带一路"精神为引领,进一步拓宽合作领域、提升合作水平。新增产能合作、海洋合作、省市间合作等章节,丰富了贸易投资、企业间合作、基础设施合作、金融合作、农林渔牧业合作、发展合作、运输与通信合作、卫生合作等多个领域内容。与此同时,地方合作持续升温,内地兄弟省市均有通过澳门拓展与葡语国家发展关系的期望,冀望与澳门一道开拓发展潜力巨大的葡语国家市场。与第五届部长级会议同期举行的"企业家·金融家大会"出席人员约 900 人,会上进行了"中国与葡语国家企业家联合会"签约和揭牌仪式,大会还签署了 17 项中葡合作项目协议,涵盖中葡合作发展基金、投资及出口、渔业及生鲜食品加工等领域。

(四) 对澳门经贸带动方面

在论坛的推动下,澳门与葡语国家间的经贸关系也得到加强。澳门与多数葡语国家签署了金融合作备忘录,澳门的企业已活跃在所有葡语国家,澳门的商品经由葡语国家进入欧盟、南美、非洲市场。一些葡语国家企业来澳门投资办厂,进口巴西、东帝汶的咖啡,加工后借助 CEPA 的优惠政策进入中国内地市场,获得了丰厚回报。②

表 5 - 4 与表 5 - 5 中是近年来澳门与葡语国家之间经贸往来的情况。表中的数据表明,巴西和葡萄牙是葡语国家中与澳门特区经贸往来比较密切的国家。澳门与巴西贸易量呈现出上升的势头。因此,将澳门打造成中巴之间经济贸易往来的平台,于活跃澳门自身

---

① 《中葡论坛(澳门)常设秘书处领导与媒体见面会》,2016 年 10 月 14 日,中国—葡语国家经贸合作论坛(澳门)常设秘书处网页(http://www.forumchinaplp.org.mo/forum-macaos-secretary-general-ms-xu-yingzhen-meets-media/? lang = tw)。

② 《温家宝总理在中葡论坛第三届部长级会议开幕式上的致辞》,《澳门日报》2010 年 11 月 14 日。

的对外经济以及中国与巴西的合作均有重要的作用，能够推动三方共同获利。结合表 5 – 1 与表 5 – 2 的资料来看，就推动中国与葡语国家的经贸合作，澳门有相当的空间。在表中，除了巴西和葡萄牙之外，包括安哥拉、莫桑比克、几内亚比绍、佛得角以及东帝汶在内的其他葡语国家与中国内地以及澳门特区的经贸往来都相当有限，由于文化语言的同构性完全可以搭构起更广阔的交流空间，尤其是非洲的安哥拉和莫桑比克。中国目前是安哥拉最大的贸易进出口国，当下澳门特区与其贸易往来非常少，可见有相当的上升余地。有如前面所提，中国与安哥拉、莫桑比克、佛得角之间有着长期良好而稳定的双边关系，澳门特区可以在此背景之下更为充分地发挥其平台作用，推动双边和多边贸易。

表 5 – 4 　　　　　　2000—2016 年澳门特区对葡语国家出口额　　　　单位：澳门元

年度 国家/地区	2000	2001	2002	2003	2004	2005	2006
巴西	920218	1020083	348628	591841	523595	2583212	22639788
葡萄牙	61971702	41776844	25360258	33126376	21659191	16214802	7215473
安哥拉	—	—	—	—	4655073	—	—
莫桑比克	—	23	—	—	—	—	3601
几内亚比绍	—	—	—	—	—	—	—
佛得角	—	—	—	—	—	—	—
圣多美和普林西比	—	—	21809	—	—	—	—
东帝汶	—	23970	—	303087	20000	—	—
合计	62891920	42820920	25730695	34021304	26857859	18798014	29858862
澳门特区出口总额 （百万澳门元）	20380.42	18472.95	18925.41	20700.10	22561.08	19823.34	20461.27
葡语国家比重	0.31%	0.23%	0.14%	0.16%	0.12%	0.09%	0.15%

续表

年度 国家/地区	2007	2008	2009	2010	2011	2012	2013
巴西	6912844	10664329	446873	833074	1169234	262256	171812
葡萄牙	2744783	5569062	375940	385532	1097914	1648657	4096436
安哥拉	5441	2190684	—	1063785	1393239	1387585	—
莫桑比克	—	—	—	—	—	—	51071
几内亚比绍	—	—	—	—	—	—	—
佛得角	—	—	—	—	—	—	—
圣多美和 普林西比	—	—	—	—	—	—	—
东帝汶	—	—	12348	92610	—	—	—
合计	9663068	18424075	835161	2375001	3660387	3298498	4319319
澳门特区出口总额 （百万澳门元）	20430.57	16025.40	7672.54	6959.95	6970.93	8159.67	9093.90
葡语国家比重	0.05%	0.11%	0.01%	0.03%	0.05%	0.04%	0.05%

年度 国家/地区	2014	2015	2016
巴西	439587	15838	101706
葡萄牙	2376326	817819	5615439
安哥拉	—	—	—
莫桑比克	—	—	73505
几内亚比绍	329000	—	—
佛得角	—	—	—
圣多美和 普林西比	—	—	—
东帝汶	—	—	—
合计	3144913	833657	5790650
澳门特区出口总额 （百万澳门元）	9914.80	10692.1	10046.6
葡语国家比重	0.03%	0.01%	0.06%

资料来源：笔者根据澳门特区统计暨普查局"澳门对外商品贸易统计资料库"（http://www.dsec.gov.mo/NCEM.aspx）整理而成。

表5-5   2000—2016年澳门特区自葡语国家进口额   单位:澳门元

年度 国家/地区	2000	2001	2002	2003	2004	2005	2006
巴西	25556763	23228315	29963166	37993911	92630638	55031399	61513904
葡萄牙	94735834	98663705	95274905	86688852	115565397	105026442	132242774
安哥拉	36085	—	—	—	—	—	—
莫桑比克	—	—	1650	—	—	—	7028
几内亚比绍	—	—	—	—	—	—	—
佛得角	—	—	—	—	—	—	—
圣多美和 普林西比	—	—	—	—	—	—	—
东帝汶	—	—	—	26200	—	307238	634265
合计	120328682	121892020	125239721	124708963	208196035	160365079	194397971
澳门特区进口总额 (百万澳门元)	18097.56	19170.36	20323.39	22097.23	27904.02	31340.29	36527.30
葡语国家比重	0.66%	0.64%	0.62%	0.56%	0.75%	0.51%	0.53%

年度 国家/地区	2007	2008	2009	2010	2011	2012	2013
巴西	102786600	149965160	185107224	183765950	228396408	278191814	242239828
葡萄牙	151286943	171348115	135662359	134650990	184965499	237985051	208390398
安哥拉	—	175878	231042	10399	—	3102147	—
莫桑比克	2489004	—	—	1980400	4542000	—	8714
几内亚比绍	—	—	—	—	—	—	—
佛得角	583	14949	—	—	—	—	—
圣多美和 普林西比	—	—	—	—	—	—	—
东帝汶	2493250	1453795	1000	886029	30530	831871	114142
合计	259056380	322957897	321001625	321293768	417934437	520110883	450753082
澳门特区进口总额 (百万澳门元)	43113.86	43034.22	36901.98	44118.40	62288.89	70927.78	81013.50
葡语国家比重	0.60%	0.75%	0.87%	0.73%	0.67%	0.73%	0.56%

续表

年度 国家/地区	2014	2015	2016
巴西	330499185	323501393	389992659
葡萄牙	247613927	278261321	276146773
安哥拉	—	—	—
莫桑比克	53000	11862	—
几内亚比绍	—	—	—
佛得角	—	—	—
圣多美和 普林西比	—	—	—
东帝汶	—	—	—
合计	578166112	601774576	666139432
澳门特区进口总额 （百万澳门元）	89952.20	84663.2	71351.6
葡语国家比重	0.64%	0.71%	0.93%

资料来源：笔者根据澳门统计暨普查局"澳门对外商品贸易统计资料库"（http://www.dsec.gov.mo/NCEM.aspx）整理而成。

　　坚持实施"远交近融"的对外交往策略，充分发挥澳门与葡语系国家、其他拉丁语系国家、欧盟等密切联系的优势，努力提供优质商贸中介服务，进一步拓展特区发展空间，[①] 将自身打造成为跨区域的经济合作平台或桥梁，无疑是澳门进一步参与区域经济一体化的基础。近几年来，自从"中国与葡语国家经贸合作论坛"设立后，澳门的政府部门、民间组织及学术机构举办的相关会议和展览活动增多了，这跟澳门特区政府支持会展业发展的理念正好相互配合，形成良性的促进作用，有利于促进本地经济产业适度多元。这

[①] 《崔世安在第一届北京·澳门经贸交流洽谈会开幕典礼的致辞》，2012 年 9 月 27 日，澳门特区行政长官办公室（http://www.gce.gov.mo/read_news_page.aspx?lang=cs&newsid=865）。

段时间，澳门的城市品牌正日渐知名，不断吸引着世界各地的关注。"中葡论坛"的设立，以及相关的会议展览活动的举办，吸引了大量人流、物流及资金流，会展经济效应明显，会展活动的上游产业及下游产业分别被直接或间接地拉动起来。正如接受笔者的访谈时，来自几内亚比绍派驻中葡论坛常设秘书处的代表 MALAM 的一席话无疑道出了构建"中葡平台"对澳门的意义，他提到，"在1999 年澳门回归以前，我们很少听到别人提起过澳门。但是自从回归以后，澳门在中国和葡语国家之间担当了一个很重要的角色。正是因为有了这些出色的想法才能够有今天的论坛。我们有代表生活在澳门，这也能帮助我们增进多方面贸易合作，如采矿业和农业"。这充分说明"平台"的设立吸引了来自包括几内亚比绍在内的葡语国家的人、财、物。

此外，由于会展与产业基础之间存在互动关系，一方面会展依托于产业基础，反过来也促进产业基础的发展。有鉴于此，原本缺乏产业基础的澳门会展业，则借着"中葡论坛"的概念，使得许多会议展览活动增添了特色，并且具有了产业基础。例如：一年一度举办的"澳门国际环保合作发展论坛及展览"，均有来自巴西、葡萄牙等拉美及欧洲地区的国家参会和参展；每年 10 月举办的"澳门国际贸易投资展览会"均特别设立葡语国家市场推介会，以及专设"葡语国家馆""葡萄牙展区"以及以巴西为首的"拉美国家馆"等；各年不定时地由"中葡论坛"秘书处和澳门特区政府相关经贸部门，陆续在中国内地、葡语国家与其他国家及地区举办经贸合作及推介活动。①

此外，澳门特区政府以注资的形式与国家一起建立"中葡合作发展基金"，无疑标志着澳门在构建和发展"主权基金"制度上已

---

① 叶桂平：《再认识中葡论坛作用——写在第三届部长级会议前夕》，《澳门日报》2010 年 11 月 10 日。

迈出了可贵的第一步。① 该基金将专注于研究葡语国家市场现状及投资潜力，为赴葡语国家投资企业提供项目咨询、财务顾问，以能够真正帮助内地及澳门企业寻找在葡语国家的投资机会，以及帮助葡语国家有潜力的项目寻找到合适的合作伙伴。通过这个过程，将能为澳门培养出一批熟悉"主权基金"运作的人才，也能为特区政府带来宝贵的经验。

当然，前文已经谈到澳门作为葡语国家经贸合作平台的内涵相当丰富，并不能单纯从经济的角度来进行评价。从更全面的角度来考察中葡平台，它无疑树立了在中央的授权下，澳门依据自身的优势促进自身对外交往，以及为国家外交事业做贡献的先河及模板。②

（五）需要着重完善的方面

澳门自回归以来所发挥的平台作用虽然日渐显现，但总体的效果似乎仍不能完全令人满意，有着继续发展的空间。③ 2010 年 3 月全国政协澳门特区委员组成的调研小组完成了《关于加快打造中国与葡语国家经贸合作服务平台调研报告》。该报告显示，澳门平台作用初步发挥，但中国与葡语国家的贸易增加主要是国家层面主导的石油、矿产等，与中葡经贸论坛关系不大。而且中国内地、葡语国家对澳门特区平台作用的认知也不足，"双方业务较少利用澳门的中介服务；企业往来遇到语言障碍，不了解市场、政府政策及法律等；澳门的中葡双语人才不足"。④ 可见，澳门作为平台的作用在将来是需要着力提升和用心打造的，例如，这些认知上的缺失需要澳门自身加大宣传力度，不断扩大影响力，而不是在国家主导下

---

① 叶桂平：《澳门特区涉外事务权刍议及对"中葡论坛"作用再议》，《澳门经济》2011 年第 30 期，第 131—142 页。

② 叶桂平：《澳门特别行政区涉外事务权刍议》，《澳门日报》2010 年 9 月 15 日。

③ 郭永中：《澳门建设中葡商贸合作平台的战略思考》，《理论学刊》2011 年第 10 期，第 67 页。

④ 同上。

被动而行。可喜的是,通过访谈,作为澳门特区政府专责贸易投资的促进部门,澳门贸易投资促进局张祖荣主席表示已经意识到这些问题,并指出,"许多葡语国家还是对澳门不是很了解。我觉得在这方面我们需要继续努力。特别是在做推广工作上,是需要持续性的,不能说这些活动今年去了明年就不去。在葡萄牙,大部分的人都知道澳门这个地方,但是在巴西或者其他葡语国家,澳门的知名度仍待进一步提高"。由此可见,澳门还需要做更多的工作让更多的企业家知道澳门市场和澳门这个平台的存在。

第 六 章

澳门特别行政区对外关系的特色优势：
"世界旅游休闲中心" 的定位

澳门作为区域及跨区域经贸合作服务平台，无疑对吸引国际游客来澳具有很大的帮助，因此，特区政府提出 "世界旅游休闲中心" 的定位，期望利用对外关系优势，扩大与周边地区的区域合作，从服务中创造价值，实现 "远交近融" 的战略。

一 "世界旅游休闲中心" 的定位

《中共中央关于制定国民经济和社会发展第十二个五年规划的建议》中指出："支持澳门建设世界旅游休闲中心，促进经济适度多元发展。" 2010 年时任国务院总理温家宝在首次踏足澳门特区时表示，中央政府和特区政府已经确定了澳门今后经济发展的方向，就是要以休闲旅游为中心，经济适度多元发展，努力建成世界旅游休闲中心。行政长官崔世安在 2011 年澳门特区政府施政报告中亦指出："将以推动优质旅游城市的建设，提高旅游产品与服务质素作为工作目标，以配合本澳成为世界旅游休闲中心的发展策略。" 各个部门在施政纲领中，均将 "成为世界旅游休闲中心" 作为澳门最重要的城市定位及发展方向，显示此一定位备受执政者关注。

澳门建设世界旅游休闲中心，直接指明了澳门在区域经济发展中的分工。澳门作为世界旅游休闲中心，需要外围地区的配合支持。澳门作为一个微型经济体，无法独自承载世界旅游休闲中心的全部内涵指向和功能要求，延伸合作不可或缺。当然，这也意味着一份责任，就是带领周边地区旅游休闲业共同进步的责任。

二 澳门特别行政区作为"世界旅游休闲中心"的内涵

（一）"世界城市"的概念

随着国际贸易、资本流通、跨国企业与信息科技的迅速发展，全球化的实质影响随处可见，对个人、社会、经济、文化、宗教、价值观、环境、世界秩序及国家政府均已带来严苛的挑战。其中，城市作为国家之下的主要行政单位是人类文明的主要组成部分，亦是社会发展的重要标志。特别在当前全球化过程不断激化国家或经济体之间竞争的同时，城市间的竞争也越来越激烈。那么，究竟什么样的城市才可以承受得起"世界"这一代表该地区在社会、经济、文化、政治、科技等某一领域高度发展的形容词呢？地域狭小、资源有限、产业单一的澳门，能否跻身于世界城市之列呢？答案是肯定的。

首先，世界城市反映的不是城市在空间和人口上的规模，而是重在反映城市的国际化性质。众所周知，麦加是"世界最神圣的城市"、香港被誉为"世界金融中心"、卢森堡是"世界设计中心"、中国义乌以"世界小商品中心"享誉全球……这些城市，并不是拥有世界上最大的土地面积、最多的城市人口，也不是凭借丰富的物质资源、稀有矿产，它们了解自己的优势之处，结合政策支持和准确定位、不断参与国际化竞争，成为在文化、经济、社会领域直接影响甚至控制全球事务的城市，是全球城市体系中的世界级城市。澳门回归祖国以来，整体经济连年保持增长，尽管受国际金融危机的影响，澳门 2016 年本地生产总值约 3582 亿元（澳门元），人均本地生产总值为 55.46 万元（约合 6.94 万美元）[1]，在亚洲名列前茅。澳门的旅游业更是呈不断发展的势头，2016 年游客总人数超过 3000 万。《全球城市竞争力报告 2017》中，澳门在全球 505 个样本城市中居第 81 位；在 2006 年的柏林国际旅游交易会中，澳门被 26000 个当地旅游业界代表评为亚洲最具前景的旅游目的地。[2]

其次，一个城市具有某一世界意义的特色，或者作为特定产业在全球网络中的领跑者，或者在文化上有本身无可替代的特点，等等，就可以成为特定范畴的世界城市。澳门作为中西文化的枢纽，近 400 年中西文化交融形成了独特的澳门本土文化，这种文化在澳门的城市风貌、市井风情、社会结构等方面都得到体现。葡式堡垒、中式庙宇、巴洛克教堂和碎石仔路在澳门随处可见，成为吸引旅客宝贵且最具潜力的独特旅游资源。此外，澳门的休闲环境亦十分理想、旅游服务设施完备，特别是澳门精致的中西特色餐饮，深受游客欢迎，因此，澳门具有发展商务会展旅游的潜力。将来的澳门，应该是一个集娱乐、度假、观光、购物、美食、文化体验于一体的休闲旅游胜地，吸引的将是各个年龄阶层、各行各业的旅游人士。[3] 可以说，澳门已经具备成为世界旅游城市的诸多条件，是旅游休闲领域的佼佼者。

（二）"旅游休闲"的内涵

对"旅游休闲"内涵的清楚认识，可以弄清澳门可持续发展的要素是什么，同时有利于全面提升居民的生活质素、推动澳门进步以至实现城市愿景等。

---

[1] 数据来自澳门统计暨普查局网站（http://www.dsec.gov.mo）。
[2] 叶桂平：《澳门打造成为"世界旅游休闲中心"的政治经济分析》，《澳门新视角》2010 年第 6 期，第 1—7 页。
[3] 同上。

首先，休闲产业，就是为了满足人们日益增长的休闲需求而组织的产业。人们休闲方式不一，故旅游休闲一定包罗万象。随着社会生产力的提高，人们闲暇时间与可自由支配财富的增加，休闲、旅游成为人们的基本消费需求。如何丰富澳门旅游内涵，构建更具吸引力的旅游项目，如何从文化，历史甚至美食等方面进行宣传，把澳门建设成为综合休闲、娱乐、文化，适合一家大小的多元旅游城市，吸引高消费、长逗留的旅客群体，是澳门旅游业持续发展的关键。[①]

其次，旅游休闲具有不可忽视的产业带动性。西方媒体曾预言：发达国家 2015 年前后进入"休闲时代"，休闲、娱乐活动、旅游业成为新一波经济大潮。[②] 旅游休闲产业具有拉动内需的巨大潜力，还表现在旅游消费作为旅游业一种最终消费，对于扩大消费有直接拉动作用：餐饮、住宿、交通、游览、娱乐、购物、通信等一系列产业将被旅游消费拉动。

最后，澳门有条件发展休闲旅游。澳门有国际性音乐节、艺术节、格兰披治大赛车、美食节，还有因东亚运动会而筑起的不少运动场馆，可以举办大型体育节事活动。这些都是可以作为吸引人们来休闲旅游的广泛资源。再加上中央政策支持、启动横琴开发，更是锦上添花。

（三）"中心"的概念

中央和特区政府均为澳门明确制定了未来发展方向。但目前澳门的旅游业仍以博彩业为主导，发展旅游休闲中心的条件不足。澳门怎样才能发展成为世界旅游休闲中心呢？问题的根源并非在于土地资源有限，而是在于澳门的交通、航空、娱乐配套等方面均不足，要做到真正的"中心"，今后还须在以下方面下足功夫。

---

① 吕耀东：《打造澳门国际旅游休闲中心》，《文汇报》2009 年 3 月 18 日。
② 同上。

其一，完善对外交通连接系统。将不同客源市场的旅客带到澳门，感受澳门的多元文化及世界遗产特色，对交通、航空、轨道对接等方面做长远规划。

其二，重视长期宣传推广工作。将实际的宣传方案和文化项目相结合，推广澳门特色的中西文化及娱乐休闲元素，与内地及香港形成旅游特色方面的错位竞争。

其三，利用政策支持，尤其是航空政策的倾斜。鼓励旅行社及酒店和航空公司合作，以更为积极的态度去吸引国际游客来澳。

其四，加强旅游发展的基础建设，包括市内交通、非博彩性质的娱乐休闲项目等，进一步优化及丰富澳门的旅游产品，增加澳门旅游吸引力。

其五，重视人才培养及服务质素的提升。鼓励高校为澳门培养旅游行业的专业人才，进行服务业前线人员的优质服务培训，增强澳门旅游业的竞争力。

其六，进行公民教育。培养本地居民好客热情的态度，使他们投入澳门旅游休闲发展的长远规划中，并从中获益。

国家给予政策倾斜来支持一个地区的发展定位，是澳门自身发展的有利时机。时任国务院总理温家宝2010年视察澳门时强调，要把澳门建设成世界旅游休闲中心，应该做好三件事：一是要提高旅游休闲各项工作的质量，需要有强而有力的管理人才，而且要不断增添新的品种，如文化旅游，包括文化创意、动漫产业。二是澳门社会各项事业要均衡发展，其中特别要重视文化和教育。三是澳门要注意社会的和谐。打铁要趁热，政府亟须在打造世界旅游休闲中心方面订定切实的长远发展规划，化呼应歌颂为实际行动，将表面的文宣动作付诸实际作为，澳门的旅游业才能发展为真正的世界旅游休闲中心。

（四）"世界旅游休闲中心"的概念及特点

世界旅游休闲中心是一种依托于都市国际旅游休闲目的地的高

端形态，是文化包容与宜居、宜游的全球典范。其旅游休闲产业发达，综合服务体系完善，创新能力卓越，品牌影响力强大，客源国际化特征明显。旅游休闲与本地社会经济协调互动，是全球旅游休闲产业和区域经济发展的重要引擎。其应包含以下几项特点。

1. 国际化客源

世界旅游休闲中心的客源市场在地域分布和旅游目的等方面呈现出多元化特征，能吸引来自世界各地的游客。其旅游产品、服务项目和接待设施亦能满足不同文化、不同地域、不同旅行目的的游客。尽管中心周边客源往往居于主体地位，但中远程国际客源亦占有相当比例，并呈不断增长之势。

2. 世界级产业

世界旅游休闲中心，首先意味着拥有特色鲜明的旅游休闲产业体系。与世界加工中心、世界金融中心等有所不同，世界旅游休闲中心的建设与发展，源于对当地自然资源、文化特色、历史脉络、社会特征、区位特点、经济条件等的充分挖掘和科学利用。世界旅游休闲中心的具体业态、产品开发、服务项目、商业模式、旅游营销、城市营销乃至城市建设等都会围绕当地的特点和优势展开，构筑世界级旅游休闲竞争力，并在产品开发、服务创新和发展模式等方面具有引领作用。

其次，世界旅游休闲中心，拥有完善的产业要素、完整的产业链条和发达的产品体系。围绕旅游休闲这一核心产业，其土地、资本、技术、人才、信息等各类产业要素高度聚集、集约利用并协同发展，从而形成高度完善的旅游休闲产业链条。同时，作为世界级旅游休闲产品的汇集地，围绕人们的旅游和休闲需求，形成包括住宿、餐饮、景区景点、购物、娱乐、会展、旅行社、文化创意、中医药、商贸、旅游交通、教育及培训、咨询服务、艺术设计、金融、地产、通信、资讯、科技、传媒和现代物流等产业在内的完善的产品体系及相关支撑体系，为不同需求的游客提供组合型产品和服务，并不断创新旅游休闲产品形态和服务形式。

3. 高品质人居

与一般意义上的旅游目的地不同，世界旅游休闲中心具有较为综合和强劲的城市竞争力，而这种竞争力，尤以宜居竞争力为标志。也就是说，旅游休闲的发展，建立在充分关照当地市民需求、确保居民生活质量不断提升的基础上。一方面，当地居民应能享受到充足的休闲设施、完善的休闲服务，实现旅游休闲资源的旅居共享；另一方面，旅游休闲产业所带来的各种收益以较为公平的方式惠及广大民众，使其生活质量、幸福指数和生活满意度不断提高。唯民富、民享、民乐、民安之地，方可成为真正具有持久竞争力的世界旅游休闲中心。

4. 都市圈引擎

旅游与休闲产业具有极强的带动性和辐射性。因此不论自身体量大小，世界旅游休闲中心对其所在区域社会经济发展的带动作用都是极为明显的。世界旅游休闲中心通常以大都市圈为腹地支撑，其旅游休闲产业不仅是当地社会经济全面发展的根本动力，而且能辐射到更广大的都市圈区域范围，促进区域产业结构、基础设施等更加完善，推动区域经济的持续发展。

三　澳门特别行政区打造"世界旅游休闲中心"对粤澳区域合作的影响

为落实《珠江三角洲地区改革发展规划纲要（2008—2020年)》《横琴总体发展规划》《内地与澳门关于建立更紧密经贸关系的安排》（CEPA）及其补充协定，推进粤澳更紧密合作，推动广东科学发展和澳门经济适度多元发展，广东省人民政府和澳门特别行政区政府于2011年3月6日颁布了《粤澳合作框架协议》（以下简称《协议》）。《协议》着重指出合作定位方面要建设世界著名的旅游休闲目的地："以澳门世界旅游休闲中心为龙头、珠海国际商务休闲旅游度假区为节点、广东旅游资源为依托，发挥两地丰富历史文化旅游资源优势，丰富澳门旅游业内涵，发展主题多样、特色多元的综合性旅游服务。"从上述目标可以看出，打造澳门成为"世界旅游休闲中心"，一方面促进澳门自身的旅游多元化，以休闲、文化增强吸引力，推动澳门旅游城市的发展；另一方面，以澳门"世界旅游休闲中心"为龙头，有利于促进粤澳区域合作，在有效利用澳门优势资源的基础上，推动广东省产业升级发展，特别是为珠江口西岸地区的改革发展注入新鲜活力和强大动力。澳门定位成为"世界旅游休闲中心"，对促进广东省产业升级、发展综合性旅游，以及推动粤澳区域合作均起到助推器的作用。本节以澳门定位于"世界旅游休闲中心"为切入点，在区域合作的视角下，就澳门打造"世界旅游休闲中心"对粤澳区域合作的影响进行探讨。

（一）以澳门世界旅游休闲中心为龙头，带动粤澳旅游合作吸引国际客源

在澳门四大产业中，旅游业是粤澳最有意愿合作的项目，可达至互利共赢。《协议》明文表述：粤澳联合推广"一程多站"旅游线路，联合推出"澳门历史城区—开平碉楼—韶关丹霞山"世界遗产旅游专线，打造精品旅游线路。开发文化历史、休闲度假、会议展览、医疗保健、邮轮游艇等精品旅游项目，构建不同主题、特色、档次的多元旅游产品体系。同时还指出，要强化无障碍旅游区域建设，共建旅游产品营销网络平台，共同开拓海外旅游市场，吸引国际游客，互享国际客源。

可见，广东省内旅游资源均可与澳门互补。广东拥有的文化遗产、自然资源、度假设施均属于国际化程度不高的自然人文景观，澳门则拥有较多国际资本和高端旅游设施。而且，澳门作为我国最早见证中西文化交汇的地方，"澳门历史城区"于2005年列入世界

文化遗产，使澳门拥有的高端人文旅游资源进一步增强；2010 年熊猫来澳，拓展了澳门旅游休闲元素；在澳门能找到各式美食和各种商品，商业旅游资源充裕，加上政府多年来大力支持会展业发展，推动商务旅游和奖励旅游；最重要一点，蓬勃发展的博彩业为澳门吸引了众多国内外游客。澳门在不断打造"世界旅游休闲中心"的同时，与广东旅游资源形成产业互补、良性互动，从而产生"1 + 1 > 2"的效应，可为广东带来大批国内外游客。

　　会展合作方面，从展览的客源和货品的类型来看，澳门的展览集中于中高层次展品、国际顾客，并拥有"葡语国家"经贸平台的优势；广东会展虽先于国内其他省份起步，但展览多集中于内地客源和市场。因此两地的互补性很强，可以利用澳门的"平台"优势联合申办国际知名展会和综合展会，从会展规模、类型、目标客户等方面错位发展，形成互补的会展产业集群。共同宣传推介大珠江三角洲国际会展品牌，开拓欧盟、东盟与葡语国家市场。

（二）澳门发展文化创意新亮点，促粤澳第三产业合作契机

　　珠三角的人均生产总值已经超过 1 万美元，已经到了发展的转折点，需要选择下一阶段方向，就是优化第二产业，发展第三产业。因此，澳门发展文化创意新亮点也为粤澳合作带来了契机。在制造业方面，虽然内地拥有土地空间广阔、人力资源廉价的优势，但是一头一尾，如设计、接单、销售、融资等，仍需要澳门的大力帮助。尤其是澳门正在大力推动文化创意产业的发展，如果能够成功，将带动大批广东相关制造产业发展。

　　澳门目前大力发展的文化创意产业，绝对有可能成为经济新亮点。广东省立志建设文化强省，在这方面可以与澳门联动互补，发展具有岭南特色、中西融合的文化品牌，培育国际化文化经营机构。澳门的企业可以投资珠海的南方影视基地、珠海南方文化产业园、广东动漫城等广东文化产业园区，为广东的产业升级带来资金

支持。

近年澳门博彩税收屡创新高,特区政府财政收入大幅增加。截至 2016 年年底,特区政府财政储备超过 4300 亿澳门元,其中超额储备 3000 亿澳门元。特区政府可从超额储备中拨出一定比例做更有回报的投资,例如与广东省合作开发横琴,建设横琴园区,可以成为一项广东与澳门双赢的举措。澳门的充裕资金,有条件进行多元化投资,可以为粤澳深度整合提供经济保障,相信横琴岛的开发将是澳珠整合的历史契机。

(三)澳门大学建横琴新校区,为粤产业升级转型培训人才

中央和特区政府均为澳门明确制定了未来发展方向,澳门为了做好"世界旅游休闲中心",一直重视人才培养及服务质素的提升,鼓励高校培养专业人才,进行服务业前线人员的优质服务培训。澳门大学横琴新校区项目,为该大学提供广阔的发展空间,对于促进澳门文化事业和澳门产业适度多元化的发展起到重要作用。

横琴是珠江口西岸的发展热土,是推动粤澳各领域合作的重要载体和平台。在横琴建设澳门大学新校区既是中央政府的决策结果,也是粤澳双方更紧密合作的重要成果。澳大先期入驻横琴岛,有接衔两地横琴开发,促进澳门和内地产业、教育合作的妙用,同时,澳大的进驻将会为横琴提供很好的智力支撑,也有利于横琴高新科技产业的发展,为广东产业升级、转型培育大批高端人才。

广东面临产业升级转型,需要大量高端人才,包括技术人才、旅游专才、高质素服务人员等,澳门大学进驻横琴可为内地提供人力资源、成为新的人力培训中心。横琴校区可以培训专业人才、提供在职人才培训等服务,提供多元化、有针对性的培训;而培训手法不仅限于课堂形式,可包括不同的形式渠道和媒介,例如出入境放宽政策,方便内地人来澳门服务业部门实习,出席业界交流会

等；澳门亦可以发挥国际平台优势，邀请海外专家来澳演讲；同时，根据《粤澳合作框架协议》，在横琴就读澳门大学的广东籍学生可以优先获得奖助学金。澳门应凭借政策支持及明确定位，大力开拓，做好人力资源、人力培训中心的角色，配合支持广东省发展的人才需求，同时吸纳内地人才来澳接受培训，达至双赢。

总的来说，在粤澳合作方面，两地政府已建立了每年的粤澳合作联席会议制度。与此同时，澳门已通过与国家发改委、国务院港澳办、中央有关部委、广东省有关部门的对口会议，进行政策磋商对接。随着《粤澳合作框架协议》以及年度重点工作的有序落实，粤澳两地在经贸、基建、会展业、旅游业、服务业、金融业、中医药、文教等各个领域的合作还可进一步加强。同时，澳门可加快完善和强化施政部署，使"一中心、一平台"的发展定位与广东自贸区政策有机对接，有效形成叠加效应和政策红利。

当前，区域融合发展已是潮流所趋，澳门亦不能故步自封，必须善用自身独特优势，融合区域协同发展，以迎来新的发展机遇。特别是作为历史上丝绸之路的重要起点，澳门特区在国家"一带一路"建设中，更要善于抓住难得的机遇，既要当好"中葡平台"，也要考虑自身如何契合经济适度多元的需要。2017年3月，李克强总理在《政府工作报告》中首次提及粤港澳大湾区城市群发展规划，笔者认为，在国家制定大湾区城市群发展规划中，如能拿捏准确澳门的定位和今后发展的切入点，这对澳门今后长远发展具有很深的意义。接下来，澳门最需要做的是，充分发挥自身的世界旅游休闲中心和中国与葡语国家商贸合作服务平台（"一中心、一平台"）的独特优势，努力提升在国家经济发展和对外开放中的地位与功能。[1]

---

① 《中评两会专访：叶桂平谈澳门与粤港澳大湾区》，2017年3月8日，中国评论通讯社（http://hk.crntt.com/crn-webapp/touch/detail.jsp? coluid = 2&kindid = 0&docid = 104602003）。

四　特区政府推动旅游休闲产业发展的政策与措施

2011 年 11 月 15 日，澳门特区政府行政长官发表的《2012 财政年度施政报告》中，专门就世界旅游休闲中心的内涵，从概念、要素、特质、内容及层次等方面，提出了具体的参考性内容。总体而言，世界旅游休闲中心应该是一个以休闲产业为主导、以旅游业为中心产业而发展起来的城市。同时，在以休闲旅游为核心的基础上，整个城市应该体现宜居、宜乐、宜游等内容，拥有国际性和多元化的游客，提供具有世界水平的服务，其城市文化具有世界包容性，并能实现可持续发展。

世界旅游休闲中心是一个综合性的概念，其内涵十分丰富，本身应具备休闲度假、文化创意、会展展览、娱乐体验等多元功能，这与特区政府所赋予的内涵是一致的。实际上，这个定位的提出，最终目的是实现澳门社会和经济的可持续发展、居民的安居乐业和外地游客的舒适和满意。[1]

（一）保持旅游业的发展，支持会展奖励旅游

为促进旅游业的健康发展，特区政府将严格实施与国家旅游局共同达成的《内地居民赴澳旅游组团社与地接社合同要点》，进一步对市场做出规范指引，保障来澳旅客的权益，发展诚信与优质的旅游。持续完善旅游行业的法律法规，加强旅游从业人员的培训；采取各项必要措施，确保《禁止非法提供住宿》法律的有效实施。

此外，为了配合世界旅游休闲中心的建设，澳门鼓励兴建经济型的酒店，积极推广优质旅游、会议展览活动与综合性旅游。在此基础上，将节事活动发展成为澳门特色的旅游产品，呈现澳门多元

---

[1]　陈子夏：《打造世界旅游休闲中心——"澳门旅游休闲产业发展策略研讨会"综述》，澳门旅游休闲产业发展策略研讨会，2011 年 11 月 18 日。

旅游风貌。例如，澳门特区陆续举办多项盛事和节庆活动，如：澳门国际烟花比赛会演、火树银花嘉年华、澳门格兰披治大赛车、澳门美食节、妈祖文化旅游节，等等。

（二）投入大量人力物力，完善休闲环境配套

特区政府投入大量人力物力，致力于为旅客和居民提供更舒适、更便捷的对外交通，这是建设"世界旅游休闲中心"不可或缺的一环。特区政府将继续完善海上客运和设施管理，加强航空安全并提升服务质量，处理澳门国际机场债务问题及订定未来的发展计划，为澳门的航空业发展开拓更广阔的空间。

目前，澳门整体治安环境相对稳定，因应社会的迅速发展和建立世界旅游休闲中心的需要，特区政府将进一步强化保安范畴的人力资源和警务科技，加强小区警务，打击新型犯罪，应对新的挑战。

在完善休闲环境配套方面，会广泛研究旅游交通、口岸设施、的士服务等方面，提升现有的服务水平、优化硬件设施、美化旅游环境，为游客营造一个无障碍的旅游休闲目的地。

（三）完善行业管理职能，塑造崭新旅游形象

为实现澳门成为世界旅游休闲中心的发展目标，特区旅游部门未来将重视优质旅游服务的建设，给赴澳游客满意的旅游体验。除了严格履行行业管理职责，适时调整监管措施，确保旅游设施符合高标准的质量要求外，还会致力于塑造崭新的澳门形象，向业界宣传优质服务的重要性。并建立全天候旅客支持机制，为求助游客提供及时协助。

在提升服务质素方面，还会加强与国内外旅游业及培训机构的合作，持续改善澳门旅游质量管理，建立旅游业服务质素评估系统。

（四）拓展区域合作层面，打造国际旅游平台

在旅游区域合作方面，澳门透过进一步深化国际合作，发挥澳

门密切联系各类国际旅游组织的优势，与内地各省区共同加强面向"一带一路"沿线国家的旅游；利用好联合国世界旅游组织支持澳门建设的"世界旅游培训中心"，为内地省区旅游人才提供专业培训与服务，培养更多精通"一带一路"旅游服务的专业人才。澳门积极与泛珠省区探讨开展综合旅游合作，携手整合旅游资源，持续开发"一带一路"相关旅游产品，打造泛珠"一程多站"优质旅游品牌。在粤澳合作方面，联合推广"一程多站"旅游线路，联合推出"澳门历史城区—开平碉楼—韶关丹霞山"世界遗产旅游专线，打造精品旅游线路。

会展合作方面，从展览的客源和货品的类型来看，澳门的展览集中于中高层次展品、国际顾客，并拥有"葡语国家经贸平台"的优势；广东会展虽先于国内其他省份起步，但展览多集中于内地客源和市场。因此，两地的互补性很强，可以利用澳门的"平台"优势联合申办国际知名展会和综合展会，从会展规模、类型、目标客户等方面错位发展，形成互补的会展产业集群。共同宣传推介大珠江三角洲国际会展品牌，开拓欧盟、东盟与葡语国家市场。①

五　澳门特别行政区旅游休闲产业发展展望

澳门具备成为世界旅游休闲中心的条件，加上政策的大力支持，相信在特区政府及业界的共同努力下，澳门这个美丽的城市会稳步走向世界，世界各地的游客也会越来越多地来到澳门。当然，"罗马非一日所能建成"，澳门需加大推动经济适度多元，改变世人对澳门只有赌场的片面认识；需要下大力气进一步提高软硬件条件和服务质量；需要以区域合作的精神，把握住深化与内地和香港共同发展的大好机遇，破解土地和人力资源的瓶颈，等等。要达到目标，必须找准澳门旅游休闲产

---

① 王心：《世旅休闲中心与区域合作互动》，《澳门日报》2011 年 7 月 6 日第 F02 版。

业未来的发展方向，找出今后各界的工作重点。

（一）淡博彩，重休闲

20 世纪 90 年代起，俄罗斯、越南、柬埔寨、缅甸、朝鲜、中亚五国、尼泊尔、日本等国家先后开放赌禁。世界博彩业"爆炸"，尤其是近年来亚太地区国家纷纷开赌，如新加坡的圣淘沙等，使原本在整个亚太地区博彩市场上"一城独大"的澳门，强烈地感受到暴风雨来临的危机，迫使一直依靠博彩业求生存的澳门必须从根本上调整自己的旅游业发展战略。目前，澳门的首要任务就是加大推动经济适度多元，淡化赌城形象，把澳门建设成为真正意义上的世界旅游休闲中心。

回归以来，在中央政府的支持下，澳门积极开展对外交往，现任行政长官崔世安与前任行政长官何厚铧多次成功出访，近年许多外国政要访问内地后特意要加上澳门这一程。连续五届中葡论坛在澳门成功举办，中国与葡语国家领导人与会；在上海世博会上，澳门馆充分展示了澳门中西多元文化交融特色。这些都是在为提升澳门的国际知名度和影响力、淡化赌城形象做努力。

在今后的形象重塑方面，澳门要营造和谐美好的社会氛围、改善本地生活和自然环境。如果把澳门当作一个大景区来看，澳门未来的定位应该是一个景城，这个景城的社会氛围和环境是和谐与悠闲的，在这里生活至上、质量至上、幸福至上，澳门要发展成为世界知名的时尚之都、浪漫之都、引领之都，将国际形象由赌城提升为深受游客喜爱的旅游休闲目的地。

（二）小澳门，大文化

一说起澳门，就让人联想起土地面积狭小、旅游资源匮乏，自然景观有限、半天可游澳门十景。但是，在这个弹丸之地，产生了"一国两制""赌权开放"的奇迹。澳门特区政府经济财政司司长谭伯源在接受访谈时就多次表示，澳门是一个世界经济奇迹。"一国两制"可以说是"前无古人，后无来者"的制度创新与领导智慧，实际上也是中华民族的一种"文化的包容"；"赌权"的开放不仅是一种商业模式，其中还蕴含着"文化的开放"。此外，400年的殖民历史使中西模式相互融合，为澳门在这方面积淀了更多经验，使澳门中西合璧的特色越加散发出诱人的魅力。可以说，澳门虽然地域很狭小，但是文化很丰富，澳门未来的发展方向应该从景观休闲转向文化休闲，或者说更有意义的应该是一种多元文化下的生活休闲。

（三）讲融合，求创新

澳门除了拥有葡萄牙文化和中国文化，400年的文化融合过程，已经培育了一种独特的澳门文化，这种澳门文化到底是什么？未来的发展中要把这个文化明确出来，那就是融合、创新。

融合是一个历史过程，是鉴于澳门所处的地理位置和整个的地缘所形成的影响。未来的澳门也是要走融合的发展道路，在旅游休闲方面与广东、香港合作共赢，形成错位发展。

创新是澳门发展的必经之路，澳门这样的位置和产业结构要求必须创新，现时澳门的文化创意产业虽然发展的如火如荼，但是没有科技支撑，还未形成产业。融合与创新将是澳门未来发展的突破口。

六 构建"世界旅游休闲中心"需要澳门重视自身的对外关系策略

现时，澳门特区入境客源市场分布广泛，客源市场既包括中国内地、香港特区、中国台湾等大中华市场，也囊括韩国、日本、马来西亚、新加坡等亚洲地区以及北美洲、欧洲、澳洲等国际市场，呈现出多元化特征。与此同时，澳门入境客源市场也表现出较高的集中度，在澳门入境旅客中，中国内地、香港和台湾分别是澳门前三大客源市场，2016 年来自上述三地旅客占澳门入境旅客总量的 90.3%，澳门旅游业的高速增长很大程度上根源于大中华市场的发力。

　　而在国际客源方面，澳门国际客源市场一直未停止增长，发展潜力明显。来自印度尼西亚、印度、马来西亚、韩国、新加坡、泰国、菲律宾、澳洲等国家和地区的入境旅客年均增长率遥遥领先，展现出很大的开拓潜力和发展前景。另外，据联合国世界旅游组织预测，美洲和欧洲在未来十年仍然是国际旅客数量最大的地区[①]，由此，尽管因来自美洲及欧洲的入境旅客的基数比较高，其年均增长率低于印度尼西亚、菲律宾等国家，但美洲和欧洲的游客市场未来依然具有极大增长潜力。

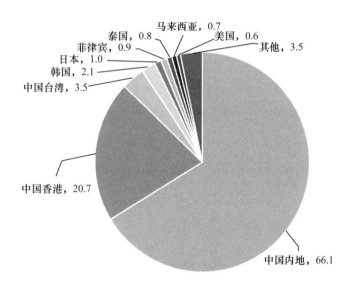

图 6 - 1　2016 年澳门旅游客源（按原居地）市场结构

资料来源：笔者根据澳门统计暨普查局数据绘制。

---

　　① UNWTO Tourism Highlights（2013），UNWTO，http：//dtxtq4w60xqpw. cloudfront. net/sites/all/files/pdf/unwto_ highlights13_ en_ hr_ 0. pdf.

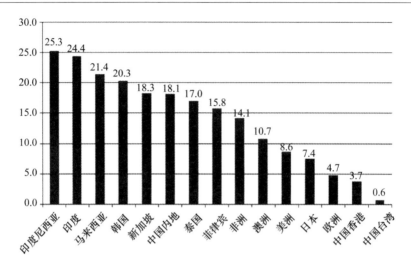

图 6 - 2　1999—2016 年澳门主要客源市场游客（按原居地）年均增长率

数据来源：笔者根据澳门统计暨普查局公布的历年入境旅客统计数据计算和绘制。

　　长远来看，澳门要建设成为"世界旅游休闲中心"，保证旅游市场国际化程度的提升是重要的一环。入境旅客的增长固然重要，但从严重依赖大中华市场的增长转变到更多地依靠非大中华市场的增长，尤其是来自美国、加拿大、英国、法国、德国等欧美市场，以及俄罗斯、印度及中东地区等新兴市场的增长才是重中之重。当然，要进一步拓展来自欧美和新兴市场的外国游客，以下几个方面的措施都需要澳门特区政府及社会加强审视其对外关系和交往策略。

　　首先，开放航权问题。解决机场仅有 8 条国际航线，国际通达性不足的问题，借此吸引及支持新航线、新客源，特别是 4—6 小时内航线的国际城市的客源。力图与洲际主要客源地实现国际航线"直达化"，以及与内地和周边客源地做到航班"公交化"。其次，签证问题。源于欧盟"申根公约"的规定，澳门特区与多数欧盟国家实现了互免签证措施，但是一些新兴市场国家与澳门特区仍未有互免签证协议，未来需要中央政府和澳门特区政府相关部门进一步积极去拓展，尽可能消除旅游中所遇到的签证障碍。最后，法律问题。由于在拓展国际旅游活动中，常常会伴随一系列如洗黑钱、贩卖人口、走私等跨境犯罪活动，以及涉及跨境的旅游纠纷问题，无不为澳门特区的对外关系策略的制定提出挑战。

第 七 章

澳门特别行政区对外关系的新挑战：
外国势力的介入

从宏观的国际关系角度来看，回归后澳门的一大转变，就是对外关系由以前是葡萄牙外交政策的一部分，变成为中国外交政策的一部分。由此，澳门问题也很自然地成为西方国家，尤其是美国，影响中国的一个筹码。本章重点探讨回归以来美国对澳门事务的介入。

一　回归前的澳美贸易风波

回归前，澳门本身并无外交权，西方国家如美国也甚少利用澳门问题与中国打交道。严格来说，只有回归前夕的澳美纺织制衣业贸易纠纷，或多或少涉及中美两国的外交斗争。[①]

澳门的纺织制衣业自第二次世界大战后兴起，并在 20 世纪 60 年代进入迅速发展时期。然而自 90 年代以来，澳门依靠配额的出口加工业的发展模式却屡屡受到挑战，尤其是 1998 年美国海关对澳门输美的成衣突然实施新的产地来源证规定，顿时令澳门的纺织制衣业出口失去竞争优势。此事对澳门震动很大。经过澳葡当局与

---

① 戴子熙：《浅析美国对澳门关注的新动向》，《港澳观察》2011 年第 12 期，2012 年 2 月 15 日，http://www.tiandainstitute.org/cn/article/1219_1.html。

美方近一个月的接触与谈判，双方达成一份谅解备忘录，澳门做出让步，配合美方来澳门检查工厂，澳美贸易风波才告一段落。

澳门输美的纺织品长期以来确实存在将内地工厂生产的货品当成澳门制造的产品来出口的现象，这点澳门与美国都是心照不宣的。但所谓非法转运的问题，在其他许多地方如中国香港地区、中国台湾地区和越南等地都存在。澳门输往美国的纺织品只占美国成衣进口比例的少数，对美国成衣市场来说，影响实在太小。美国选择在这个时候向澳门开刀，一方面因为当年是美国的大选年，美国政府意图向国内做出交代；另一方面则是希望对当时即将举行的中美知识产权谈判施加影响。综观事件的整个过程，可以说是美国强权政治的产物。这也是美国首次利用澳门问题向中国施压。①

澳门在 1999 年回归祖国后，由于经济转型，许多制造业都转移去了劳工成本廉价的珠三角地区，曾经是澳门的支柱产业之一的制衣业，重要性也日益下降，难以再成为中美之间的外交事件。反而，随着澳门 2001 年开放赌权，美国和澳门的经贸关系变得极为重要，博彩行业开始成为中美外交的新焦点。

二　回归后美国加强介入澳门特别行政区事务的原因分析

据美国前驻港澳总领事杨苏棣 2011 年 5 月 20 日出席美国商会一个公开活动时透露，"参议院多数党领袖里德及其他九名重要参议员访问香港及澳门，对此我们非常欢迎。这个访问比我列出什么统计数据都更能说明澳门对美国的重要性。过去几年，我们已进入了一个新的时代，澳门不仅是美国投资的重要目的地，亦是和美国有许多共同利益及共同关注的合作伙伴。我们领事馆因应双方关系

---

① 戴子熙：《浅析美国对澳门关注的新动向》，2012 年 2 月 15 日，《港澳观察》2011 年第 12 期（http://www.tiandainstitute.org/cn/article/1219_1.html）。

的快速发展，也不断增加与澳门的接触，我的同事几乎每天都要搭乘渡轮前去澳门，与澳门特区政府及商界人士会面。美国在澳门直接投资近 100 亿美元，在外来投资者当中，仅次于香港。除投资以外，美国的营商经验亦为澳门的成功做出贡献。美资企业为上万澳门当地居民提供就业机会。美国商会澳门分会发展迅速，现有会员超过 100 人。居住在澳门的美国公民人数增长近两倍，达 4000 多人；澳门经济持续快速增长，商机不断。"①

从杨苏棣的致辞可以大致窥见美国加强介入澳门事务的原因。

（一）美国政府对澳门的兴趣越来越大

首先，美国一向关心国民在海外的利益。澳门引进美资集团后，许多美国人在澳门工作。根据澳门 2001 年及 2011 年的人口普查，2011 年美国/加拿大出生的人口有 2200 多人，约是 2001 年的两倍，由此反映出住在澳门的美国公民人数较澳门回归前增加不少，美国政府加大对澳门特区的关注，美国外交官员定期和居住在澳门的美国公民交流，了解他们有什么需要，然后再向澳门特区政府反映，实属正常。其次，美国商会的澳门分会发展迅速，当中的金沙和永利集团均是美国上市公司，对美国社会有一定影响力，这也迫使美国政府不得不关注澳门事务。由此也就不难理解，在香港的美领馆人员几乎每天都要前去澳门，与澳门特区政府及商界人士会面。2010 年更一度传出美国政府曾向中国政府提出要在澳门设立领事馆的要求。②

（二）美国势力对澳门的影响越来越大

澳门自然资源贫乏、内部市场狭小，这些因素制约着澳门经济

---

① 《美国驻港总领事杨苏棣美国商会致辞》，2011 年 5 月 20 日，美国驻港总领事馆（http：//chinese. hongkong. usconsulate. gov/cg_ sy2011052001. html）。

② 《浅析美国对澳门关注的新动向》，2012 年 2 月 15 日，《港澳观察》2011 年第 12 期（http：//www. tiandainstitute. org/cn/article/1219_ 1. html）。

的发展，也导致澳门经济对外依赖性极高。目前澳门博彩业已形成美国资本和本地资本两分天下。在新批出的六块赌牌中，有两块半属于美国资本。美资企业为上万澳门当地居民提供就业机会，但也带来一些负面影响。

就赌场收入而言，根据澳门博彩监察协调局公布的博彩企业业绩，2016 年外资博彩企业博彩收入约占 58.1%，其中美资约占 42.6%。而外资赌场雇用的员工人数，占澳门博彩业从业人员的 60%。美资的大举进入，对澳门的经济和就业产生了举足轻重的影响。美资进入澳门博彩业，一方面带来了先进的管理理念，另一方面也使澳门人产生了几分担心。澳门的一些舆论认为，澳门作为一个微型的经济体，其格局有自己的特殊性，经济比重的倾斜会使澳门的发展失去平衡，而且美资企业影响大增会使其谋求更多的"话语权"，从而改变澳门的政治格局和文化生态。

三　美国势力干涉澳门特别行政区事务的事例

澳门有不少人对美国资本的进入忧心忡忡，担心美国财团实力雄厚，将来会操纵澳门的赌业市场，进一步影响澳门的政治和特区政府的管治权，甚至影响澳门"一国两制"的实施。这些担心并不是没有道理。以古巴为例，古巴在 1959 年革命前，美国资本和黑帮操控哈瓦那的博彩与旅游业，结果便是古巴的政治主导权逐渐被侵蚀。在接受笔者的访谈时，暨南大学国际关系学院的陈奕平教授提到，"自从博彩业开放后，愈来愈多的美资企业进驻澳门，与此同时，来自不同国家的雇员们也随着企业来到澳门工作、生活，这些雇员中不乏拥有 CIA 背景的人。大量外籍人员的涌入也给澳门社会治安带来不小的挑战"。事实上，近年美资博企在澳门发展迅速，在社会经济中的地位日益突出，也必然会提高话语权。下面对过去几年美国势力干涉澳门的事例进行分析。

（一）汇业银行事件

前文已述及"汇业银行事件"，2005 年 9 月初，美国《亚洲华尔街日报》报道，一名朝鲜变节人士向美国政府提供资料，指朝鲜利用设于澳门的朝光贸易公司进行一些非法活动，并通过澳门的汇业银行及诚兴银行处理非法活动的收益，为朝鲜核计划筹募经费。①

9 月 15 日，美国财政部点名指称澳门汇业银行为朝鲜客户洗黑钱、协助伪钞流通等支持恐怖主义活动，是需要"首要注意的洗黑钱机构"，建议美国公司断绝与该银行的任何联系。随后，汇业银行发生挤兑，在短短两天被提走了 3 亿澳门元，占汇业总存款额 1/10。

汇业银行在澳门有 8 家分行，面对美国财政部门主管言之凿凿的指责，汇业银行辩称自 20 世纪 70 年代开始，一直与朝鲜银行及贸易公司维持纯粹的商业银行关系，而这些业务关系一贯公开，并为澳门特区金融管理局及美国不同政府部门所知悉。

9 月 16 日凌晨，澳门特区政府发表声明，表示对事件高度关注，成立专责小组调查。晚上，时任行政长官何厚铧以"汇业银行的客户提款出现严重不正常情况"为理由，引用"金融体系法律制度"，委派大西洋银行澳门分行总经理苏钰龙及澳门金融管理局内部审计办公室副总监李展程，参与汇业银行的管理，以巩固公众对金融体系的信心。香港金融管理局则首次引用 1995 年生效的"银行业条例"，宣布委任毕马威会计师事务所合伙人彭博伦（Paul Brough）为经理人，接管香港方面的服务，与母公司的资产分割。②

美国对朝鲜策略向来是一手软一手硬，一边谈一边压，"汇业

---

① 纪硕鸣：《美国势力渗透澳门》，《亚洲周刊》（香港）2005 年 11 月 13 日。

② 资料来源：《澳门汇业银行欢迎特区政府派员参与管理》，2005 年 9 月 18 日，新华网（http：//news. xinhuanet. com/fortune/2005-09/18/content_ 3505962. htm）。

银行事件"属后手。由于有关事件发生在 2005 年 9 月第四轮六方
会谈之前，由此显示出美国要在谈判前封锁和打击朝鲜的融资网
络，截断朝鲜的部分财政来源，从而逼迫朝鲜让步。就在第四轮六
方会谈达成"共同声明"前夕，国务卿赖斯 9 月 15 日威胁说，会
谈几天内再没有成果，美国就会冻结朝鲜从事核扩散的资产和机
构。而美国财政部同日即指澳门汇业银行为朝鲜洗黑钱，摆出已掌
握朝鲜融资网络的姿态。

　　2007 年 3 月 14 日，美国财政部所属"打击金融犯罪执法
网络"代理主任威廉·贝蒂签署通过了代号 4810—02P 的"对
汇业银行实施特别强制措施"的动议案，将 2005 年 9 月 15 日
出台的该议案中"拟定措施通知"转变成"正式决定"。"汇业
银行事件"扰攘了 18 个月，最终美国以国内法确定了澳门汇业
银行对朝鲜客户透过户口洗黑钱视而不见的性质，并就此决定
禁止所有美国金融机构同汇业银行的往来。此次对汇业银行的
"正式决定"同样又发生在第六轮六方会谈前夕，美国可谓故
技重演，"汇业银行事件"已经演化成美国人手中的一副牌。①

（二）《博彩信贷法》的制定②

　　在澳门，由于立法会制定了赌场借贷法律，因而赌场借贷
在澳门是合法的，追债是属于民事范畴（当然，倘有禁锢事件
等以至使凶杀事件发生，则属于刑事性质）；而在内地，不管
是赌博行为，还是因赌博引起的追债行为，都是刑事犯罪行为。
不管是否属于跨境犯罪，都凸显了澳门与内地的法律冲突的
问题。

---

　　① 郭观：《澳门"汇银事件"的来龙去脉》，《紫荆》杂志网络版（http：//www.
baumag. com. hk/BIG5/channel3/04/0407. html）。

　　② 永逸：《从两则罪案新闻看设赌区际刑事法律冲突》，《新华澳报》2012 年 7 月 16
日。

　　澳门立法会制定赌场借贷法律的原因，在很大程度上是由于美国博企永利与美国官方合作向澳门特区施压的结果。实际上当年永利参与赌牌开投获得其中一个博彩经营权之后，在较长的时间内按兵不动，以担心非官方借贷系统会严重影响赌场的正常运转为由，要求特区为赌场借贷立法，给予包括地下钱庄在内的赌场借贷合法化。尽管澳门特区做出了巨大的让步，立法会通过了《博彩信贷法》，但永利仍然有进一步的要求，那就是可以用无法收回的贷款顶替税收，并声明如果不答应就不开门营业。时任美国驻港澳总领事祁俊文也公开说美国方面希望澳门立法会通过《博彩信贷法》的同时，也促请澳门特区政府颁布一个新的法案——允许赌场对未收回的贷款做撇账减税处理。他的言论片面地强调维护美国商人的利益，忽视了公平性、合理性，并且缺乏对澳门特区政府的尊重，超越了外交官的身份，逼使澳门特区政府和立法会为了一个企业的项目制定法律。

　　永利和祁俊文一唱一和，所要"促请"澳门特区尽快通过的两项法律制度，其中的"博彩借贷非刑事化"及"可循司法途径追讨赌债"的核心内容，与中国内地的相关法律制度是存在法律冲突的。尤其是在内地面向港澳实行居民"自由行"政策之后，澳门各家赌场内地赌客的比例大幅提升，因而内地游客在澳门进行赌场借贷的概率，也就必然随之提高。然而，按照内地的法律制度，不但赌博属于犯罪行为，而且金融体系外借贷也属非法行为；倘因赌场借贷而实施禁锢追债，更须负刑事责任。但在澳门特区按照永利的要求进行立法之后，在澳门特区与内地已建立司法合作制度及打击跨境犯罪活动机制之下，在澳门被视为合法的追收赌债行为，跨境到了仍将此类行为视为非法的内地实施，就形成了区际法律冲突问题。

（三）美国发表的"人权报告"①

美国每年都会发表"各国人权报告"，近年来都有一定篇幅涉及澳门。

这个所谓的"人权报告"，完全忽略了澳门特区政府任何部门，包括执法和司法部门处理所有事件都是依照法律，确保澳门市民和外来者的合法权益的事实，具有刻意放大问题之嫌。整份报告充满傲慢与偏见，正如外交部驻澳门特派员公署以及澳门特区政府所指出的那样，罔顾事实，并对属于中国内政的澳门事务说三道四，因而应当坚决反对。

（四）美资公司曾向高层官员施加压力②

金沙中国的前行政总裁翟国成（Steven Jacobs）在美国控告前东家，表示自己因为不愿恐吓澳门官员与多间中资银行，结果被公司解雇，要求金沙集团赔偿 1000 万美元。

此案源于澳门特区政府 2010 年年初宣布严格限制赌台数目，又加大限制外劳人数，影响金沙中国在澳门扩张业务。

这宗官司，本来是私人与企业之间的官司，但由于诉讼内容涉及澳门特区政府，包括金沙集团总裁艾德森责令翟国成向澳门特区政府高官施压，及秘密调查澳门特区高官的个人品德等，这就对澳门特区的形象构成伤害。翟国成的指控内容，完全是境外势力（不管是商业势力还是另外的什么势力）直接插手干预既是属于中国的内政，又是属于中国澳门特区高度自治事务的澳门特区政府的管治权力。

---

① 永逸：《美国对澳门人权报告充满傲慢与偏见》，《新华澳报》2013 年 4 月 24 日。
② 永逸：《美国政商势力干预中国澳门内部行政事务?》，《新华澳报》2010 年 10 月 27 日。

四　美资博彩公司对中美关系的影响

（一）影响中美关系的主要因素

中美关系始终是一种复杂的关系：既有共同利益，又有分歧矛盾；既有协调合作，又有摩擦斗争。① 笔者认为，当前影响中美关系的主要因素分别有：台湾问题、中国的崛起、意识形态和双边经贸关系。

1. 台湾问题

台湾自古以来就是中国的领土，本不应成为影响中美关系发展的因素。但是，在美方看来，台湾问题关系到亚太地区的平衡，从而会影响到美国的安全战略，因此，美方刻意将它与中美关系联系在一起，由此产生的负面影响常常扩散到中美关系的其他领域。②

2. 中国的崛起

中国是世界上最大的发展中国家，必然要寻求发展，实行发展战略。随着中国的逐步崛起，经济、军事、文化、科技等方方面面的实力都在不断提高，美国已经感到中国发展的压力，尤其是这个日益强大的中国实行的是不同于美国的社会和政治制度，在经济、安全和价值观上都对美国构成挑战，因此，美国必然要对中国的发展设下重重障碍，中美关系势必仍将不断发生摩擦和纠纷，斗争仍难以避免，是中美关系良性发展的深层障碍。③

3. 意识形态

中国和美国无论是历史、文化背景，还是政治制度、社会结构都相去甚远。美国人天生的文化优越感和使命感表现在外交、政策上就是理想主义思想泛滥，要向全世界推行美国的制度、法律、道

---

① 张毅君：《对中美关系的一些思考》，《国际问题研究》2006 年第 3 期，第 3 页。
② 同上。
③ 袁鹏：《中美关系：新变化与新挑战》，《现代国际关系》2006 年第 5 期，第 36 页。

德、信仰、价值观念，这本身就是一种意识形态极浓的外交政策取向。[①]

中美意识形态的冲突在所谓"人权问题"上得到最集中的体现，一些所谓的中国"政治犯"问题、西藏问题、计划生育问题、宗教问题、劳改产品出口问题等无不与人权挂钩。

4. 双边经贸关系

中美发展双边经贸关系符合两国人民的根本利益，双方都有发展这种双边经贸关系的内在需要，正在进行现代化建设的中国可以从中受益是不言而喻的，中国能够获得发展所必需的资金，获得先进技术、管理经验，中国产品能够顺利进入美国市场，等等，中国巨大的市场对美国同样具有现实的和潜在的吸引力。[②] 然而，由于美国自身的管治问题，未能很好地解决国内的失业问题，政客们因而以美国对中国的贸易赤字作为议题不断炒作，使得贸易问题成为中美关系中又一重要影响因素。

（二）澳门因素对中美关系的影响

澳门因素从来不是中国与美国外交关系的重点，论其重要性，澳门对中美关系的影响还远远比不上香港在中美关系中的重要性。论规模，澳门美资博彩公司的投资额也比不上美资在内地很多大城市的投资额。但是由于澳门特殊的地位，"一国两制"与澳门基本法是中国的软实力的重要组成部分，对于整个国家和澳门特别行政区的发展都是非常重要的。[③] 在笔者的访谈中，暨南大学国际关系学院的陈奕平教授也认为，澳门"本地的生活方式、节日习俗、宗教信仰都可作为优势以增强澳门的核心竞争力，提升其国际形象，

---

① 张泽：《论美国对华政策中的反共主义意识形态因素》，《国际关系学院学报》2006年第2期，第19—25页。

② 尹承德：《论中美经贸关系及其走向——兼驳中国经济威胁论》，《国际问题研究》2005年第6期，第9—14页。

③ 王磊：《澳门基本法的和谐价值》，《行政》2006年第3期，第873—876页。

充分发展澳门的软实力"。这也可以说，澳门的繁荣稳定是"一国两制"顺利实施的标志，对中央政府具有重大的政治意义；与此同时，博彩业是澳门的支柱产业，因此，当中国与美国进行外交博弈，做出决策时必定会考虑对澳门特区的影响。

美资博彩公司给中国带来的最大问题就是内地的资本将会通过来澳博彩的居民流入美资博彩公司，美资博彩公司源源不断地将利润汇回美国，从而加剧中国资本流失的程度。对于内地来说，解决这个问题最简单和直接的办法就是严格限制内地居民来澳的数量，然而，这种做法也会带来很大的影响。

一方面，澳门旅游博彩业将由于内地居民游客数量的减少受到很大的影响，在没有其他产业可以代替旅游博彩业的前提下，澳门的经济将会出现严重的衰退，这也将直接影响"一国两制"的顺利实施，中国的国际形象将会受到损害。另一方面，如果中国政府限制内地居民来澳门特区旅游，美资博彩公司必将发挥其作用，要求美国政府干预，美国政府将在"人权问题"上大做文章，在国际上制造舆论，谴责中国政府"践踏人权"。

由此可见，国家将需要在支持澳门特区发展和减少资本流出两个方面进行权衡，而且无论是哪个选择对中国都不太有利。在资本流失额不算太高的情况下，内地应不会限制来澳旅游的人数，当流失额持续升高，超过一定数额时，相信内地便会收紧来澳旅游的条件。

然而，从目前的情况来看，中国政府出现这种困境的机会仍不是太大，因为目前内地实施"自由行"的城市只有 49 个，还没有大面积放开，资本通过内地居民来澳博彩而流到美资博彩公司的数额仍属于可以控制的范围。另外，美资博彩公司对中美关系也不会有太大的影响，因为中美关系按照一定的原则变动，"只要发展对华关系符合美国国家利益，总统主导的对华政策就不会有大的变化，这一点构成中美关系中的基本面因素；在中国问题上不同利益集团力量对比的变化，将使中美关系在大势不变的情况下在一定幅度内波动"①。美国巨型跨国公司在中国的投资金额很大而且发展很快，各个跨国公司都有自己的考虑，它们所组成的利益集团都会通过各种手段向美国政府游说，因此若干美资博彩公司组成的利益集团是否有足够力量改变中美关系也是一个未知数。

通过前面的分析，笔者认为随着美资博彩公司在澳门市场份额的扩大，它们对澳门的影响力会有所增加，而且按照利润最大化的目标，它们必定会在一些事务上发挥自己的影响力，影响澳门特区政府的决策。但是，由于澳门博彩业专营权的时间限制、澳门主要旅客来自大中华地区和博彩业的技术壁垒低等因素，都限制了美资博彩公司对澳门事务的介入程度。

对于美资博彩公司将成为中美关系的重要影响因素的观点，笔者认为中美关系是多方面因素博弈的结果，台湾问题、中国的崛起、意识形态和双边经贸关系始终是影响中美关系的重大因素，就目前中国实施自由行的城市数目以及美国政治格局多元化的情况来看，美资博彩公司尚不够力量成为影响中美关系的主要因素。

虽然美资博彩公司不可能使澳门政治环境产生根本性的变化，也不可能动摇中美关系发展的基础。但是，澳门特区政府与中央政府都要密切关注美资博彩公司的动态，对这些公司的任何行动都要进行及时分析和反应，将它们对澳门所能起的负面作用降到最低。笔者认为采取以下措施将有助降低美资博彩公司控制澳门事务的风险。

第一，澳门产业过分依赖于旅游博彩业是导致美资博彩公司可以叫板澳门特区政府的主要原因，因此，降低跨国公司介入澳门事务风险的最好方法就是推动澳门产业的适度多元化。澳门特区政府需要严格按照博彩专营权承批合同的规定，要求美资跨国公司履行

---

① 张岸元：《中美关系中的跨国公司因素》，《世界经济与政治》2001 年第 1 期，第 32 页。

投资澳门的承诺，增加非博彩的元素，尤其要它们落实建设综合度假村和会展中心的计划，由此带动澳门的旅游业和会展业的发展。

第二，澳门特区政府要制定开发世界游客市场的规划，中央政府通过调节"自由行"城市的开放速度作配合，由此推动各拥有博彩专营权的公司积极开拓其他地区和国家的游客市场，降低澳门博彩业对内地游客的依赖，也可以减慢内地资本流失的速度。

美国认为"在反恐战役中澳门是一个重要的角色"，而且美国也提出澳门应该"通过增补立法使澳门法律全面配合联合国安理会1373 决议，这是打击国际恐怖主义的一个全方位、有步骤、策略的决议案"①。在这方面，笔者认为澳门特区不能与美国太过接近，不能在这方面介入太深，应该跟随国家的总体方向，对美国所谓的"反恐"活动的态度要与中央保持一致。这样有利于澳门打开中东地区的市场，吸引该地区的游客来澳旅游，也能避免澳门成为"恐怖主义"袭击的对象。

---

① 美国驻港澳总领事祁俊文于澳门大学的演讲。

第 八 章

当前澳门特别行政区拓展对外关系的
主要问题及对策

一 当前澳门特别行政区对外关系
机制中的主要问题

目前澳门的整个对外关系运行良好，没有发生严重的结构性危机。但是，在承认已取得成就的同时，特区政府也应该注意到目前的机制还有进一步完善的空间。面对变化中的国际形势，为了满足澳门自身发展的需要，为了能够在转型中的国家总体战略中做出更大的贡献，必须从战略高度重视澳门对外关系的规划。如果不以创新的精神开拓进取，不仅澳门的优势和潜力得不到充分的发挥，而且还会使澳门过去取得的成就无法得到维持和巩固。

（一）政府的官僚机制惯性影响突出

1. 对外事务的开展仍受旧有官僚机制惯性影响

葡萄牙长期殖民统治所带来的历史遗留问题以及与之相关的官僚机制惯性仍影响着特区政府组织的运作。400 多年来保守的葡萄牙行政文化移植到澳门后，已经在澳门"生根发芽"，时至今天澳门社会仍残存效率不高、程序烦冗、不作为以及本位主义等官场文化。这种嫁接的传统行政文化是几百年来沉疴积淀形成，很难一时革故鼎新。

政府内部多做多错、少做少错和不做不错的不作为行政文化是官僚机制惯性的一种。当前行政法律法规严重滞后，加之"对外事务"与"外交"之间的分界并不明显，为了不犯错，政府部门负责人拓展对外事务的积极性有限，因此，在一定程度上对澳门特区对外事务的开展形成阻碍，需要特区政府领导在外事跟进协调过程中不断克服。

2. 政府部门之间以及政府与市民间沟通不顺

协调不顺是官僚机制惯性引起另一种结果。回归前，由于语言与信息传播沟通不畅，以及各政务司之间缺乏统筹协调的有效机制，当时澳葡当局的 7 个政务司俨然成为 7 个"小政府"。虽然从法律上讲，统筹及协调各政务司的权力在当时的澳督身上，但由于澳督本身职务繁重，主要是在政策制定方面进行协调，而在有关各方面的政策执行上就难以逐项关注，因此出现了各政务司在执行政策上的不协调。

自澳门特区政府成立以来，随着公务员本地化和中文官方化，政府推行的培训计划也使政府整体的协调性较以往有所增强，培训过程中所建立的工作"关系网"在一定程度上促进了跨部门协调问题的及时解决，并有助提升行政效率。此外，近年来特区政府因应市民要求相继设立了"一站式"跨部门协调小组，在沟通协调解决市民实际问题方面取得了一些进展。然而，目前特区政府部分职能部门仍存在着分工不合理、职能重叠、权限不清的问题，部门间的沟通和协调不顺，造成了部门间互相推诿及政出多门等现象，无法及时回应市民的诉求。

（二）缺乏对外事务总体战略规划及高层专责统筹部门

可以说，澳门的对外事务一直以来都缺乏总体和全面的战略规划，目前的对外交往主要停留在日常事务和操作层面，满足于被动性地应付，却未能考虑未来形势发展和升级的需要，缺乏统筹和远见。

1. 政府对外事务的发展一直未有科学规划

回归后，澳门特区到底应如何在"一国两制"下拓展对外事务，自身的对外关系究竟要达到怎样的目标，在国家整体外交中应起什么样的作用，以及为达到既定的对外关系目标自身尚欠缺什么等问题，对于中央人民政府、澳门特区政府、社会和广大居民来说都是新课题。尽管国家的"十二五"规划已明确提出，支持澳门加快建设世界旅游休闲中心和中国与葡语国家商贸合作服务平台等发展重点的战略部署①，但是，在对外合作进入新一轮发展，跨地域、多元化的合作模式逐步呈现的大国际背景下，澳门特区如何在澳门基本法规定的中央和特区关系的框架下，顺应和平、发展、合作、共赢的时代潮流，致力于把对外合作推进新的阶段，至今还没有一个科学的规划，或者说缺乏顶层设计机制。

此外，自澳葡时代至特区政府的成立，澳门一直都缺乏科学解决自身发展问题的规划方案。从近期澳门特区内部所出现的一些问题，如旅游承载力不足，房屋和交通问题突出等情况，以及其他逐步暴露出的回归后经济高增长、社会矛盾同步积累的现象，归根结底，就是政府对问题处理的规划不足，缺乏预见性并且反应缓慢的结果。正是因为政府长期具有不做科学规划的传统，放任问题随意地发展，因此特区政府对于澳门特区的对外关系发展规划意识始终不足，主动性不够。

2. 缺乏对外事务的统筹机构

由于澳门基本法第十三条已经规定："中央人民政府负责管理与澳门特别行政区有关的外交事务。中华人民共和国外交部在澳门设立机构处理外交事务。中央人民政府授权澳门特别行政区依照本

---

① 《中华人民共和国国民经济和社会发展第十二个五年规划纲要》，2011 年 3 月 16 日，中央政府门户网站（http://www.gov.cn/2011lh/content_ 1825838.htm）。

法自行处理有关的对外事务。"而且，对于"外交事务"和"对外事务"并未做具体的区分和厘定，因此，澳门特区政府对于自身的对外事务到底应包括哪些内容，所包含的对外事务内容会否触及中央政府的外交事务权限，实际上是非常难把握的。也正因如此，对外事务往往未见于澳门特区的总体和全面战略规划蓝图之上。加之长期缺乏一个在政府架构内部具有较高地位和权威，能够协调不同办事部门、下情上传、统筹澳门对外事务的部门，致使对外事务的开展难以满足形势发展和升级的需要，并且缺乏充分的统筹和足够的远见。

事实上，澳门回归以来，由于缺乏一个综合处理对外事务的机构，为特区政府和行政长官提供涉外事务工作的智囊意见，以致出现了若干差错，有的还是与国家的外交政策相悖的，或是有违国际惯例的。这些例子无不体现澳门特区亟需通盘考虑对外事务规划的紧迫性。

3. "礼宾公关外事办公室"统筹职能仍显不足

虽然澳门特区政府于2012年9月正式设立"礼宾公关外事办公室"，但从其主要职能及成立以来的实际工作来看，皆以礼宾公关事务为主，统筹澳门对外事务的功能却不足。因此，特区政府有必要再扩展"礼宾公关外事办公室"的职能，使其可处理或跟进澳门特区获中央授权自行处理的涉外事务，包括：①澳门特区与其他国家、地区以及国际组织在经济、文化等领域中交往过程中必须处理的事务；②跟进澳门特区参加国际组织、国际会议以及适用国际协议等事务；③与外交部驻澳公署联系沟通，跟进与澳门特区有关的国家外交事务；④协助外国在澳门设立领事机构、官方和半官方机构等事项；⑤进行调查研究并向行政长官提出建议；⑥指导特区政府各下属部门的涉外事务工作；⑦举办培训班、参访、观摩等活动，为特区政府各级负有涉外事务工作任务的公务员及社会团体中参与涉外工作的人员提供培训。①

（三）"重经济利益，轻政治投入"的特点明显

长期以来，社会各界对澳门开展对外事务始终抱着"政冷经热"的态度，重经济利益，轻政治投入。具体分析，应有如下原因：

1. "外交事务"和"对外事务"的界限不清

由于澳门基本法对"外交事务"和"对外事务"并未有准确的界定和区分，或者说中央对于澳门特区在"对外事务"的授权到底达到何种程度仍不甚明确，因此，总使得政府部门和民间组织在开展对外交往过程中保持小心翼翼。否则，稍一不慎，容易有违反基本法之嫌。

与此同时，国家领导人曾多次强调要"防范和反对外部势力渗透和干扰"②"坚决反对外部势力干预香港、澳门事务"等提法③，但又对"外部势力"的概念和范畴缺乏明确的界定，澳门各界对于这个概念的认识程度存在差异。

此外，2009 年澳门特区顺利颁布了《维护国家安全法》，该法是对澳门基本法第二十三条有关澳门特别行政区境内就国家安全，即叛国罪、分裂国家行为、煽动叛乱罪、颠覆国家罪及窃取国家机密等多项条文做出立法指引的宪法条文。这些罪项似乎都跟"涉外"有关，而且包含的内容又确实比较抽象，因此对于在澳门特区从事对外政治活动会否触及法律底线的担忧，着实影响着人们的行动。

---

① 《不宜忽略新设机构的"外事"职掌功能》（上），《新华澳报》2012 年 9 月 6 日。

② 习近平：《防范和反对外部势力渗透和干扰澳门》，2014 年 12 月 20 日，中国新闻网（http://www.chinanews.com/ga/2014/12-20/6895715.shtml）。

③ 《胡锦涛在中国共产党第十八次全国代表大会上的报告》，2012 年 11 月 8 日，新华网（http://news.xinhuanet.com/18cpcnc/2012-11/17/c_113711665.htm）。

2. 澳门各界仍未全面认识特区对外事务的作用与意义

澳门历来是一个"自由港""国际城市"和"国际商埠"，商业在澳门的发展历史悠久。近年来，在中央的授权和支持下，澳门特区所担当的"中国与葡语国家商贸合作服务平台"和"世界旅游休闲中心"地位无疑都是以商贸经济为活动基础。澳门特区政府在对外经贸合作、构建商贸服务平台、促进澳门经济适度多元化、协助中小企业发展等方面开展了多项工作。每年，由特区政府承办或主办的大型经贸活动，包括澳门国际环保合作发展论坛及展览、澳门国际贸易投资展览会、粤澳名优商品展销会及澳门国际品牌连锁加盟展等，已经逐渐在国际上积累起名气。同时，承接粤澳、闽澳联合到葡语国家招商方面的合作，澳门特区政府与广东省对外贸易经济合作厅到安哥拉、莫桑比克、东帝汶交流考察，也先后与广东省及珠海经贸部门共同到巴西及葡萄牙举办招商推介活动。出于追求和拓展对外商机，澳门特区对外活动"重经济利益"的特点也就不难理解。

正是过于强调经济效果，而轻视澳门特区作为"中葡平台"的政治作用，因此，近年来有相当多学界人士对之提出质疑。事实上，也正如澳门特区政府经济财政司原司长谭伯源先生在访谈中所述，"如果仅仅从经济角度来讲的话，在澳门打造'中葡平台'应该是入不敷出的。但是我经常强调，中葡论坛是为国家做贡献的。从政治角度来出发的话，澳门中葡论坛起的作用是无价的。比如与圣多美和普林西比的外交（虽然这是一个很小的国家），它一开始不参与中葡论坛。但是现在与中国已经慢慢地开始发展外交（澳门人去圣多美是免签证的，澳门特区政府也可以直接联系他们的总统）"。

这种过于强调经济和利益为导向的做法实际上限制了澳门对外能力的发挥，政治投入的不够也影响了澳门经济利益的实现。

（四）对"民间外交"与"公共外交"的重视不够

作为政府外交的一种重要补充和支持，"民间外交"时常透过民间渠道的沟通和传达发挥更灵活的作用。而"公共外交"，作为外交行为的一种方式，所反映的是一国政府致力于沟通不同思想文化、促进理解和交流的努力，表明该国政府对展示国家正面形象、增进不同文明之间认知的积极态度，是关注民心的政策取向，也是国家提升软实力、增强国际影响力的重要手段。此外，也有些学者称之为"公众外交"，并认为其是一国政府为提升本国国际形象而展开的直接针对他国公众的外交行为。① 正如美国学者埃德蒙·格里恩（Edmund A. Gullion）所认为的，"公共外交"的核心是信息与思想的跨国际流通。②

1. 对在澳侨领、内地特派机构和特区政府已做的贡献宣传不够

长期生活在澳门的已故民间外交家、印度尼西亚归侨司徒眉生先生，曾在多次涌动过波澜的中国与印度尼西亚友好关系中，发挥微妙而重要的历史作用；类似的一些澳门社会人士正在勇敢担起"民间外交家"的角色，努力为国家外交事业做贡献。③ 但是，政府文化部门有关此方面的宣传却不多，澳门特有的"民间外交"案例始终未得到足够的重视。

此外，近年来，外交部驻澳门特别行政区特派员公署和澳门特区政府有关部门开展了丰富多彩的公共外交活动，包括外交知识竞赛、公署开放日、领事保护周、文化交流等，向澳门同胞介绍国家外交政策、外交理念和外交成就，也就民众关心

---

① 杨闯：《外交学》，世界知识出版社 2010 年版，第 184—189 页。

② "公共外交"这一概念由曾担任美国塔夫茨大学弗莱彻法律外交学院（The Fletcher School at Tufts University）院长的美国前外交官埃德蒙·格里恩于 1965 年提出。有关"公共外交"的定义参见该学院的网站（http：//fletcher. tufts. edu/Murrow/Diplomacy/Definitions）。

③ 王心：《澳门在国家公共外交中的角色》，《澳门日报》2012 年 10 月 24 日。

的领事保护等问题解惑释疑①，但是宣传力度仍仅限于本地某些媒体。事实上，除了官方机构外，澳门特区的民间资源可利用的潜力仍较大，中央和特区政府对公共外交和民间交往的重视程度仍有进一步提升的空间。尤其是一些由民间机构、社会人士组织和举办的会议展览活动，往往都邀请到许多外国高官来澳门出席，这无疑都是很好的"民间外交"实践，以及推广中国国家正面形象的"公共外交"活动，但是在对外宣传上却仍然不足。

2. 特区政府的关注和重视程度仍显不足

按照笔者访谈的结果来看，多位从事民间外交的社会人士都认为特区政府对有关活动的支持力度应该更强一些。例如，作为澳门民间外交活动家、澳门亚太拉美交流促进会魏美昌理事长在访谈中多次抱怨。他认为，"其实民间外交的力量主要取决于政府的支持力度。通过我们过去总结的经验，从澳门特区政府获得资助是一件很困难的事情。他们习惯于就事论事，无长远战略眼光，一旦申请项目不能立刻获得投资收益，被拒率就很高了。其实，我们这种民间机构也是为澳门谋福利。但是政府欠缺一种协调作用，他们本可以更好地引导和推动民间团体多做事。但是政府缺乏视野，只是一味遵从'隐士道'精神，这样民间团体就往往被边缘化了，力量也小了"。

（五）外事人才仍显不足

随着国家"十二五"规划明确表示"支持澳门建设世界旅游休闲中心，加快建设中国与葡语国家商贸合作服务平台"②，以及

---

① 《胡正跃称澳立法会选举是今年的大事　不允外部势力干预特区事务》，《华侨报》2013 年 3 月 22 日。

② 《中华人民共和国国民经济和社会发展第十二个五年规划纲要》，2011 年 3 月 16 日，中国政府门户网站（http://big5.gov.cn/gate/big5/www.gov.cn/2011lh/content_ 1825838_ 15.htm）。

澳门特区两任行政长官先后明确提出，要坚持"远交近融"① 和
"强化对外交流合作，形成更大的发展合力"②，澳门特区未来对外
交往的蓝图和基础清晰可见，那就是要扮演好"一中心、一平台"
的角色，做好国家对外交往的"平台"和"桥梁"。然而，在对澳
门作为平台的认识上，在专门人才培养机制上，仍有许多可提升及
完善之处。

1. 中葡双语人才不足

一直以来，有关于加强中葡双语人才培养的呼声不断，在笔者
的访谈中，澳门行政公职局林瑞光主任提到，"现阶段，澳门本地
人，除了政府官员，学习葡语的人本来就少，而在这少之又少的人
中，学习的还都是欧陆葡语"。中葡论坛常设秘书处常和喜秘书长
对此也认为，"澳门仍然存在一些不足的地方，例如，懂得中葡双
语的人才在澳门也只占很少的比例，而且他们未必熟悉葡语国家的
情况，所以今后需要培养更多懂得中葡双语的人才"。此外，澳门
亚太拉美交流促进会魏美昌理事长也以"澳门特区政府比较保守，
有'短视'危险"，来表达自己对政府培养中葡双语人才机制的
担忧。

统计数据也印证了他们的看法。根据澳门回归后2次人口普查
（2001年和2011年）的数据，澳门3岁以上居住人口常使用的语
言中，葡语人口的比例从2001年的0.66%上升到2011年的
0.75%，同一时期英语人口的比例从0.66%快速增长至2.25%，
是葡语人口的3倍。另外，可用葡语人口的比例从2001年的
2.63%下降到2011年的2.44%，同一时期可用英语人口比例从
12.05%增长至21.1%。

---

① 《中华人民共和国澳门特别行政区政府二零零六年财政年度施政报告》，2005年11月15日，澳门特别行政区网站（http：//images. io. gov. mo/cn/lag/lag2006_ cn. pdf）。
② 《崔世安在中联办癸巳年新春酒会上的致辞》，2013年2月1日，澳门特区行政长官办公室（http：//www. gce. gov. mo/read_ news_ page. aspx？lang = cs&newsid = 933）。

要做好人才培养，需要国家教育部、各主要高等院校、澳门特区政府加大对葡语教学及科研投入，充分发挥"中葡论坛（澳门）培训中心"的作用，在培训制度、方法和课程内容的设计上进行有针对性的改革。例如，将葡语及葡语国家文化科目列为修读经贸、法律范畴专业学生的通识选修课，以及将囊括葡语国家经贸、法律、文化的通识性科目列为修读葡萄牙语学生的限定选修课。

2. 具有国际视野的法律人才不足

此外，澳门要真正培养出"懂双语、懂法律、懂国情"的高素质人才，尚需要有良好的语言环境作为支撑。澳门特区政府如能在中央政府的支持下，推进澳门本地民间机构选派澳门及内地人才赴葡萄牙、巴西等葡语国家的培养模式，以及将选拔范围由就读法学专业逐步推广到经贸、文化、教育等不同学科。外交部、商务部等在葡语国家具有驻外官方办事机构的部门，应有条件在对外工作中灵活及适度地安排澳门本地人才参与实践，并以"带教"的方式进行有针对性的上岗培训；招揽更多修读葡语专业的内地学生来澳实习，将在澳门修读葡语专业的学生推介到葡语国家工作，增进他们对葡语国家民情、文化、历史的了解，有针对性地培养有用的应用型、复合型人才，不断开拓人才的国际视野。

3. 精通经贸和金融的人才不足

现阶段，"中葡合作发展基金"已经正式运作。在管理过程中，特别在组建精干高效的基金管理及研究团队时，还需要以内地、葡语国家及澳门特区本地人才为依托。[①] 笔者认为，只有在国家富有经验的金融管理部门的带领及指导下，才有助于提升整体基金管理团队的业务能力，强化对澳门本地金融、经贸及科研人才的培养，

---

① 叶桂平：《中葡论坛：解读中拉关系的镜子》，《中国社会科学报》总第 412 期，2013 年 2 月 1 日。

使他们吸收更多的金融业务的实务经验，为澳门财政储备的有效管理做好充足的人力资源储备。

二　完善澳门特别行政区对外关系的主要对策

作为一个国际都市，澳门具有得天独厚的先天优势和历史传统，尽管地方不大，但基本的软硬件条件尚属完备，具有深厚的文化底蕴。自由港的国际地位也造就了澳门对外开放的亲和力，然而相比世界其他大都市，澳门对外开放的格局不大，诉求不高，从深层次来看，与澳门社会狭隘的文化心态不无联系。在澳门似乎存在着一个二元世界：一个全球化的开放社会和一个较为内敛的本地社会，两者之间的张力阻碍了澳门与外界的深层次接轨，成为制约澳门发挥全球性功能的主要因素之一。

在全球化的推动下，世界日趋多元。在这种多样化的世界中，世界城市正发挥着越来越多元化的功能。而澳门在这方面则相对落后，过于强调博彩、房地产、金融、服务、旅游等能带来看得见的经济利益的功能，而导致未来自身发展容易产生失衡。事实上，近年来，澳门在国际上受到关注有所增强，但是澳门居民对世界的参与感仍嫌不足。

有鉴于此，笔者认为可以从如下五个方面尝试解决和完善。首先，必须深入领会和贯彻"一国两制"精神，确保澳门特区的对外关系严格在澳门基本法的框架下推进；其次，澳门特别行政区还应积极强化与中央的关系，努力获得中央的支持和授权，不断拓宽对外关系的空间；再次，需要遵循综合性、灵活性和前瞻性原则完善对外交往机制；与此同时，还需进一步盘活澳门现有的外事资源，探索整合资源的机制；最后，在战略上加强对澳门特区的政策规划，将其对外关系纳入中国外交的整体格局中，根据中国外交的发展明确对澳门特区的定位和任务，争取对澳门的自身发展给予更多外交支持。

（一）贯彻"一国两制"精神，明确中央授权内涵

澳门基本法是由全国人民代表大会根据《中华人民共和国宪法》和法定程序制定的，体现"一国两制"基本方针。当中，为了体现"一国"原则，澳门基本法第一条便开宗明义：澳门特别行政区是中华人民共和国不可分离的部分。既然澳门特区是国家不可分离的部分，那么，哪些权力需要由国家行使？哪些权力可以由澳门特区行使？澳门基本法第二章规定了中央和澳门特区之间的关系。相关条文也是按照"一国两制"的方针政策，从维护国家主权和体现高度自治两方面，规定了中央对澳门特区行使哪些权力，澳门特区又应该如何行使中央授予的权力，并接受中央的监督。

根据《中华人民共和国宪法》的规定，全国人民代表大会是国家的最高权力机关，中国的国家权力通过全国人民代表大会统一行使。中国政府恢复对澳门行使主权后，澳门作为中华人民共和国不可分离的部分，对其在行政、立法、司法等社会公共事务方面实施管理的权力自然依法属于全国人民代表大会。所以，澳门特区要实行高度自治，就必须通过法律规定的授权程序，由全国人民代表大会按照"一国两制"的方针政策，将本来属于其管理澳门地区社会公共事务的权力授予澳门特区。如此推论，澳门特区享有的自治权，不是本身所固有，而是来自全国人民代表大会的授权。

虽然澳门基本法规定澳门特区享有高度自治权，但澳门特区是一个地方行政区域，受中央人民政府的管辖，本身就不能享有国家主权，故此，凡涉及国家主权的事务，都应由中央负责管理。换言之，中央在澳门特区负责管理的事务及行使的权力，都是直接关系到国家主权的事务和权力，例如外交事务、国防事务以及任免权等。

外交作为国家主权的重要标志之一，每一个国家为了自身政

治、军事、经济、文化等各方面需要，总要与其他国家建立和发展关系，这种关系表现在国家与国家之间相互进行谈判、缔结协议、派驻官员、访问交流，以及参加有关国际组织、会议等活动，这些均属外交活动。由于外交活动必须由独立享有主权的国家进行，根据澳门基本法第十三条第一款规定："中央人民政府负责管理与澳门特别行政区有关的外交事务。"故此，澳门特区不享有外交权，凡与澳门特区有关的外交事务，都由中央人民政府负责管理。

不过，为促进澳门特区的对外交往和经济发展，澳门基本法第十三条第三款规定："中央人民政府授权澳门特别行政区依照本法自行处理有关的对外事务。"例如：澳门特区可在某些适当领域（例如经济、贸易、金融、航运、通信、旅游、文化、体育等）以"中国澳门"的名义，单独地与世界各国、各地区及有关国际组织保持和发展关系，签订和履行有关协议；亦可以"中国澳门"的名义参加不以国家为单位参加的国际组织和国际会议等，这些规定均符合澳门特区高度自治的地位。

如此说来，澳门在开展对外事务、拓展对外关系时，须把握如下三个原则。

1. 严格依照宪法和澳门基本法

宪法是国家的根本大法，在包括澳门特别行政区在内的中华人民共和国领土范围内具有最高法律地位和最高法律效力。澳门特区基本法根据宪法制定，在澳门特区具有宪制地位，同时亦在全国范围内适用。办理特区对外事务，包括办理国际条约在澳门特区的适用等问题，都必须遵循宪法和基本法的规定。

2. 妥善处理"一国"与"两制"的关系

"一国两制"是一个完整的概念，"一国"与"两制"相互联系，不可分割。"一国"是实行"两制"的前提和基础，"两制"从属和派生于"一国"，并统一于"一国"之内。办理涉澳门对外事务，要始终坚持"一国"原则，切实维护国家统一、主权、领土完整及国家安全和发展利益；同时，要尊重"两制"的差异，解决好特区关切的问题，实现维护中央权力和保障特区高度自治权的有机结合。

3. 落实"澳人治澳"方针

回归以来，澳门居民作为澳门特区的主人翁，按照《中华人民共和国宪法》和澳门基本法的有关规定依法管治澳门。新人事新作风，回到祖国母亲的怀抱以后，当家做主的澳门居民更应该放眼世界、放眼祖国、放眼未来、放眼长远，合理制定澳门发展的思路和蓝图，摒弃澳葡时代的官僚体制惯性，做好顶层设计，深化与中央的沟通及合作，科学制定推进自身发展的具体步骤和措施，明确澳门特区对外关系发展方向及路径。

（二）强化中央和特别行政区的关系，取得中央高度支持

根据澳门基本法第十二条规定："澳门特别行政区是中华人民共和国的一个享有高度自治权的地方行政区，直辖于中央人民政府。"此规定就是从维护国家统一的角度，对澳门特区在国家结构中的法律地位做了界定，说明中央和澳门特区的关系是中央和地方的关系。

1. 处理好澳门的各类对外事务需要中央和特区共同努力

如前所述，澳门特区开展对外事务的权力主要来自中央的授权。中央授予多少权，澳门特别行政区就有多少权，没有明确的，根据澳门基本法第二十条的规定，中央还可以授予。如此来说，澳门特区要获得更多的开展对外事务的权力，更要强化中央政府和特区政府的相互理解和密切配合，兼顾好中央和特区的利益。澳门回归以来的对外关系实践告诉我们，无论遇到多么复杂的情况，本着相互尊重的精神，通过坦诚沟通，总能找到圆满解决问题的办法。中央和特区需要坚持和发扬这些良好做法，共同处理好各类对外事务，服务和促进特区的对外交往与合作。

2. 深化同祖国内地的交流与合作将有利于拓展澳门的对外关系

此外，要强化中央与特区的关系，澳门加强与内地的交流也十分重要。两地的经济联系和人员往来密切，有助于增进两地民众的了解和感情。既要让内地人民了解"一国两制"在澳门的实施情况及澳门回归以来的发展成就，学习借鉴澳门的发展经验，获益于澳门这一对外商贸合作服务平台；也要让澳门同胞特别是年轻人了解中国特色社会主义制度实践的伟大成就，感受祖国改革开放 40 年来的巨大变化，增进对国家和民族的认同。另外，澳门特区要用好中央支持澳门发展的政策措施，深化同祖国内地特别是同广东省和泛珠三角地区的合作，利用自身所具有的拓展对外事务的优势，在区域合作中拓宽澳门发展空间，增强澳门发展动力。这些不但是澳门自身的事情，也是关系国家发展的大事。

有鉴于此，上述两个问题一旦明晰了，则前面所述的澳门特区对外事务缺乏总体和全面的战略规划，对外关系中呈现"重经济利益，轻政治投入"的不足等现存问题将会迎刃而解。

（三）遵循综合性、灵活性和前瞻性原则，完善对外交往机制

尽管澳门回归已有近 20 年，和内地的关系日益密切，但是相对于经济上的对接，澳门特区对外事务和中国外交的整合相对滞后，许多涉外事务具体由谁处理，经常在澳门特区政府和外交部驻澳门特区特派员公署间徘徊。这就需要各方解放思想，破除求稳妥而怕敏感的想法，更多从积极方面来发挥澳门的作用。

结合澳门特区政府现有的对外交往机制在处理对外事务的时候已经逐渐暴露出的一些问题，笔者认为，需要在现有的基础上加以完善，这种完善和改进应该遵循以下三个原则。

1. 注重综合性

澳门的对外交往和合作不仅要满足澳门自身的发展需要，也要符合中国整体外交的利益。应该超越狭隘的澳门地方利益，而站在全局的战略高度来考虑澳门的对外事务。澳门应积极抓住国家全面深化改革的重大机遇，围绕"一中心、一平台"的发展定位，坚持提升自身发展的综合素质能力和加强对外合作，努力实现与内地共同发展、共同进步。

2. 保持灵活性

这种完善不仅要针对过去所暴露出来的种种问题，而且应该具有相当的弹性，能够适应形势的变化。在繁荣的博彩业笼罩下，澳门特区更应"居安思危"。澳门亚太拉美再生能源产业研发中心主任罗兆先生在接受访谈时就提到，"澳门做什么不能只看表面，人人都说好，人人都安于现状，总有一天澳门的所有赌场都关了，问题也就来了"。

3. 具有前瞻性

这种改革应该是面向未来，具有长远眼光。在某些领域，目前的机制运作并不存在任何问题，但是面对未来的挑战，要有针对地预作打算，未雨绸缪，对方向性的变革有一定的把握。具体来说，未来的政策措施可以主要集中在中央应加强对澳门对外关系的战略考虑，明确要求，重点放在整合资源和机制建设上。

上述原则清楚了，亦有助于特区政府相关部门克服和消除外事跟进过程中至今仍存的、源自澳葡当局时期的官僚机制惯性。如此，各级政府官员和公务员在施政过程中，才能既严格依法，又不失灵活程序，从而不断提升行政效率。

（四）盘活澳门特别行政区现有的外事资源，探索整合资源的机制

要盘活澳门现有的外事资源，应从以下三个方面探索整合资源的机制。

1. 发挥澳门的人才资源优势

人才短缺问题已经成为影响爱国爱澳力量薪火相传和澳门可持续发展的一大短板，无论是管治人才、建设人才还是社团领袖，都面临整体性新老交接。目前对澳门人才的利用非常零散，以后应有通盘的打算和考虑，通过加强机制化的人才建设措施，逐渐形成有效的人才使用渠道。当前，姗桃丝担任中国—葡语国家经贸合作论坛（澳门）秘书处的副秘书长不应只是一个个案。未来，还应该像来自香港的世界卫生组织总干事陈冯富珍那样，支持让更多澳门人成为国际组织的领袖。

2. 挖掘澳门在邻近地区的潜实力

澳门特区对外关系发展离不开中央政府的支持，习近平主席在澳门回归十五周年时赠予的三大厚礼，李克强总理在 2016 年视察澳门时代表中央宣布的一系列惠澳政策，都有涉及推进澳门作为"中国与葡语国家商贸合作服务平台"的内容，目的都是支持澳门，为澳门发展不断注入新动力。特别是在中国推进"一带一路"（丝绸之路经济带和 21 世纪海上丝绸之路）倡议和加强两岸关系的进程中，中央可以推动澳门发挥更大的作用。历史上，澳门是海上丝绸之路的一站，借着参与国家的"一带一路"倡议，可加强自身与周边国家的关系，有助于吸引国际客源，优化现时客源结构集中在大中华区的格局。配合这一难得的发展机遇，澳门应当努力运用好中央惠澳政策，用好国家的外交资源，用好国家的对外合作战略，以及所提供的机遇。在国家大力支持下，加快走向国际的"走出去"步伐，争取将澳门的经济"蛋糕"进一步做大。

3. 进一步规划和整合资源，建设好澳门对外关系的运行机制

特区政府应始终秉持"背靠祖国，面向世界"的战略性发展理念，在中央授权下，坚持行政主导原则，不断回顾和总结澳门在国际上的互动经验和教训，并以多种方式逐步建立澳门特区与内地及世界不同国家和地区的定期交流和共享机制。例如，可以尝试探讨

澳门特区通过类似 CEPA 的安排享受中国与其他国家双边协议优惠机制的可能性；可以支持澳门更好地融入粤港澳大湾区的合作中，发展好金融租赁、中葡人民币结算中心、资本市场等；可以支持澳门与内地有经验的城市（如深圳）合作，联合发起设立以人民币计价的澳门联合证券交易所，为人民币建立另一个离岸资本市场，进一步助推人民币国际化战略；可以支持澳门规划用好 85 平方千米海域，发展海洋经济，助力澳门加快实现"世界旅游休闲中心"的城市发展目标。

（五）制定和落实长期发展规划蓝图，逐步改变原有的思维定式

从长远和宏观的角度来看，澳门要真正成为在亚太地区乃至世界上发挥桥梁和枢纽作用的"世界旅游休闲中心"和"中国与葡语国家商贸合作服务平台"，特区政府 2016 年虽然已经制定首个五年发展规划，接下来的工作主要还在于如何切实有效地落实这一发展规划蓝图，例如海域管理中长期规划和澳门特区城市总体规划等，特别是要科学制定出落实过程的路线图和时间表，逐步改变原有的思维定式，培养广阔的国际视野，努力将澳门建设成为世界城市。

对此，笔者认为，要改变原有的思维定式，澳门特区政府需要加强引导，鼓励举办更多的国际会议和国际活动，重视支持"民间外交"和"公共外交"。在树立澳门的形象过程中，应先从澳门的社会内部做起，让社会充分了解澳门的对外利益和发展需要，以形成社会和政府的对外合力。与此同时，在澳门特区政府内部，必须强化对特区公务员进行相应的教育和培训，建立对外交往人才的教育培训机制，通过合理科学的人力资源培养机制及政府绩效管理制度，促使公务员的晋升考核与其对外开拓的成就形成联系，从而有效地改变当前公务员在处理对外事务时缺乏开拓性的弊病。

结论与展望

一　主要结论

　　澳门自古以来就是中国领土不可分割的一部分，也是中国的一个地方行政区域。由于历史的原因，曾经在 400 多年的时间里处于葡萄牙的间接或直接殖民统治下，形成了与中国内地不同的制度和传统。自 1999 年 12 月 20 日起，中国对其恢复行使主权，实行"一国两制"、"澳人治澳"、高度自治；澳门的政治地位也因此发生根本的变化，澳门的对外关系也随之发生深刻的转变。在这样一个大背景下，研究澳门特区的对外关系必须结合次国家行为体对外关系理论、国际法和澳门基本法，特别是必须结合"一国两制"在澳门的实施、结合澳门的历史和现实情况来考察。

　　现阶段，次国家行为体对外关系理论开始成为研究中央及其之下的各级地方政府外事活动的重要理论范式。这种理论内涵与澳门基本法所体现的"一国两制"下的澳门特别行政区对外关系实质有着许多雷同和一致之处。通过对有关理论的梳理和归纳，笔者认为把握住"一国两制"方针，就是抓住了研究澳门对外关系问题的根本。

　　"一国"和"两制"构成一个密不可分、相辅相成的整体，其中的"一国"是"两制"的前提和基础。"一国"既体现了国家主权概念和国家整体利益，也包含了澳门在国家中的法律定位，澳门必须并且只能在中国政治体制的框架下来处理其自治范围内的对外事务。澳门是中国的一个地方行政区域，不具有国际法主体资格，对外代表澳门并行使国家主权的是中央政府，中央政府负责管理与澳门有关的外交事务。特别是在对外缔结条约时，澳门特区所适用的条约必须是中国政府加入或者授权澳门作为前提基础，或者是由中央政府在国际层面代表澳门承担责任的条约；并且也必须同内地一样，遵守中央政府已明确同意受其约束的国际法基本原则和规则。当然，这仅仅是问题的一个侧面，是"一国"的内在要求所决定的，与此同时还有"两制"。

"一国两制"中的"两制"可以说是整个政策方针的主要亮点，它允许一国内两制并存、和而不同，相辅相成；它允许澳门在认同、维护国家领土完整和国家主权的前提下，按照澳门基本法的规定实行不同于内地的制度，实行"澳人治澳"、高度自治；允许澳门在对外事务方面享有广泛的自主权。澳门特区被赋予对外事务的特定权利能力和行为能力，正是"一国两制"使得澳门充分享用"两制"的制度优势，获得联系外部世界的前所未有的能力与活力。可以说，"两制"的做法不但是对中国政治体制的一种创造性发展，也是对国际法和国际关系理论的一种创新和突破。

"一国两制"的一个核心问题是中央和特别行政区的关系，这一关系也具体体现在授权下的澳门特区对外关系上。有如吴邦国委员长在纪念中华人民共和国香港特别行政区基本法实施十周年座谈会上的讲话所指，"中央授予香港特别行政区多少权，特别行政区就有多少权，没有明确的，根据基本法第二十条的规定，中央还可以授予，不存在所谓的'剩余权力'问题"。中央政府在坚定维护国家主权的同时，充分尊重基本法赋予澳门的高度自治权，支持、协助澳门特区政府处理好复杂多样的条约关系。中央政府经与特区政府充分磋商，根据澳门的实际需要和意见，将中国缔结和参加的数十个公约延伸适用于澳门特区。为了便于澳门特区参加更多的国际条约，中央政府在某些公约的起草阶段就邀请澳门特区政府代表加入中国代表团，一起参加有关公约谈判的国际会议，以便澳门特区政府尽早了解公约内容，做好相应的立法准备。设置在澳门特区的外交部特派员公署在协助澳门特区政府处理与条约有关的外交事务方面也发挥了很大的作用。

"一国两制"为回归后的澳门开辟了对外交往的广阔天地，大大增强了澳门与外部世界的联系，有力地促进了澳门的经济腾飞和可持续发展，澳门地区对外关系从来没有像现在这样活跃。"一国两制"的实施是国家治国理政的全新实践，不论对中央政府、对内地还是澳门特区都是一个新事物，具有很大的挑战性。"一国两制"源于中国解决自身统一问题的思考，但其意义远超一国范畴。"一国两制"是国内影响与国际视野的有机结合，从国际法上看，这种制度顺应了国际法和国际关系发展演变趋势，有力推动和促进国际法和国际政治的发展，是新中国对现代国际法和国际政治做出的重要贡献之一，大大提高了中国在世界理论界的地位和影响。笔者认为，这些成果无疑更进一步印证了邓小平同志所提出的、源于我国解决自身统一问题的"一国两制"方针，已经取得丰硕的成果。

没有祖国作为坚强的后盾，拓展澳门特区的对外关系无从谈起。正如中葡论坛常设秘书处副秘书长姗桃丝在接受笔者访谈时所再三强调的，"我们非常强调中央在扶持中葡论坛这个平台上所起的作用。我们也非常希望中央能够出台一系列政策来扶持常设秘书处，确立它的法律地位，从而保证它的运作，使得我们与商务部及其他部门合作的项目真正落实到企业中。很多葡语国家也不希望中葡论坛仅仅是推广澳门平台，这就需要秘书处来协调处理这些问题。但现有的问题是我们被一些程序上的规定束缚了我们的权利，我们希望中央能够在这些问题上帮助我们"。

反观香港特别行政区的例子，少数别有用心的人士在"外部势力"的背后支持下，特别是某些违法"占中"人士借着所谓"剩余权力"论，妄图挑战中央治港的权威，此举对香港特区及广大港人的利益造成巨大的损害。因此，使得原定于 2014 年 9 月在香港特区举行的亚太经合组织（APEC）财政部长会议改在北京举行，使得香港失去一次举办高规格国际会议的机会。此外，澳洲西太平洋银行亦宣布取消原定在港举行的董事会会议，同时，亦有许多国际参展商纷纷取消赴港参会、参展，这些都对香港国际金融中心地位造成不利影响。

与澳门一样，香港作为一个特别行政区，权力来自中央，权力大小亦由基本法规定，港澳特区的对外关系更离不开中央人民政府的高度支持。在拓展对外事务时，中央支持多一些，港澳特区的空间就会大一些，反之亦然。正如尽管澳门并不是亚太经合组织成员，但得益于中央的高度支持，澳门于 2014 年成功举办亚太经合组织旅游部长会议。加之自 2003 年以来已连续举办五届的"中国与葡语国家经贸合作论坛（澳门）"，2015 年 5 月成功举办的"博鳌亚洲发展论坛（澳门）"，以及如"世界旅游经济论坛"等多项民间外事活动有声有色地得以举办，既大大地丰富了"一国两制"和基本法在特区对外事务方面的内容及内涵，而且还不只是让澳门特区参加国际组织活动，更是升格为主办国际组织活动。

上述这些例证都充分说明了，只有继续以"一国两制"为指导，牢牢把握中央对澳门特区工作的大政方针，加强与中央的沟通和合作，取得中央的高度信任和支持，不断探索新思路、采取新措施、解决新问题，才能将特别行政区的对外关系工作推向新的高度。

二 本研究的局限和进一步研究的展望

对于如超国家行为体、次国家行为体、类城市行为体或城市行为体等理论，虽在近年来陆续有学者进行著述，但是专门对于基本法下，中华人民共和国的特别行政区到底属于哪种非国家行为体的研究，则未引起学者的研究关注。对此，本书结合"一国两制"，从理论着手，分析澳门特区在国际法中的主体地位及其基本的对外交往模式，力图在传统外交学和国际关系理论的基础上寻求创新。本书在系统地梳理次国家行为体对外关系理论的同时，着力将特别行政区从次国家行为体中抽取出来，以澳门特区为例进行深入的探讨，总结回归以来澳门特别行政区所取得的对外关系成效，深入分析澳门特区在中国外交策略中的作用，并剖析当前特别行政区对外交往实践中所遇到的两大理论问题，试图为澳门特区在中国总体外交中应有的定位和作用给予一个更为明确的界定，冀望在归纳及研究的同时能得出一些有用的战略建议。

在研究过程中，鉴于经费和资源的约束，使得研究者未能亲自到葡语国家进行实地调研，而仅能在澳门特区进行田野调查，或许还有一定欠缺，但是笔者已做最大努力，尽可能找到一些核心人士进行深入访谈，掌握了不少第一手资料和信息。此外，由于"一国两制"作为新兴和正在不断丰富的理论体系，其内涵和外延也在实践过程中持续发展，因此，要深入剖析建立在这一理论下的澳门特别行政区对外关系的具体特征着实不易。对此，笔者将会继续关注，持续收集相关的实践事例，从而进一步丰富相关的论证。

附　录

中国与葡语国家外交关系的发展

一　中国与安哥拉的外交关系发展

中国与安哥拉共和国建交始于 1983 年 1 月 12 日。两国自建交以来，双边关系发展良好。2010 年 11 月，中安建立战略伙伴关系。近年来，中安两国高层互访不断，其中习近平、张德江、李克强、吴邦国、温家宝、朱镕基、王岐山、贺国强等中国领导人曾赴安哥拉访问。同时，双方还签署了一系列的合作协议。此外，安哥拉总统若泽·爱德华多·多斯桑托斯、国民议会议长罗伯托·德·阿尔梅达（Roberto de Almeida）、外交部长若昂·德·米兰达（Joao de Miranda）等也曾先后访华。2015 年 12 月，习近平主席在中非合作论坛约翰内斯堡峰会期间会见多斯桑托斯总统。①

同时，自两国建交以来，双边经贸关系和经济技术合作也不断发展。例如，1984 年中安两国政府签订相关贸易协议。目前，安哥拉是中国在非洲第二大贸易伙伴。2016 年，中安贸易额已达 156. 2 亿美元，其中中方出口到安哥拉的货值约为 16. 8 亿美元，进口

---

① 《中国同安哥拉双边关系》，2017 年 1 月 31 日，中华人民共和国外交部网页（ht-tp：//www. fmprc. gov. cn/web/gjhdq_ 676201/gj_ 676203/fz_ 677316/1206_ 677390/sbgx_ 677394）。

139.4 亿美元。① 从贸易商品的种类来看，中国主要从安哥拉进口原油、天然气，向安哥拉出口机电、钢材、汽车及高新技术产品等。2011 年，两国签署劳务合作协定。同时，安哥拉还是中国在非洲第二大承包工程市场。截至 2015 年年底，中国在安哥拉累计签署承包劳务合同额 565.4 亿美元，完成营业额 483.4 亿美元。中国在安国有、民营企业超过 100 家，在安人员超过 18 万人。另外，中安两国签有文化合作协定、航空运输协定和引渡条约。自 1988 年两国政府签订文化合作协议以来，中国与安哥拉在文化领域的合作也不断向纵深发展。在教育协助方面，中国始终积极协助安哥拉培训人才。据中国外交部的数据显示，截至 2015 年年底，中国政府共向 229 名安哥拉学生提供奖学金。目前，安在华有留学生 683 人，其中奖学金生 124 名，自费生 559 名。②

二　中国与巴西的外交关系发展

中国与巴西的交往古已有之。新中国于 1974 年 8 月 15 日与巴西联邦共和国建立外交关系，1993 年，中巴两国更进一步建立战略伙伴关系。2012 年，两国关系提升为全面战略伙伴关系。2014 年 7 月，习近平主席出席在巴西举行的金砖国家领导人第六次会晤、中国—拉美和加勒比国家领导人会晤并对巴西进行国事访问。中巴双方发表关于进一步深化中巴全面战略伙伴关系的声明。2015 年 5 月，李克强总理对巴西进行正式访问。多年来，两国关系不断取得新进展，两国领导人互访频繁。近年来，我国曾出访巴西的主要领导人包括：习近平、李克强、胡锦涛、江泽民、李鹏、朱镕基、乔

---

① 《2016 年 12 月进出口商品国别（地区）总值表》，2017 年 2 月 17 日，中国投资指南网（http：//www.fdi.gov.cn/1800000121_ 33_ 7530_ 0_ 7. html）。

② 《中国同安哥拉双边关系》，2017 年 1 月 31 日，中华人民共和国外交部网页（ht-tp：//www.fmprc.gov.cn/web/gjhdq_ 676201/gj_ 676203/fz_ 677316/1206_ 677390/sbgx_ 677394）。

石、李瑞环和吴邦国等党和国家领导人。巴西访问中国的主要领导人有：前总统卡多佐（Fernando Henrique Cardoso）、卢拉（Luiz Inácio Lula da Silva）、罗塞芙（Dilma Rousseff）和现任总统特梅尔；副总统阿伦卡尔（José Alencar da Silva）；外长阿莫林（Celso Amorim）等。

一直以来，巴西政府坚持一个中国的立场，不与台湾发展官方关系。2004年3月，巴西外交部更发表声明，重申一个中国原则，反对“台独公投”。4月，巴西在日内瓦人权会上对中国的“不采取行动”动议也投了赞成票。与此同时，巴西同意支持中国成为美洲国家组织观察员和加入美洲开发银行的要求，中国也支持巴西加入亚洲开发银行。两国在国际事务中合作密切，在联合国、世贸组织、国际货币基金组织等国际组织以及二十国集团、金砖国家、基础四国等多边机制中就全球治理、国际经济金融体系改革、气候变化等重大国际问题保持良好沟通与协调。①

中巴建交以来，双边经贸关系取得了长足发展。巴西是我国第十大贸易伙伴和在拉美地区最大贸易伙伴，我国是巴西第一大贸易伙伴和出口对象国。据中国海关统计，2016年中巴双边贸易额为677.06亿美元，其中我方出口额219.68亿美元，进口额457.38亿美元，同比分别增长 -5.3%、-19.9%和3.7%。② 我方主要出口机械设备、计算机与通信技术设备、仪器仪表、纺织品、钢材、运输工具等，主要进口铁矿砂及其精矿、大豆、原油、纸浆、豆油、飞机等。另外，自1984年以来，中巴两国的经济技术合作发展也不断加快。截至2015年年底，中国累计对巴投资约200亿美元，主要涉及能源、矿产、农业、基础设施、制造业等行业，巴

①　《中国同巴西双边关系》，2013年3月31日，中华人民共和国外交部网页（http://www.fmprc.gov.cn/mfa_ chn/gjhdq_ 603914/gj_ 603916/nmz_ 608635/1206_ 608685/sbgx_ 608689）。

②　《2016年12月进出口商品国别（地区）总值表》，2017年2月17日，中国投资指南网（http://www.fdi.gov.cn/1800000121_ 33_ 7530_ 0_ 7.html）。

西在华投资 5.9 亿美元，主要涉及飞机制造、压缩机生产、煤炭、房地产、汽车零部件生产、水力发电、纺织服装等项目。我国企业在巴西承建火电厂、高炉、特高压输电线路、天然气管道、港口疏浚等大型基础设施项目。此外，中巴两国在科技、文化、教育及军事交流与合作领域也取得了显著的进展，并在政治、经贸、司法、旅游、运输、科学技术、文化教育等领域签订了多份合作文件。①

三 中国与佛得角的外交关系发展

1976 年 4 月 15 日，中国与佛得角签署建交公报，宣布两国自 1976 年 4 月 25 日起正式建交。建交以来，两国双边关系发展顺利。近年来高层互访密切，其中中方访佛得角的主要官员包括：李长春、钱其琛、陈至立、司马义·艾买提、许嘉璐、李肇星、蒋耀平、于洪君、崔丽等。佛方重要来访有：前总统佩雷拉（Aristides Maria Pereira）、马斯卡雷尼亚斯（António Mascarenhas Monteiro）和皮雷斯（Pedro Verona Rodrigues Pires）；前总理维加（Carlos Alberto Wahnon de Carvarlho Veiga）、若泽·佩雷拉·内韦斯（José Maria Neves）和现任总理席尔瓦等。

建交以来，中国向佛提供了一些经济技术援助，援建了人民议会堂、政府办公楼、帕尔马雷诺住宅、国家图书馆、国父纪念碑、国家礼堂和泡衣崂水坝等项目。2009 年，中佛签署关于成立经济、贸易和技术合作联合委员会的协定。2010 年 7 月，中佛经贸联委会首次会议在北京举行。2016 年，中佛贸易额 4942 万美元，同比增加

---

① 《中国同巴西双边关系》，2016 年 12 月 31 日，中华人民共和国外交部网页（http://www.fmprc.gov.cn/web/gjhdq_ 676201/gj_ 676203/nmz_ 680924/1206_ 680974/sbgx_ 680978）。

9.96%，基本均为我出口，主要为机电产品。① 此外，在文化交流方面，中国与佛得角于 1982 年 5 月签署文化协定。两国文化部长也实现了互访，多项活动也随之展开。中国自 1996 年开始接收佛奖学金留学生。1984 年中国开始向佛派遣医疗队，迄今为止共派出 15 批，102 人次。中方现有 8 名医务人员在佛首都普拉亚工作。②

四　中国与东帝汶的外交关系发展

自 2002 年 5 月，唐家璇外长代表中国政府与东帝汶奥尔塔外长在帝力签署《中华人民共和国政府和东帝汶民主共和国政府关于建立外交关系的联合公报》后，两国关系稳定发展。近年来，两国高层保持密切的互动交流。2010 年 11 月，奥尔塔总统出席中国—葡语国家经贸合作论坛第三届部长级会议开幕式；副总理古特雷斯出席广州亚运会开幕式。2014 年 4 月，总理夏纳纳来华出席博鳌亚洲论坛 2014 年年会并正式访华，两国正式建立睦邻友好、互惠互利的全面合作伙伴关系。2015 年 4 月，全国人大副委员长陈竺访问东帝汶。2015 年 9 月，总统鲁瓦克来华出席中国人民抗日战争暨世界反法西斯战争胜利 70 周年纪念活动。2016 年 1 月，国家副主席李源潮在出席瑞士达沃斯世界经济论坛期间同与会的东总理阿劳若举行双边会见。2016 年 5 月，外交部部长助理孔铉佑访问东帝汶。2016 年 10 月，东帝汶国务部长埃斯塔尼斯劳赴澳门出席中葡论坛第五届部长级会议。③

---

①《2016 年 12 月进出口商品国别（地区）总值表》，2017 年 2 月 17 日，中国投资指南网（http：//www.fdi.gov.cn/1800000121_ 33_ 7530_ 0_ 7.html）。

②《中国同佛得角双边关系》，2017 年 2 月 28 日，中华人民共和国外交部网页（http：//www.fmprc.gov.cn/web/gjhdq_ 676201/gj_ 676203/fz_ 677316/1206_ 677608/sbgx_ 677612）。

③《中国同东帝汶双边关系》，2016 年 12 月 31 日，中华人民共和国外交部网页（http：//www.fmprc.gov.cn/web/gjhdq_ 676201/gj_ 676203/yz_ 676205/1206_ 676428/sbgx_ 676432）。

虽然两国经贸合作起步不久，但往来步伐日益紧密。据中国海关统计数据显示，2016 年，双边贸易额为 1.6 亿美元，基本为中方出口到东帝汶的货值。① 截至 2016 年 10 月，中国企业在东帝汶承包劳务合同总额 15.4 亿美元。两国政府也签署了多项《贸易协议》和经济技术合作协定。2002 年 8 月，中国石油天然气股份有限公司与东帝汶政府就东帝汶油气勘探签署了合作谅解备忘录。中国向东帝汶赠送农机、渔具等物资，为东帝汶公务员提供培训，向东帝汶长期派遣医疗队，以支持东帝汶经济重建。此外，两国政府签署了《贸易协定》和多项经济技术合作协定。中方支持东帝汶建设多个办公楼项目，向东帝汶赠送农机、渔具等物资，为东帝汶公务员提供培训，向东帝汶长期派遣医疗队，支持东帝汶经济重建。中国积极参加联合国援东工作，自 2000 年以来共派遣民事警察和官员 280 余人次赴东参加联合国维和行动。②

五　中国与几内亚比绍的外交关系发展

中国与几内亚比绍共和国早于 1974 年 3 月 15 日就建立外交关系。然而，在台湾当局的"金元外交"的诱惑下，中、几间的关系面临巨大挑战。1990 年 5 月 26 日，两国中断外交关系。后于 1998 年 4 月 23 日，中国与几内亚比绍政府签署了《中华人民共和国和几内亚比绍共和国关于恢复外交关系的联合公报》，才重新恢复外交关系。至今，中方访几的主要有：全国人大常委会副委员长王汉斌（1989 年 9 月）、外交部副部长吉佩定（2001 年 2 月）、外经贸

---

① 《2016 年 12 月进出口商品国别（地区）总值表》，2017 年 2 月 17 日，中国投资指南网（http：//www.fdi.gov.cn/1800000121_ 33_ 7530_ 0_ 7.html）。

② 《中国同东帝汶双边关系》，2013 年 3 月 31 日，中华人民共和国外交部网页（http：//www.fmprc.gov.cn/mfa_ chn/gjhdq_ 603914/gj_ 603916/yz_ 603918/1206_ 604138/sbgx_ 604142）。

部长助理陈健 (2002 年 10 月)、商务部副部长魏建国 (2004 年 3 月)、外交部长助理吕国增 (2004 年 9 月、2005 年 11 月)、外交部长李肇星 (2007 年 1 月)、外交部长助理翟隽 (2009 年 9 月)、中联部长王家瑞 (2011 年 3 月)、中国政府非洲事务特别代表钟建华 (2015 年 6 月) 等。几方访华的主要有:外长维克多·萨乌德·马里亚 (1975 年 7 月),议长卡门·佩雷拉 (1986 年 4 月),外长费尔南多·德尔芬·达席尔瓦 (1998 年 4 月),外交与侨务部长马马杜·亚亚·贾洛 (2000 年 10 月来京出席中非合作论坛部长级会议),外长菲洛梅娜·玛斯卡雷妮娅斯·蒂波特 (2002 年 1 月),总统昆巴·亚拉 (2002 年 12 月),外交、国际合作和侨务部长苏亚雷斯·桑布 (2004 年 6 月),总统若奥·贝尔纳多·维埃拉 (1982 年、2006 年 10 月访华并出席中非合作论坛北京峰会、2008 年 9 月访华并出席北京残奥会闭幕式),议长贝南特 (2008 年 5 月),总理戈梅斯 (2010 年 9 月以几内亚和佛得角非洲独立党主席身份访华并出席上海世博会几比国家馆日活动,11 月赴澳门出席中国—葡语国家经贸合作论坛第三届部长级会议开幕式),过渡政府外交部长因巴利 (2012 年 7 月来华出席中非合作论坛第五届部长级会议),过渡政府总理德巴罗斯 (2013 年 11 月赴澳门出席中国—葡语国家经贸合作论坛第四届部长级会议开幕式),过渡政府渔业部长达罗萨 (2013 年 10 月),外长达席尔瓦 (2016 年 2 月),总理巴西罗·贾 (2016 年 10 月赴澳门出席中葡论坛第五届部长级会议) 等。①

　　在中国与几内亚比绍保持外交关系期间,中国为该国援建了多个体育场、医院、稻谷技术推广站等项目。2016 年,双边贸易额 2100 万美元,同比下降 42.3%。中方主要出口机电产品、高新技

---

① 《中国同几内亚比绍双边关系》,2017 年 2 月 28 日,中华人民共和国外交部网页 (http://www.fmprc.gov.cn/web/gjhdq_676201/gj_676203/fz_677316/1206_677752/sbgx_677756)。

术品、纺织品等。① 此外，随着中、几两国政府在 1982 年签署文化协议，两国文化代表团曾进行互访。而且，自 1977 年起，中国开始接收几奖学金留学生。截至 2015 年年底共接收奖学金生 196 名。2015 年几在华留学生为 340 名。可见，两国在政治、经济、文化和教育等方面的双边交往与合作上取得了一定的进展。②

六　中国与莫桑比克的外交关系发展

中国与莫桑比克共和国于 1975 年 6 月 25 日宣布建交。建交以来，两国关系稳步发展。过去几年，中莫两国的领导人进行了多次的互访。2016 年 5 月，总统纽西（Filipe Jacinto Nyusi）来华进行国事访问。总理多罗萨里奥（Carlos Agostinho do Rosário）于 2016 年赴澳门出席中国—葡语国家经贸合作论坛第五届部长级会议。2015 年 12 月，习近平主席在中非合作论坛约翰内斯堡峰会期间会见纽西总统。习近平主席特使、司法部长吴爱英（2015 年 1 月）、外交部长王毅（2016 年）亦先后访问莫桑比克。③

中莫建交以来，中方为莫方援建了经济住房、国家体育场、2 所农村学校、农业技术示范中心等 33 个成套项目，开展了农业技术合作等 20 个技术合作项目。2016 年，双边贸易额 17.87 亿美元、同比下降 25.2%。其中中方出口 13.07 亿美元、同比下降 32.5%，进口 4.79 亿美元、同比增长 5.9%。中方向莫主要出口机电产品，

①　《2016 年 12 月进出口商品国别（地区）总值表》，2017 年 2 月 17 日，中国投资指南网（http：//www.fdi.gov.cn/1800000121_ 33_ 7530_ 0_ 7. html）。

②　《中国同几内亚比绍双边关系》，2017 年 2 月 28 日，中华人民共和国外交部网页（http：//www.fmprc.gov.cn/web/gjhdq_ 676201/gj_ 676203/fz_ 677316/1206_ 677752/sbgx_ 677756）。

③　《中国同莫桑比克双边关系》，2017 年 1 月 31 日，中华人民共和国外交部网页（http：//www.fmprc.gov.cn/web/gjhdq_ 676201/gj_ 676203/fz_ 677316/1206_ 678236/sbgx_ 678240）。

钢材、服装鞋类等，从莫主要进口原木、矿砂、农产品等初级产品。自 2015 年 1 月 1 日起，莫 97% 输华产品享受免关税待遇。此外，在文教、卫生等方面的双边交往领域，中莫两国政府签有文化协议，两国文化和教育代表团曾进行互访。截至 2015 年年底，中方共接收莫奖学金生 220 名。2015 年莫在华留学生 328 名。另外，自 1976 年起，中方先后向莫派出 20 批医疗队，共 307 人次。目前，中国在莫有医疗队员 13 人。中国湖北省与莫加扎省，海南省与楠普拉省为友好省份，上海市与莫首都马普托市为友好城市。2014 年 9 月，莫桑比克在澳门开设总领事馆。①

七　中国与葡萄牙的外交关系发展

1979 年 2 月 8 日，中国和葡萄牙建立外交关系。建交 27 年来，两国在政治、经贸、文化、科技、军事等各个领域的友好合作关系不断发展。值得瞩目的是，在 1987 年 4 月，中葡两国政府通过平等协商就解决历史遗留的澳门问题达成协议，并签署了关于澳门问题的联合声明，中国后于 1999 年 12 月 20 日恢复对澳门行使主权。

近年来，双方领导人高层互访频繁，推动了两国友好合作关系进一步发展。中方主要往访有：国家主席胡锦涛（2010 年），国家主席习近平（2014 年过境特塞拉岛），中共中央政治局常委、中央书记处书记刘云山（2014 年），中共中央政治局委员、中央书记处书记、中宣部部长刘奇葆（2015 年），中共中央政治局委员、北京市委书记郭金龙（2016 年），全国政协副主席陈晓光（2016 年），国务院总理李克强（2016 年过境特塞拉岛）。葡方主要来访有（按时间顺序）：议长伽马（2009 年）、国务部长兼财政部长加斯帕尔

① 《中国同莫桑比克双边关系》，2017 年 1 月 31 日，中华人民共和国外交部网页（http：//www. fmprc. gov. cn/web/gjhdq_ 676201/gj_ 676203/fz_ 677316/1206_ 678236/sbgx_ 678240）。

（2012年）、国务部长兼外交部长波尔塔斯（2012年）、总统席尔瓦（2014年）、总理科斯塔（2016年访华并出席中国—葡语国家经贸合作论坛第五届部长级会议）。

据中国海关统计，2016年双边贸易额为55.8亿美元、同比增长28.2%，其中中国出口40亿美元、同比增长38.3%，进口15.8亿美元、同比增长8.2%。① 中国对葡出口商品主要有：电机电气设备、机械器具、玩具、家具、钢铁制品等。进口商品主要有：机械器具、电机电气设备、软木及其制品、纸浆及废纸、矿产品等。另外，截至2016年年底，中国对葡实际投资累计金额达62.88亿美元。葡累计对华投资共222项，实际投入1.99亿美元。目前葡在华投资项目主要有：中交虹桥有限公司、烟台麒麟包装有限公司、山东凯威斯葡萄酒业有限公司、辽阳易发式电气设备有限公司、葡萄牙大西洋银行珠海分行等。近年来，葡大力推进企业私有化进程，对外国企业投资持开放和欢迎态度，中国企业亦积极参与。主要项目包括：中国长江三峡集团收购葡电力公司21.35%股权，国家电网公司收购葡电网公司25%股权，均成为单一最大股东；中国石化集团收购葡石油和天然气公司旗下巴西分公司30%股份；香港北控水务集团收购法国威立雅水务公司旗下葡萄牙水务公司100%股权；复兴集团收购葡储蓄总行附属保险公司80%股份、葡电网3.9%股份和圣灵集团医疗服务子公司EES96%股份；海通国际控股公司收购葡新银行旗下圣灵投资银行。

另外，两国在文化、教育、科技和军事等方面的交往与合作也取得一定进展。两国间签有文化协定和为期3年的文化交流协定执行计划，2016年签订关于互设文化中心的协定。2005年两国签署《关于相互承认高等教育学历、学位证书的协定》。2014年签署《教育和培训合作执行计划（2014年至2017年）》。葡萄牙米尼奥

① 《2016年12月进出口商品国别（地区）总值表》，2017年2月17日，中国投资指南网（http://www.fdi.gov.cn/1800000121_33_7530_0_7.html）。

大学、里斯本大学和阿威罗大学先后开设孔子学院。中葡双方签有《中葡两国政府间科技合作协定》，至今已召开 7 届中葡科技合作联委会，共商定 10 个合作项目。两国科技部签署合作谅解备忘录，根据协议，2013 年"中葡先进材料联合创新中心"正式落户浙江大学。两国分别于 2014 年和 2016 年签署《关于海洋科学领域研究与创新合作议定书》和《关于海洋领域合作谅解备忘录》。近年来，中葡间建有北京—里斯本、上海—波尔图、无锡—卡斯卡伊斯、珠海—布朗库堡市、铜陵—莱里亚、重庆永川—托列斯维德拉及山东蓬莱—莱里亚共 7 对友好城市关系。2000 年 12 月 29 日，中国葡萄牙友好协会在北京成立。全国人大和葡议会互设友好小组。①

八　中国与圣多美和普林西比的外交关系发展

1975 年 7 月 12 日，中国与圣多美和普林西比民主共和国建交。1997 年 7 月 11 日起，两国中断外交关系。2013 年 11 月，中国驻圣普联络处挂牌成立。2016 年 12 月 26 日，外交部长王毅在北京与圣多美和普林西比外交和海外侨民部部长乌尔比诺·博特略分别代表各自政府，在北京签署了《中华人民共和国和圣多美和普林西比民主共和国关于恢复外交关系的联合公报》，决定即日起恢复两国大使级外交关系。

重要往访有：外交部副部长宫达非（1981 年）、外交部长助理周觉（1986 年）、外交部副部长杨福昌（1991 年）及国务院副总理兼外长钱其琛（1997 年）等。重要来访有：总统平托·达科斯塔（1975 年、1983 年）、总理米格尔·特罗瓦达（1977 年）、外长卡洛斯·达格拉萨（1989 年）、总统米格尔·特罗瓦达（1993

---

① 《中国同葡萄牙双边关系》，2013 年 3 月 31 日，中华人民共和国外交部网页（http://www.fmprc.gov.cn/mfa_chn/gjhdq_603914/gj_603916/oz_606480/1206_607280/sbgx_607284）。

年）、外交和海外侨民部长乌尔比诺·博特略（2016 年）。

中国曾向圣普提供经济援助，建成并移交人民宫、竹草编培训中心等 6 个项目。1975 年两国签署贸易协定。因圣普方外汇短缺，1980 年起双方中止现汇贸易。1983 年两国签订易货贸易议定书，此后曾进行 4 次易货贸易，1991 年起中止。2016 年，中国与圣普贸易额约为 600 万美元，基本全部为中方出口。① 1976 年和 1985 年起，中国分别开始向圣普派遣医疗队并接收圣普来华留学生。从两国建交到 1997 年中止外交关系期间，中国共向圣普派遣 12 批 171 位医疗队员，接收 25 名圣普留学生。②

---

① 《2016 年 12 月进出口商品国别（地区）总值表》，2017 年 2 月 17 日，中国投资指南网（http：//www. fdi. gov. cn/1800000121_ 33_ 7530_ 0_ 7. html）。

② 《中国同圣多美和普林西比双边关系》，2017 年 1 月 31 日，中华人民共和国外交部网页（http：//www. fmprc. gov. cn/web/gjhdq_ 676201/gj_ 676203/fz_ 677316/1206_ 678452/sbgx_ 678456）。

参考文献

[1] A. Cooper, *Canadian Foreign Policy: Old Habits and New Directions*, Scarborough, Ontario: Prentice Hall, 1997.

[2] A. Lecours, "Paradiplomacy: Reflections on Foreign Policy and International Relations of Regions", *International Negotiation*, Vol. 1, 2002.

[3] B. Hocking, *Localizing Foreign Policy: Non-Central Governments and Multilayered Diplomacy*, New York: St. Martin's Press, 1993.

[4] E. Louis and H. Yee, "Macau: From Portuguese Autonomous Territory to Chinese Special Administrative Region", *The China Quarterly*, Vol. 12, 1999.

[5] European Commission, *Communication from the Commission to the Council and the European Parliament - The European Union and Macau: beyond 2000*, 1999.

[6] European Commission, *Communication from the Commission to the Council and the European Parliament – The European Union, Hong Kong and Macao: possibilities for cooperation 2007 – 2013*, 2006.

[7] European Parliament, *European Parliament resolution on the report from the Commission to the Council and the European Parliament on the Macao Special Administrative Region: First and Second Annual Reports*, 2002.

[8] F. Halliday, *Rethinking International Relations*, London: Macmillan, 1994.

[9] F. Aldecoa, M. Keating eds. , *Paradiplomacy in Action: The Foreign Relations of Subnational Governments*, London: Franc Cass Publishers, 1999.

[10] G. Donald. Macao Inquiry Clears Bank of Money Laundering for North Korea, *The New York Times*, March 12, 2007, http: // www. nytimes. com/2007/03/12/world/asia/12iht-bank. 4881172. html? _ r = 0.

[11] G. Marks, L. Hooghe, K. Blank, "European Integration from the 1980s: State-Centric vs. Multilevel Governance", *Journal of Common Market Studies*, Vol. 9, 1996.

[12] H. Yee, "The 2001 Legislative Assembly Elections and Political Development in Macau", *Journal of Contemporary China*, Vol. 14, 2005.

[13] H. Michelmann ed. , *Foreign Relations in Federal Countries*, Montreal and Kingston: McGill-Queen's University Press and Forum of Federations, 2009.

[14] I. Duchacek, "Perforated Sovereignties: Towards a Typology of New Actors in International Relations", *in H. Michelmann, P. Soldatos, Federalism and International Relations: the Role of Subnational Units*, Oxford: Clarendon Press, 1990.

[15] I. Duchacek, "The International Dimension of Subnational Self-Government", *Publius*, Vol. 1984.

[16] I. Duchacek, *The Territorial Dimension of Politics: Within, Among and Across Nations*, Boulder and London: Westview Press, 1986.

[17] I. Clark, I. Neumanneds. , *Classical Theories of International*

Relations, London: Macmillan, 1996.

[18] J. Carens, *Is Quebec Nationalism Just? Perspectives from Anglophone Canada*, Montreal & Kingston: McGill-Queen's University Press, 1995.

[19] J. Palard, "Les Relations Internatiokales des régions en Europe", *Etudes Internationales*, Vol. 4, 1999 .

[20] J. Rosenau, *Distant Proximities*, *Dynamics beyond Globalization*, Princeton: Princeton University Press, 2003.

[21] J. Rosenau, E. Czempiel eds. , *Governance Without Government*: *Order and Change in World Politics*, Cambridge: Cambridge University Press, 1992.

[22] J. Rosenau, *Global Changes and Theoretical Challenges*: *Toward a Post-international Politics for* 1990, Maryland: Lexington Books, 1989.

[23] J. Melissen, "The New Public Diplomacy: Between Theory and Practice", in J. Melissened. , *The New Public Diplomacy*: *Soft Power in International Relations*, New York: Palgrave MacMillan, 2005.

[24] J. Nye. , "Public Diplomacy and Soft Power", *The Annals of the American Academy of Political and Social Science*, Vol. 3, 2008.

[25] J. Nye. , *Soft Power*: *The Means to Success in World Politics*, New York: Public Affairs, 2004.

[26] J. George, *Discourses of Global Politics*: *A Critical (Re) Introduction to International Relations*, Colorado: Lynne Reinner, 1994.

[27] J. Hertz, *Political Realism and Political Idealism*, Chicago: University of Chicago Press, 1951.

[28] K. Ohmae, *The End of the Nation State*: *the Rise of Regional Economies*, New York: The Free Press, 1995.

[29] K. Holsti, *International Politics: A Framework for Analysis* (forth edition), New Jersey: Prentice Hall Inc, 1983.

[30] Kodansha, *Japan: An Illustrated Encyclopedia*, Tokyo: Kodansha Ltd. , 1993.

[31] L. Hooghe, "Introduction: Reconciling EU-wide Policy and National Diversity", in Liesbet Hooghe ed. , *Cohesion Policy and European Integration: Building multi-level Governance*, Oxford: Oxford University Press, 1996.

[32] M. Griffiths, *Fifty Key Thinkers in International Relations*, London and New York: Routledge, 1999.

[33] M. Griffiths, *Realism, Idealism and International Politics*, London: Routledge, 1998.

[34] M. Shaw, *Global Society and International Relations*, Cambridge: Cambridge University Press, 1994.

[35] M. Moore, *A World Without Walls. Freedom, Development, Free Trade and Global Governance*, Cambridge: Cambridge University Press, 2003.

[36] P. Soldatos, "An Explanatory Framework for the Study of Federated States as Foreign-Policy Actors", in H. Michelmann, P. Soldatos, *Federalism and International Relations: the Role of Subnational Units*, Oxford: Clarendon Press, 1990.

[37] P. Knox, P. Taylor eds. , *World Cities in a World-system*, Cambridge: Cambridge University Press, 1995.

[38] P. Kennedy, D. Messnereds. , *Global Trends and Global Governance*, London: Pluto Press, 2002.

[39] R. Bilder, *The Role of States and Cities in Foreign Relations*, The *American Journal of International Law*, Vol. 4, 1989.

[40] R. Mushkat, *Macau's International Legal Personality*, Hong

Kong Law Journal, Vol. 24, 1994.

[41] R. Portmann, Legal Personality in International Law, Cambridge: Cambridge University Press, 2010.

[42] S. Sassen, The Global City: New York, London, Tokyo, Princeton: Princeton University Press, 2001.

[43] S. Strange, The Retreat of the State: The Diffusion of Power in the World Economy, Cambridge: Cambridge University Press, 1996.

[44] T. Sympson, "Macao, capital of the 21st century?", Environment and planning D: society and space, Vol. 26, 2008.

[45] 〔澳〕约瑟夫·凯米来里、吉米·福尔克：《主权的终结？——日趋"缩小"和"碎片化"的政治》，李东燕译，浙江人民出版社2001年版。

[46] 〔美〕汉斯·摩根索：《国家间政治》，徐昕等译，中国人民公安大学出版社1992年版。

[47] 〔美〕玛格丽特·凯克、凯瑟琳·辛金克主编：《超越国界的活动家：国际政治中的倡议网络》，韩召颖、孙英丽译，北京大学出版社2005年版。

[48] 〔美〕丝奇雅·萨森：《全球城市——纽约、伦敦、东京》，周振华等译，上海社会科学院出版社2005年版。

[49] 〔美〕熊玠：《无政府状态与世界秩序》，余逊达、张铁军译，浙江人民出版社2001年版。

[50] 〔美〕约瑟夫·奈：《软力量：世界政坛成功之道》，吴晓辉等译，东方出版社2005年版。

[51] 〔美〕约瑟夫·奈：《理解国际冲突》，张小明译，上海人民出版社2002年版。

[52] 〔美〕约瑟夫·奈、约翰·唐纳胡主编：《全球化世界的治理》，王勇等译，世界知识出版社2003年版。

[53] 〔美〕詹姆斯·罗西瑙主编：《没有政府的治理——世界政治

中的秩序与变革》，张胜军、刘小林译，江西人民出版社
2006 年版。

[54] ［英］保罗·肯尼迪：《未雨绸缪：为 21 世纪做准备》，何力
译，新华出版社 1994 年版。

[55] ［英］赫德利·布尔：《无政府社会：世界政治秩序研究》，
张小明译，世界知识出版社 2003 年版。

[56] ［英］杰夫·贝里奇、艾伦·詹姆斯主编：《外交词典》，高
飞译，北京大学出版社 2008 年版。

[57] 白有涛等：《引入和融合——城市国际化研究》，东南大学出
版社 2008 年版。

[58] 博言：《博彩业开放十年来发展情况》（一），《新华澳报》
2012 年 4 月 18 日。

[59] 卜正珉：《公众外交 软性国力，理论与策略》，中华台北允晨
文化实业股份有限公司 2009 年版。

[60] 陈观生：《博企路再争雄——先攘外还是先安内》，《新华澳
报》2013 年 1 月 30 日。

[61] 陈志敏、肖佳灵、赵可金：《当代外交学》，北京大学出版社
2008 年版。

[62] 陈志敏：《次国家政府与对外事务》，长征出版社 2001 年版。

[63] 陈志敏：《二元民族联邦制与对外关系：加拿大魁北克省的
国际活动研究》，《太平洋学报》2000 年第 3 期。

[64] 陈志敏：《全球多层治理中地方政府与国际组织的相互关系
研究》，《国际观察》2008 年第 6 期。

[65] 陈子夏：《打造世界旅游休闲中心——"澳门旅游休闲产业
发展策略研讨会"综述》，澳门旅游休闲产业发展策略研讨
会，2011 年 11 月 18 日。

[66] 戴子熙：《浅析美国对澳门关注的新动向》，2012 年 2 月 15
日，《港澳观察》2011 年第 12 期（http：//www. tiandainsti-

tute. org/cn/article/1219_ 1. html)。

[67] 丁伟:《香港和澳门的对外关系与国际地位》,《双城记——港澳的政治、经济及社会发展》,澳门社会科学学会,1998 年。

[68] 段霞主编:《首都国际化进程研究报告》,中国经济出版社 2008 年版。

[69] 高尚涛:《国际关系中的城市行为体》,世界知识出版社 2010 年版。

[70] 高尚涛:《国际关系行为的权力与规范》,世界知识出版社 2008 年版。

[71] 高尚涛:《国际关系理论基础》,时事出版社 2009 年版。

[72] 葛德婷:《中国—葡语国家接触十字路口上的澳门》,《行政》2006 年第 4 期。

[73] 郭学堂:《中国软实力建设中的理论和对策新思考——兼论中国的公共外交》,《社会科学》2009 年第 2 期。

[74] 郭永中:《澳门建设中葡商贸合作平台的战略思考》,《理论学刊》2011 年第 10 期。

[75] 韩方明:《公共外交概论》,北京大学出版社 2011 年版。

[76] 胡艳华:《和谐世界理念下的中国外交新特点》,《理论前沿》2008 年第 24 期。

[77] 黄惠康:《"一国两制"对国际法发展的贡献》,《光明日报》2012 年 7 月 10 日。

[78] 黄仁伟、刘杰:《国家主权新论》,时事出版社 2004 年版。

[79] 纪硕鸣:《美国势力渗透澳门》,《亚洲周刊》(香港)2005 年 11 月 13 日。

[80] 姜安:《外交谱系与外交逻辑》,中国社会科学出版社 2004 年版。

[81] 金元浦编著:《走向世界城市》,科学技术出版社 2010 年版。

[82] 金正昆：《外交学》，中国人民大学出版社 2004 年版。

[83] 李炳康、江时学：《澳门平台发展战略：澳门作为中国与葡语国家的经贸合作服务平台研究》，中国社会科学出版社 2006 年版。

[84] 李渤编著：《新编外交学》，南开大学出版社 2005 年版。

[85] 李洪峰：《试析加拿大魁北克省国际行动权限》，《国际论坛》 2010 年第 3 期。

[86] 李家泉：《"一国两制"的提出及在港澳的实践》，《百年潮》 2009 年第 2 期。

[87] 李少军：《国际政治学概论》，上海人民出版社 2002 年版。

[88] 梁守德、洪银娴：《国际政治学理论》，北京大学出版社 2000 年版。

[89] 林瑞光：《澳门特区政府处理对外事务的政策研究》，发表于澳门理工学院"一国两制"研究中心主办"'一国两制'与宪政发展学术研讨会"，2009 年。

[90] 刘高龙：《国际法在澳门的适用及其效力》，载《2009 年两岸四地法律发展学术研讨会论文集》，澳门大学高级法律研究所，2009 年。

[91] 刘朋：《政党外交与国家软实力提升——基于 2003—2009 年中国共产党重要外交活动的考察分析》，《中共贵州省委党校学报》2010 年第 4 期。

[92] 刘艺良：《继续为祖国早日实现和平统一而努力》，《统一论坛》2008 年第 5 期。

[93] 鲁毅等：《外交学概论》，世界知识出版社 2004 年版。

[94] 骆伟建：《"一国两制"与澳门特别行政区基本法的实施》，广东人民出版社 2009 年版。

[95] 吕耀东：《打造澳门国际旅游休闲中心》，《文汇报》2009 年 3 月 18 日。

［96］倪世雄：《当代西方国际关系理论》，复旦大学出版社 2001 年版。

［97］秦亚青：《北京对外交流与外事管理研究报告》，同心出版社 2007 年版。

［98］饶戈平、李赞：《国际条约在香港的适用问题研究》，中国民主法制出版社 2010 年版。

［99］饶戈平：《从宪政视角看澳门的对外事务交往权》，发表于澳门理工学院"一国两制"研究中心主办"'一国两制'与宪政发展学术研讨会"，2009 年。

［100］饶戈平：《国际条约在香港的适用问题研究》，中国民主法制出版社 2011 年版。

［101］饶戈平：《两个国际人权公约在澳门适用的法律研究》，载《2009 年两岸四地法律发展学术研讨会论文集》，澳门大学高级法律研究所，2009 年。

［102］上海国际问题研究院：《国家外交政策下香港在邻近地区的角色与作用》，香港特区政府中央政策组，2009 年。

［103］邵锋：《中国与葡萄牙语国家的经贸往来及澳门的平台作用》，《商业经济与管理》2005 年第 2 期。

［104］邵津：《国际法》（第二版），高等教育出版社 2005 年版。

［105］沈旭辉：《解构香港次主权——从曾荫权致电菲律宾总统谈起》，《明报》（香港）2010 年 8 月 27 日。

［106］水青山：《澳门回归后对外关系的新发展》，《统一论坛》2003 年第 2 期。

［107］苏长和：《中国地方政府与次区域合作：动力、行为及机制》，《世界经济与政治》2010 年第 5 期。

［108］腾藤主编：《枫林之国的复兴：加拿大百年强国历程》，黑龙江人民出版社 1998 年版。

［109］汪海：《澳门："东方迈阿密"——论构建一个文明对话与

国家交流的平台》,《当代亚太》2004 年第 5 期。

[110] 汪海:《澳门:全球化时代中国的跨文化国际交流平台》,《行政》2006 年第 4 期。

[111] 汪海:《澳门和珠海共建国际商贸服务平台构想》,《开放导报》2010 年第 4 期。

[112] 王磊:《澳门基本法的和谐价值》,《行政》2006 年第 3 期。

[113] 王铁崖主编:《国际法》,法律出版社 1995 年版。

[114] 王五一:《赌权开放与澳门博彩业的发展》,《广东社会科学》2011 年第 2 期。

[115] 王西安:《国际条约在中国特别行政区的适用》,广东人民出版社 2006 年版。

[116] 王心:《澳门在国家公共外交中的角色》,《澳门日报》2012 年 10 月 24 日。

[117] 王心:《世旅休闲中心与区域合作互动》,《澳门日报》2011 年 7 月 6 日第 F02 版。

[118] 王逸舟、谭秀英主编:《中国外交六十年》,中国社会科学出版社 2009 年版。

[119] 王禹:《"一国两制"宪法精神研究》,广东人民出版社 2008 年版。

[120] 王长斌:《论"一国两制"下港澳特区的对外事务处理权:一个比较宪法的视角》,《"一国两制"研究》2010 年第 4 期。

[121] 萧蔚云:《论澳门特别行政区行政长官制》,澳门科技大学,2005 年。

[122] 萧蔚云主编:《"一国两制"与澳门特别行政区基本法》,北京大学出版社 1993 年版。

[123] 辛翠玲:《从民族主义到认同平行外交:魁北克经验》,《政治科学论丛》(中国台湾)2005 年第 24 期。

[124] 颜声毅：《当代中国外交》，复旦大学出版社 2004 年版。

[125] 杨闯：《外交学》，世界知识出版社 2010 年版。

[126] 杨洁勉：《中国世博外交》，时事出版社 2011 年版。

[127] 杨允中：《澳门基本法释要》，澳门特别行政区政府法务局，2003 年。

[128] 叶斌：《国际法视野下澳门的对外权能及其法律地位》，发表于澳门科技大学主办“2012 年澳门对外关系青年学术圆桌会议”，2012 年。

[129] 叶桂平、陈蔚：《试论澳门特区在国家侨务工作中的角色及作用》，《珠海潮》2013 年第 1 期。

[130] 叶桂平：《澳门特别行政区涉外事务权刍议》，《澳门日报》2010 年 9 月 15 日。

[131] 叶桂平：《澳门特区涉外事务权刍议及对“中葡论坛”作用再议》，《澳门经济》2011 年第 30 期。

[132] 叶桂平：《中葡论坛：解读中拉关系的镜子》，《中国社会科学报》总第 412 期，2013 年 2 月 1 日。

[133] 叶桂平：《澳门打造成为“世界旅游休闲中心”的政治经济分析》，《澳门新视角》2010 年第 6 期。

[134] 叶桂平：《现阶段澳门经济运行中的问题及对策》，《当代亚太》2005 年第 12 期。

[135] 叶桂平：《远交促近融：澳门区域经济合作的特点》，载郝雨凡、吴志良主编《澳门经济社会发展报告（2010—2011）》，社会科学文献出版社 2011 年版。

[136] 叶桂平：《再认识中葡论坛作用——写在第三届部长级会议前夕》，《澳门日报》2010 年 11 月 10 日。

[137] 叶桂平：《中国与非洲葡语国家的商贸合作——澳门平台》，《西亚非洲》2006 年第 4 期。

[138] 叶自成、李红杰：《中国大外交：折冲樽俎 60 年》，当代世

界出版社 2009 年版。

[139] 尹承德：《论中美经贸关系及其走向——兼驳中国经济威胁论》，《国际问题研究》2005 年第 6 期。

[140] 永逸：《从两则罪案新闻看设赌区际刑事法律冲突》，《新华澳报》2012 年 7 月 16 日。

[141] 永逸：《美国对澳门人权报告充满傲慢与偏见》，《新华澳报》2013 年 4 月 24 日。

[142] 永逸：《美国政商势力干预中国澳门内部行政事务？》，《新华澳报》2010 年 10 月 27 日。

[143] 余建华：《合作共赢：与发展中国家外交的新发展》，《社会观察》2005 年第 4 期。

[144] 余永逸：《种族社群与中国外交：澳门土生葡人族群的角色》，载郑宇硕、沈旭辉主编《非国家个体与大中华地区的整合》，《香港城市大学当代中国研究计划》，2007 年。

[145] 俞新天：《中国公共外交与软实力建设》，《国际展望》2009 年第 3 期。

[146] 俞新天主编：《在和平、发展、合作的旗帜下——中国战略机遇期的对外战略纵论》，中共中央党校出版社 2005 年版。

[147] 袁鹏：《中美关系：新变化与新挑战》，《现代国际关系》2006 年第 5 期。

[148] ［美］詹姆斯·罗西瑙：《面向本体论的全球治理》，载俞可平主编《全球化：全球治理》，社会科学文献出版社 2003 年版。

[149] 曾令良：《论澳门特别行政区的国际法主体资格——基础、特性和实践》，《澳门研究》2009 年第 8 期。

[150] 曾忠禄：《澳门应独立行使博彩发展主权》，《澳门日报》2010 年 10 月 3 日。

[151] 曾忠禄：《基本法与澳门博彩业的发展》，《澳门日报》2013

年 2 月 17 日。

[152] 张岸元：《中美关系中的跨国公司因素》，《世界经济与政
治》2001 年第 1 期。

[153] 张历历：《外交政策》，世界知识出版社 2007 年版。

[154] 张卫彬：《次国家政府的国际法律人格探讨——兼论我国台
湾地区参与国际事务问题》，《广东行政学院学报》2009 年
第 5 期。

[155] 张亚中主编：《国际关系总论》，中华台北扬智文化 2003
年版。

[156] 张毅君：《对中美关系的一些思考》，《国际问题研究》2006
年第 3 期。

[157] 张永蓬：《中国与非洲葡语国家经济合作的互补性和区域平
台》，《西亚非洲》2008 年第 5 期。

[158] 张泽：《论美国对华政策中的反共主义意识形态因素》，《国
际关系学院学报》2006 年第 2 期。

[159] 赵国材：《论"一国两制"下澳门特区对外关系之发展》，
发表于澳门理工学院"一国两制"研究中心主办"'一国两
制'与宪政发展学术研讨会"，2009 年。

[160] 赵磊：《理解中国软实力的三个维度：文化外交、多边外
交、对外援助政策》，《社会科学论坛》2007 年第 5 期。

[161] 周鲠生：《国际法》，商务印书馆 1976 年版。

[162] 周林：《澳门对外经济关系发展刍议》，《外交学院学报》
2000 年第 1 期。

[163] 周启朋等编译：《国外外交学》，中国人民公安大学出版社
1990 年版。

[164] 周振华：《崛起中的全球城市——理论框架及中国模式研
究》，上海人民出版社 2008 年版。

[165] 朱立群、林民旺等：《奥运会与北京国际化——规范社会化

视角》，世界知识出版社 2010 年版。

［166］朱松岭：《澳门与台湾关系在两岸关系中的战略地位》，《观察与思考》2010 年第 2 期。

［167］诸建国：《当代各国政治体制：加拿大》，兰州大学出版社1998 年版。

后　记

本书是在本人的博士后出站报告的基础上充实完善而成的，随着书籍即将付梓之际，我怀着深深的眷念与惜别之情，非常感谢所有曾经帮助过我的老师、同学、朋友和我的亲人。

首先要感谢的是我的合作导师严双伍教授，感谢他两年多来在学习上给予我的悉心指导，在研究过程中积极为我创造条件，以及时常对我进行鼓励和启发，能师从于严老师，我感到十分荣幸。在严老师的指导下，我顺利地完成各项研究计划，开展了多种形式的研究工作，拓展了学术视野并提高了研究能力；在与严老师相处的日子里，我学到了很多做学问和做人的道理；严老师的严格要求与敬业精神也将使我终身受益。同时，最令我难忘的是每次到江城学习时，师母王梅老师都给予我热情款待，在此也向她表示诚挚的感谢。

此外，我要感谢江时学研究员、杨允中教授、罗志刚教授、储建国教授、刘俊祥教授、丁俊萍教授等。在我学习与发展的道路上，他们给了我无私的帮助与热情的鼓励。赵俊、林跃勤、袁正清、李霖和蒋瑛老师等在学习和生活上给了我很多帮助，在此一并致谢！

在本书的写作过程中，澳门城市大学校长张曙光教授，好朋友冷铁勋博士、叶斌博士、王三礼博士、张磊博士、刘衡博士、韩光明博士、张元元博士、陈菲博士和岳奎博士等也给予了有益的指导，谢谢他们！

在自己两年的博士后工作生涯中，很荣幸能遇到很多优秀的同事，感谢他们这些年来对我的帮助、支持与鼓励！

感谢中国社会科学出版社赵剑英社长及责任编辑对于本书的出版给予的关照及指导。

最后，我要感谢我的父母、岳父母、爱人、弟弟、弟妹、妻妹和儿女，如果没有你们无微不至的关怀、支持和理解，我是很难在漂泊中坚持信念、勇往直前的。

叶桂平

2019 年 2 月